CEO사회

CEO사회

초판 1쇄 발행 2019년 2월 25일

지은이 피터 블룸, 칼 로즈
옮긴이 장진영
펴낸이 강수걸
편집장 권경옥
편집 이은주 윤은미 강나래
디자인 권문경 조은비
펴낸곳 산지니
등록 2005년 2월 7일 제333-3370000251002005000001호
주소 부산시 해운대구 수영강변대로 140 BCC 613호
전화 051-504-7070 | 팩스 051-507-7543
홈페이지 www.sanzinibook.com
전자우편 sanzini@sanzinibook.com
블로그 http://sanzinibook.tistory.com

ISBN 978-89-6545-586-0 03300

* 책값은 뒤표지에 있습니다.
* 이 도서의 국립중앙도서관 출판예정도서목록(CIP)은 서지정보유통지원시스템 홈페이지(http://seoji.nl.go.kr)와 국가자료공동목록시스템(http://www.nl.go.kr/kolisnet)에서 이용하실 수 있습니다. (CIP 제어번호: CIP2019003670)

CEO사회

기업이 일상을 지배하다

피터 블룸 · 칼 로즈 지음
장진영 옮김

산지니

Contents

3. CEO경제에서의 경쟁 93

4. CEO 정치인 131

5. 라이프스타일 모델로서의 CEO 161

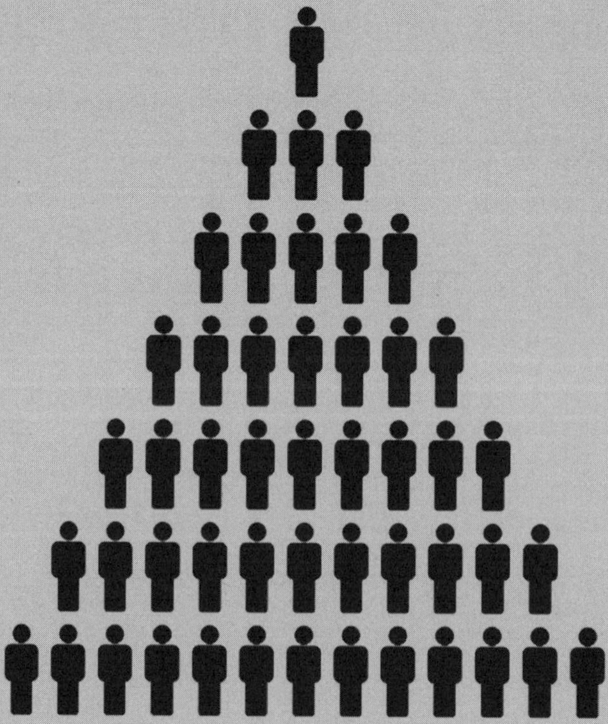

머리말

CEO는 구원자인가

2016년 11월 9일 전 세계가 새로운 정치현실에 잠을 깼다. 도널드 트럼프Donald Trump가 모두의 예상을 깨고 미국 대통령으로 당선된 것이다. 그의 당선 소식은 전 세계에 울려 퍼졌다. 이 소식에 환호성을 지르는 사람들이 있었다. 그들은 그의 당선이 부패한 경제와 정치권에 대한 시원한 한 방이라고 생각했다. 하지만 그의 당선 소식을 듣고 두려움에 떠는 이들도 있었다. 그들은 도널드 트럼프의 당선을 인종차별주의, 성차별주의, 외국인 혐오와 권위주의를 수용하는 위험한 행위라고 여겼다. 10년만 지나면 자유민주주의와 자본주의가 절대 무너지지 않는 이념이 되리라 믿었던 사람들은 이 두 이념의 미래가 갑자기 불확실해졌다고 생각했다. 그러나 선거유세를 하면서 현 체제에 대해 의문을 제기한 것은 도널드 트럼프만이 아니었다. 대선 초기에 버니 샌더스Bernie Sanders는 공공연하게 민주적 사회주의자를 표방했다. 비록 그는 대선에 실패했지만, 많은 사람들은 민주적 사회주의자의 등장을 반겼다. 미국 사회에 깊숙이 뿌리내린 소수 독재의 엘리트 정치체제에 진보적 반체제주의의 풀뿌리 정신이 주입되었다는 반증이라고 생각했기 때문이다.

이런 일들은 사회적 진공 상태에서 일어나지 않았다. 이미 유럽과 미국에서는 신자유주의와 자유시장체제에 대한 대중의 거센 반발이 일고 있었다. 2010년대 중반, 한때 국제질서의 기반이었던 유럽은 거대한 정치적 지진으로 거세게 흔들렸다. 그리스의 시리자Syriza, 스페인의 포데모스Podemos, 영국의 모멘텀Momentum 같은 좌익세력이 활개를 쳤다. 그들은 긴축정책과 기존의 재정정책을 집중 공격했다. 2016년 영국의 EU 탈퇴를 확정 지은 국민투표는 우파가 정권을 잡은 영국 내에서 반이민정책과 보호무역주의를 주장하는 민족주의적 보수주의의 부활을 알렸다. 근본이념은 달랐지만 이 모든 정치적 사건들은 기업이 주도하는 세계화의 압제에 대한 신랄한 비판에서 출발했다.

경제적 불안과 불평등이 항상 나쁜 것만은 아니다. 그러나 이런 정치적 사건들은 경제적 불안과 불평등에는 대중의 엄청난 반발이 있을 수밖에 없다는 사실을 보여준다. 정치인, 의사결정권자 그리고 일반 대중, 좌익과 우익 할 것 없이 모두 고삐 풀린 신자유주의의 위험성을 깨달았다. 이에 대한 응답으로 도널드 트럼프의 인기가 올라간 것은 놀라운 일이다. 도널드 트럼프의 당선에 나의 호기심을 불러일으키는 대목이 있다. 정치이념에 상관없이 거의 모두가 자유시장경제 주도의 세계화를 신랄하게 비판하고 있는 상황에서, 수백만 명의 미국인들이 대통령으로 엄청나게 부유한 CEO를 뽑았다는 점이다. 보다 일반적으로 이야기하면, 역사적으로 자본주의가 멸종 위기에 처한 작금에 일반대중은 여전히 기업인, 심지어 수차례 파산 경험이 있는 기업인을 '무엇이든 끝까지 해낼 수 있는 사람'으로 생각하고 있다는 것이다. 아이러니하게도 현 경제위기, 정치부패 그리고 환경파괴에 가장 큰 책임을 져야 할 기득권의 화신 'CEO'는 오히려 숨 막힐 듯 억압적인 현 상태에 맞설 수 있는 강력한 존재로 받아들여지고 있으며, 우상화되고 있다. 윤리적인 잣대를 들이대면 현직 CEO들은 완전히 해고되어야 한다. 그런데 왜 그들은 여전히 이상적인 영웅으로 승승장구하는가.

선과 악으로 정의할 수 없는 인간형

CEO는 현대사회에서 가장 정의할 수 없는 흥미로운 인간형에 속한다. 페이스북Facebook의 마크 저커버그Mark Zuckerberg와 테슬라Tesla의 엘론 머스크Elon Musk 같은 현대의 CEO들은 선망과 찬사의 대상이다. 이전에는 애플Apple의 스티브 잡스Steve Jobs와 더바디샵The Bodyshop의 아니타 로딕Anita Roddick 같은 경영자들이 있었다. 그럼에도 불구하고 그들의 사고방식, 정치성향 그리고 언론에 비춰지는 변화무쌍한 모습은 어떤 CEO든지 선망의 대상으로 만들 수도 있고, 혐오의 대상으로 만들 수도 있다. CEO는 앞을 내다보는 선지자와 현실을 직시하는 현실주의자로, 도덕적인 혁신가와 도덕적 해이에 빠진 인물로, 그리고 진보의 열쇠를 쥔 인물과 성취를 방해하는 인물로 여겨진다. 그래서 그들은 사람들이 감탄하고 우러러보는 대상인 동시에 격렬히 혐오하는 대상이다. CEO는 또한 현대사회에 대한 위협이자 온갖 고민에서 현대사회를 구할 구원이다.

이렇듯 CEO는 모순덩어리다. 어떻게 이런 CEO를 이해하고 그들의 장점을 찾아낼 수 있을까? 세계 시장경제를 주도하는 기업을 이끄는 CEO의 역할을 살펴보면 알 수 있을지도 모른다. 그러나 이 간단한 접근법은 현재 널리 퍼져 있는 CEO의 매력과 힘을 설명하지 못한다. 그리고 어떻게 이런 매력이 'CEO는 다른 사람의 희생을 발판으로 특권을 누리는 부유층을 대변한다'는 비난을 막아내는지 설명하지 못한다. 도대체 왜 그리고 어떻게 CEO가 21세기 가장 주목받는 우상이자 이름만 들으면 누구나 아는 유명 인사가 된 것일까? 많은 사람들에게 CEO는 가장 위대한 예언자이자 가장 생산적인 영웅이다. 그들은 단순히 회사를 경영하고 수익만 올리는 사람이 아니다. 그들은 세계 번영의 주된 생산자다.

CEO가 숭배의 대상이 되고 있다는 사실이 놀라운가? 우리는 불평등이 심화되고 고위 경영진의 임금만이 하루가 멀다고 오르는 시대에서 살고 있다. 이런 시대에 CEO는 사회의 승리자다. 그러니 많은 사람들이 그들을 선망의 대상으로 우러러보는 것은 지극히 자연스러운 일인지도 모른다. 기업은 언론에 자금을 대고, 기업 친화적인 언론은 자유시장의 성스러운 진리인 양 CEO가 지닌 가치와 미덕을 설파한다. CEO는 혼자 힘으로 성공했다. 그러므로 그들이 경제적 보상과 사회적 찬사를 받는 것은 당연한 일일 것이다. 물론 승리자는 상을 받을 자격이 있다. 이 논리대로라면 CEO는 다윈의 자연선택설에 따라 사회의 최상층에 올라선 것이다. 말하자면 CEO는 서열의 정점에 올라 세계의 통치자들 사이에서 정당한 자리를 차지한 최고의 자본가인 것이다.

확실히 CEO의 이런 이미지는 대중의 생각을 파고들어 물들인다. 몇몇 국가는 신자유주의와 자유민주주의 그리고 세계 자본주의를 결합하여 세계 질서를 형성하는 데 크게 기여했다. 앞서 언급한 CEO의 이미지는 특히 이런 국가에서 살고 있는 사람들의 뇌리에 깊이 침투했다. 그러나 나는 지금까지와는 다른 이야기를 들려주고자 한다. CEO들은 2008년 금융위기를 초래한 장본인으로 수많은 비난을 받았다. 뿐만 아니라 2010년 BP의 멕시코 걸프만 기름유출 사고부터 2015년 폭스바겐Volkswagen의 배기가스 조작사건, 2016년 엑슨모빌ExxonMobil의 기수변화 은폐논란에 이르기까지 각종 스캔들에 연루되었다. 이런 사건들은 지금까지 우리가 살펴본 CEO에 대한 평가를 뒤집고, 이 시대의 가장 위대한 영웅으로 칭송받는 그들을 영예로운 자리에서 끌어내려, 가장 두려운 악당으로 격하시킨다. CEO는 가치를 창출하는 혁신가인 동시에 사이코패스와 사악한 기생충으로 묘사되기도 한다. 우리가 CEO를 후자로 평가한다면, CEO가 위험에 처한 경제를 어떻게 구할 것인가가 아니라 그들의 탐욕스러운 손아귀에서 세계 경제와 사회를 어떻게 구할 것인가를 먼저 고민해야 한다.

CEO가 엄청난 비난을 받고 있지만 그들은 여전히 자본주의의 미덕을 조달하는 물질만능주의자 이상의 존재이다. 또한 설령 CEO들이 많은 위기를 초래했다 할지라도, 그들은 여전히 사회 진보와 경제 발전을 위해 꼭 필요한 존재로 여겨진다. 바로 그들의 진보적 사고방식과 특출한 행위주체성과 성취력이 이 세상을 구원하고 지속가능한 발전을 가져올 것이라는 믿음 때문이다. 그리고 CEO들이 기업을 보호할 뿐만 아니라 기업의 번영을 통해 인류를 보호하여 보다 밝고 윤리적인 자본주의 미래로 나아갈 것이라는 믿음이 깔려 있다. 답답한 회의실과 안락한 고급 화장실에 앉아서 일자리와 혁신을 만드는 것만이 CEO의 역할이 아니다. 세상에 대한 그들의 기여는 이런 경계를 넘어선다. 이런 장밋빛 시각에서 보면, CEO만이 기후변화에 맞서고, 짜증스러운 관료주의를 타파하고, 재정적 책임과 사회적 책임을 모두 완수할 수 있는 유일한 인물이다. 과거의 CEO가 오직 자신이 관리하는 기업의 구세주였다면, 오늘날의 CEO는 인류와 이 세상을 구원할 임무를 맡은 구원자다. 그렇다면 CEO가 우리를 구원할 마지막 희망인 것일까? 도널드 트럼프의 당선과 그의 세계적인 인기를 보면, 이 질문에 자신 있게 '그렇다'고 대답할 이가 많을 것이다.

현대사회의 구원자, CEO

현대사회에서 많은 사람들이 CEO를 매력적인 영웅이라 생각한다. 그들은 과거 왕족처럼 불멸의 존재가 되었다. 예를 들면, 디트로이트의 헨리 포드 박물관Henry Ford Museum of American Innovation에 가면 자신만만하게 보이는 정치가 포즈를 취하고 있는 헨리 포드Henry Ford 동상을 볼 수 있다. 1994년 오스트레일리아 정부는 20달러 지폐에 19세기 여성 사업가 메리 레이비Mary Reibey의 얼굴을 집어넣었다. 영국 기업인들은 여왕에게 손쉽게 훈장을 받고, 심지어 기사작위까지 수여받는다. 천재성과 생산성 때문에 우상화된 CEO는 추진력, 재능 그리고 의지가 완벽하게 결합된 인물로 여겨진다. 그들은 한 기업의 직원이 아니라 전 세계가 우러러보는 롤

모델인 것이다.

CEO는 존경의 대상을 넘어 모방의 대상이 되기도 한다. 현대 사회는 사회, 정치 그리고 경제에서 경쟁해서 승리해야 하는 일종의 게임으로 여겨진다. 사람들은 '모든 열정을 쏟아 부은 사람'만이 이 게임의 승리자가 될 수 있다고 믿는다. 이것이 바로 시장 합리성이다. CEO는 이 시장 합리성이 켜켜이 쌓여서 탄생한 사회적 결과물이다. 여기서 타인은 생존과 금전적 이득을 두고 벌이는 경쟁에서 싸워야 하는 경쟁자일 뿐이다. 윤택한 삶은 부유하고 유명한 사람들의 몫이고, 임원이 되면 자신의 꿈을 실현시키는 돈과 권력을 손에 잡을 수 있다. 우리가 할 일은 이기기 위해 피도 눈물도 없이 이 경쟁에 임하는 것이다. 이렇게 해야 승리와 행복이 우리의 몫이 될 수 있다.

'왔노라, 봤노라, 이득을 얻었노라'라는 사고방식은 CEO가 가진 매력의 일부에 지나지 않는다. 사람들은 CEO가 되고 싶은 열망에 이런 사고방식을 받아들인다. 이렇게 성공을 위해 CEO의 기술과 사고방식을 배우려는 사람들의 욕구가 CEO를 더 매력적인 존재로 만든다. 이런 과정에서 사람들은 생산성을 향상하고 희망과 꿈을 실현하기 위해 더 좋은 방법 찾기를 염원할 수밖에 없다. 굉장히 복잡한 현대사회에서 CEO는 단순한 라이프스타일뿐만 아니라 성공비결까지 제공하는 존재로 여겨진다. 물론 모두가 실제로 CEO가 될 수 있는 것은 아니다. 그러나 모두가 '각자의 삶의 CEO'가 되기 위해 노력할 수는 있다.

CEO사회의 등장은 이 책의 주제다. CEO사회는 수십 년의 신자유주의적 정치와 경제 개혁의 산물이다. 이 사회에서는 경영자주의가 핵심이고 기업의 경영방식은 기업뿐만이 아닌 모든 조직에 전달된다. 그러나 이것이 끝이 아니다. CEO사회는 문화적으로 CEO와 연관된 모든 가치를 인간의 모든 행위에 적용한다. 지독하게 개인주의적이고 반민주주의적인 CEO사회는 수단, 단호함, 경쟁의식, 수익성, 효율성 그리고 효과를 중요하게 여긴다. 사람들은 우선하는 욕구나 가치와 상관없이, 기본적으로 기업경영과 관련된 이런 가치들을 습득해야 CEO사회에서 성공할 수 있다고 생각한다. 설상가상으로 이런 가치들이 세계 자유시장의 구조적 문제를 해결하는 데 필수적인 해결책으로 여겨진다. 그리고 사람들은 CEO처럼 되는 것이 자신과 사회에 대한 의무라고 생각한다. 이것은 불평등한 사회다. 이런 사회는 누가 승리자이고 누가 패배자인지를 판단할 뿐만 아니라, 이런 판단이 도덕적으로 옳은 행위라고 여긴다.

CEO사회에서 CEO는 단순히 엘리트 계층을 뜻하는 단어를 넘어선 하나의 라이프스타일이다. 문화와 계층과 개인적 배경에 상관없이 사람들은 CEO의 모든 것을 받아들이려고 애쓴다. CEO는 삶이 안고 있는 모든 문제에 대해서 간단하게 해결책을 제시한다. 승진을 원한다면, CEO의 지혜를 살펴라. 그러면 직장에서 앞서나가는 방법을 알 수 있을 것이다. CPA 오스트리아의 CEO였던 알렉스 말리Alex Malley에게 물어보는 것은 어떤가? 그는 2015년 베스트셀러 『벌거벗은 CEOThe Naked CEO』에서 성공한 삶을 살기 위해서 알아야 하는 진실을 알려주겠노라 약속한다.[1] 그가 집단 따돌림을 조장하고 재정을 부실하게 관리했다는 비난을 받으며 CEO 자리에서 해고됐었다는 사실은 신경 쓰지 마라.[2] 좋은 지역주민이 되고 싶다면 CEO의 방식을 통해 사회정의에 대해서 시장성과 수익성 있는 브랜드를 만들어라. 좋은 취지의 활동에 돈을 기부하면 기부자에게 금전적 보상이 되돌아온다는 인식이 확산되면서, 실제로 지난 10년간 기업이 자선활동에 접근하는 방식이 변했다.[3]

사랑하는 사람의 마음을 사로잡고 싶은가? 언감생심 꿈속에서도 욕심내지 못한 그 사람을 얻을 수 있는 방법을 CEO가 알려줄 것이다. 외로움에 몸부림치는 사내는 니나 앳우드Nina Atwood의 충고를 듣고 그녀의 저서 『CEO처럼 데이트하라Date Like a CEO』에 적혀 있는 대로 하기만 하면 된다.[4] 이걸로 부족하다면, 미란다 찰스Miranda Charles의 『CEO, 가면을 벗다The Unmasked CEO』[5]나 안나 드팔로Anna DePalo의 『CEO와의 두 번째 로맨스Second Chance with the CEO』[6] 같은 CEO 주인공 로맨스 소설을 독파하는 것도 방법이다. 보통 기독교인들은 문제가 생기면 '예수님은 어떻게 했을까?'를 생각한다. 그렇다면 우리는 어떻게 해야 할까? 아마도 'CEO는 어떻게 했을까?'를 생각해봐야 하지 않을까? 이 질문에 대한 답이 상상도 못했던 멋진 삶으로 당신을 이끌어줄지도 모른다.

CEO처럼 되겠다는 집착이 사회에 미치는 영향은 깊고도 위험하다. CEO사회는 다른 모든 이상을 배제한 채 경쟁, 수단 그리고 착취와 같은 가치를 고취시키는 사회다. 이런 사회에서 관용, 정의, 협력, 신중함, 평등 그리고 모두가 함께 긍정적으로 변하는 것과 같은 가치는 무시된다. CEO사회는 인간이란 존재를 시장에서 수익을 창출하는 하나의 수단으로 간주할 뿐이다. 어떤 비용을 치르더라도 개인적으로 승리하고자 하는 욕망이 이런 사고방식을 더욱 부채질한다. 그리고 CEO사회는 영향력 있는 CEO를 아름답게 묘사한다. 그러나 이런 신기루로 인해 사람들은 자신의 무력함을 뼈저리게 느끼고, 이런 무력함을 느끼게 만든 사람들의 노예가 되며, 그들의 가치의 노예가 된다. 이런 CEO사회를 비난하거나 의문을 제기하고 뒤집지 못하면, 사회적으로 그리고 도덕적으로 파탄에 이르게 될 것이다.

이 책이, CEO사회가 이 세계를 완전히 장악했으며 그 누구도 사회와 삶이 '기업화'되는 것에 저항하지 않는다고 주장한다고 생각할지도 모른다. 하지만 그렇지 않다. 이런 전체주의적 해석은 이 책의 의도와는 거리가 멀다. 예를 들면, 2000년대 후반 세계를 덮친 금융위기로 인해 CEO들의 권력과 영향력은 아주 큰 도전을 받았다. 자유시장 혁명의 현대 요새인 미국에서 2016년 버니 샌더스 상원의원이 유력한 대통령 후보로 부상했다. 이것은 한때 신성시되었던 기업의 리더십에 대한 위협이었다. 그는 사회민주주의 정책을 주장했다. 그 이면에는 혁명적인 에너지가 있었다. 이 혁명적인 에너지는 최고경영자의 특권과 경제적 가치가 사회에 긍정적인 변화를 가져올 수 있음을 보여줬다. 이것은 전 세계적으로 CEO가 귀하게 여기는 가치들이 근본적으로 변하고 있다는 신호였다. 그러나 실질적으로 이런 변화가 지속되려면, 'CEO가 사회와 정치를 파괴할 수도 있는 존재임을 보여주는 증거가 넘쳐나는데도 여전히 대중에게는 그들이 매력적인 존재로 여겨지는 이유'를 아주 비판적으로 고민하고 이해하려고 노력해야 한다.

이 책에 관하여

현대사회의 많은 분야에서 CEO사회의 특징이 두드러지고 있다. 이 책은 이런 CEO사회의 발전과정을 비판적으로 추적하고 기록한다. 제1장 「CEO사회에 오신 것을 환영합니다」에서는 CEO사회의 현상을 다룬다. CEO사회는 1980년대 이후 신자유주의 정치와 경제 정책이 확산되면서 등장했다. CEO는 경영자가 맡는 직위만을 의미하지 않는다. CEO는 사회의 '이상'을 대변하는 인물이다. 그것도 '위험한 이상'을 대변한다. 사람들은 기업 총수들이 거침없이 사익을 추구해도 추진력과 결단력이 있다고 생각한다. 또한 도덕적이고 독립적인 인물이며 카리스마가 넘치는 '보스'로 믿는다. 제1장에서는 왜 CEO가 이런 이미지를 갖게 되었는지 살펴볼 것이다. 이런 이미지 덕분에 CEO는 이 시대의 영웅 중의 영웅이 되었다. 그들은 직장과 일상생활에서 다른 사람들이 가지려고 애쓰는 힘과 권력을 모두 가지고 있다.

제2장 「CEO의 우상화」에서는 CEO가 칭송과 비난의 대상으로 떠오르게 된 배경에 대해서 자세히 살펴볼 것이다. 여기서는 공인으로서 CEO의 역사를 개략적으로 다룬다. 앤드류 카네기Andrew Carnegie와 존 D. 록펠러John D. Rockefeller는 전형적인 19세기 비즈니스 거물이다. 그들은 전후 시기의 경영 테크노크라트technocrat로 진화했다. 사업가와 자본가는 각종 스캔들과 사건사고로 질타를 받았다. 그러나 1980년대의 보수 혁명은 성공한 사업가와 매력적인 자본가의 이미지를 미화했다. 20세기가 새천년으로 바뀌는 동안 CEO를 맹목적인 집착의 대상으로 바라보는 분위기는

CEO의 가치를 보다 널리 고취시켰다. 또한 그들이 불평등을 야기하고 착취를 일삼는 비난의 대상으로 평가되지 않도록 지속적으로 보호했다. CEO는 사람들에게 단순히 선망의 대상의 되는 연예인이 아니다. 리처드 브랜슨Richard Branson이나 워런 버핏Warren Buffett처럼 이제 그들은 사람들의 롤모델이다. CEO의 교훈은 한 개인의 삶에 적용될 수도 있다. 그 결과, 언제 어디서든 최고경영자의 가치와 원칙을 활용하려는 사람들로 가득 찬 CEO사회가 탄생했다.

제3장 「CEO 경제에서의 경쟁」은 CEO사회의 영향력, 특히 경제적 영향력을 다룬다. 여기서는 어떻게 '노동'이 경쟁, 승리 그리고 자급자족이 가능한 개인주의를 강조하고 CEO가치를 사람들에게 가르치는 수단이 되었는지 살펴볼 것이다. 기업, 공동체, 학교, 대학 또는 공공기관 등 모든 유형의 조직 내에서 모든 직급의 조직원들은 크건 작건 나름의 CEO가 되고자 한다. 그들은 자신의 노력에 대한 보상을 극대화하는 동시에 수익성 있는 새로운 기회를 포착하려고 노력한다. 그 결과 현대사회에는 동료를 짓밟고 올라서기 위해서 수단 방법을 가리지 않는 풍조가 만연해졌다. 게다가 요즘은 모든 사람이 자신의 직업에서 CEO가 되어야만 한다. 사람들은 계획을 세우고 경험을 적극 활용하여 자신의 취직 가능성과 급여를 높이려 애쓴다. 이런 경제 논리는 현대 노동자들 사이에 새로운 불안감을 낳는다. 그리고 이 불안감은 노동의 가치가 위태로워지고 노동자의 권리가 무시되며 일터와 노동시장에서 사람들이 받는 압박감이 커지는 것과 같은 구조적인 문제를 가린다. 개인의 성공에 대한 책임은 오롯이 개인의 몫이 되었다. 그러나 모

두가 어떤 식으로든 CEO로 소개되고 있는 현 사회에서 실제로 CEO가 되는 영광을 누리는 사람은 극소수일 뿐이다.

제4장 「CEO 정치인」은 현대 정치에 대한 CEO사회의 영향력을 다룬다. 1970년대 이후 기업의 정치적 로비는 지속적으로 확대되었다. 그 결과 CEO는 정치적 의사결정에 적극적으로 참여하게 된다. 정계와 재계의 관계는 이전보다 더 복잡해졌다. 점점 더 많은 CEO들이 공직에 출마하고 직접 정계에 입문한다. 언론은 그들의 사업수완을 정치적으로 바람직한 것이라고 홍보한다. MBA 과정을 밟고 이사회에 참여하는 것이 경쟁이 치열한 세계시장에서 한 국가를 이끌 리더십의 준비과정으로 여겨지고 있다. 이런 이력 덕분에 미국의 도널드 트럼프, 오스트레일리아의 말콤 턴불Malcolm Turnbull 그리고 이탈리아의 실비오 베를루스코니Silvio Berlusconi 같은 CEO 출신 정치인들은, 그리 오래되진 않았지만, 재정적 책임을 다하는 동시에 '생산적이고 효율적인' 국가를 만들기 위해 반드시 내려야 하는 어려운 결정을 단호하게 내릴 수 있는 인물로 평가받고 있다. 이렇게 상업적 가치가 민주적 가치를 가려버리는 기업 정치가 부상하고 있다.

CEO사회가 경제와 정치에 미치는 영향에서 잠시 눈을 돌려, 제5장 「라이프스타일 모델로서의 CEO」에서는 오늘날 이 세상에서, 특히 2008년 세계 금융위기 이후의 세상에서 좋은 사람이 된다는 것이 무엇을 의미하는지 살펴본다. 전통적으로 직업의 영역과 사생활의 영역은 분리된 것으로 여겨졌다. 누구나 직장에서는 무자비한 CEO이지만 집에서는 존경받는 부모가 될 수 있었다. 누구나 회사에서는 경쟁심 강한 직원이지만 주말에는 즐길 줄 아는 멋진 사람이 될 수 있었다. '물론' 이런 구분은 현실에는 적용되지 않는다. 업무 스트레스는 가정까지 파고들고, 가정불화는 직업적 성공에 영향을 미치기도 한다. 보통 이 두 영역의 가치는 완전히 상반된 것으로 여겨진다. 만약 양립할 수 있다면 새천년에 우리의 목표는 '내 인생의 CEO'가 되는 것이다. '내 인생의 CEO'가 되는 것은 업무 내적으로 그리고 외적으로 상당한 영향을 준다. 그래서 경쟁적인 개인주의가 되살아날 때, 승리자인 실제 CEO들은 자신의 경영방식이 타인에게 상당한 피해를 줬을 때에도 책임을 질 필요가 없다. 그 피해 규모가 커도 말이다.

CEO사회의 확산은 자선활동에도 영향을 미쳤다. 이것이 제6장 「CEO는 관대한가?」에서 다룰 주제다. 제6장은 CEO사회가 일반적으로 기업의 사회적 활동이라는 명목으로 그리고 보다 구체적으로는 자선활동이라는 명목으로 공공재 제공의 영역에까지 확대되는 현상을 살펴본다. 이 장에서는 특히 '자선자본주의philanthrocapitalism'를 집중적으로 살펴볼 것이다. 유명한 CEO들이 중심이 되어 전 세계 억만장자들이 재산 일부를 좋은 취지의 활동에 기부하겠다고 서약하고 있다. 대표적인 사례가 빌 게이츠Bill Gates와 워런 버핏이 주도하는 '기부 서약 운동The Giving Pledge'이다. CEO가 하는 일들이 으레 그렇듯이, 그들의 자선활동에는 순수한 이타적 관대함 말고 다른 동기가 분명히 존재할 것이다. 단순히 자신이 가진 것을 타인에게 베풀기 위해서 그들이 자선활동을 한다고 설명하기에는 뭔가 미심쩍다. 이 장은 박애주의를 실천하고 사회적 책임을 다하기 위해 기업이 진행하는 대규모 자선 사업이 통제력, 부 그리고 권력을 소수가 독점하는 CEO사회를 어떻게 강화시키는지를 보여준다. CEO사회는 타인에게 베푸는 것보다 사익추구를 더 우선시하는 CEO의 입맛에 맞게 관대함과 자선의 정의마저도 바꾼다.

제7장 「CEO 구원에 대한 그릇된 신념」에서는 CEO사회의 비용과 그 영향에 대해서 살펴본다. 우선 CEO사회가 모두에게 유익한 경제적 가치, 정치적 이상 그리고 개인적 관계를 어떻게 위협하는지 살펴볼 것이다. 그리고 더 좋은 세상을 상상할 수 있는 가능성에는 어떤 위험이 되는지도 살펴본다. CEO사회는 경쟁, 착취 그리고 사회 진보와 참여를 강조하는 시장 중심의 패러다임을 도덕적 미덕으로 여기고 사회를 지배하는 가치로 받아들인다. 이로 인해 CEO사회에서는 경제적 평등, 민주주의, 사회정의, 연민 그리고 지속가능한 발전의 소중한 가치가 사라질 수 있다. 여기에는 엄청난 개인적 비용과 집단적 비용이 수반될 것이다. 특히, CEO가치에 대한 '그릇된 신념'은 우리에게서 삶과 사회를 변혁시킬 수 있는 상상력을 앗아갈 수 있다.

이 책은 CEO사회의 높은 기회비용에 대한 고민으로 끝을 맺는다. CEO사회에는 CEO와 그들의 라이프스타일을 따르는 것이 사회, 정치 그리고 경제적으로 윤택한 삶을 누릴 수 있는 확실한 방법이라는 잘못된 믿음이 존재한다. 이 맹신으로 인해 우리가 잃는 것은 과연 무엇일까? 마크 저커버그, 빌 게이츠 또는 도널드 트럼프 같은 부류의 사람들이 공정하고 평등한 민주주의 사회의 미래를 우리에게 가져다줄 수는 없을 것이다. 이런 사람들이 우리가 살고 있는 사회를 과열 경쟁 사회로, 부가 불평등하게 분배되는 사회로 만들었는지도 모른다. 그렇다고 지금 상황이 바뀔 수 없다는 뜻은 아니다. 이 책은 CEO를 제단에 모셔놓고 그들을 숭배하는 사고방식의 위험성에 대한 최종경고로 끝을 맺는다. 이 최종경고가 사람들에게 경종을 울려 CEO사회를 대체할 대안을 고민하게 만들기를 바란다.

1

CEO사회에 오신 것을 환영합니다

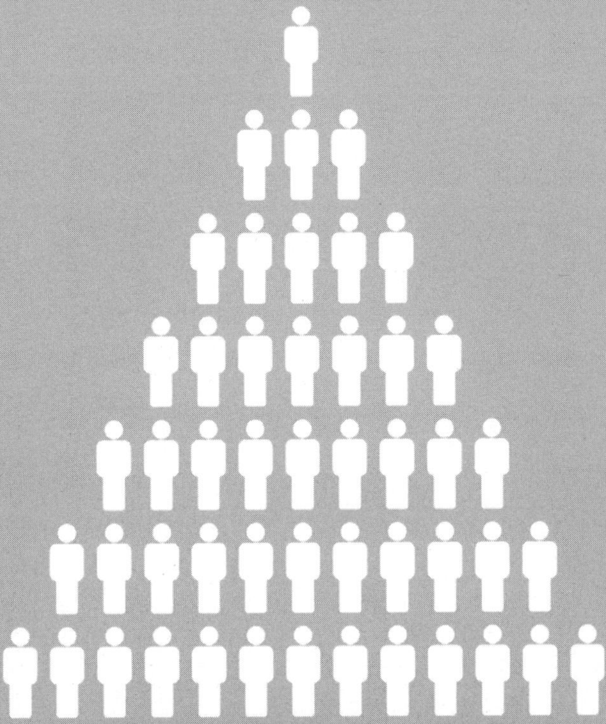

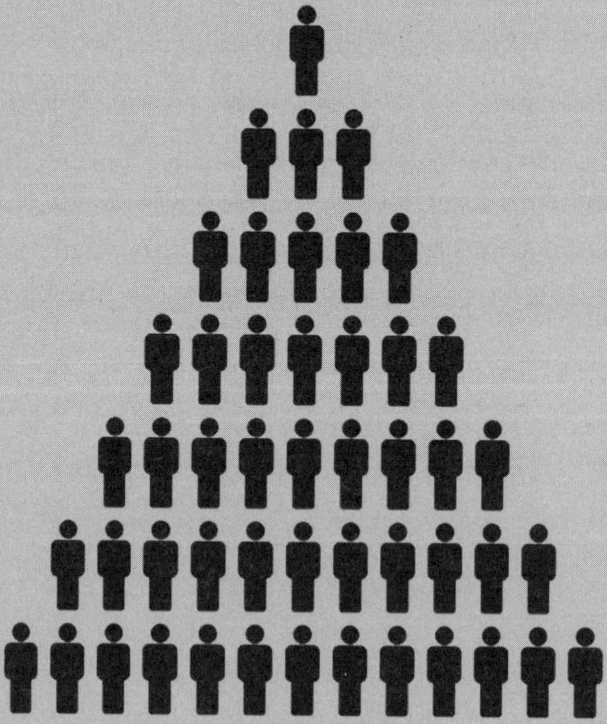

1

CEO사회에 오신 것을 환영합니다

올리버 스톤Oliver Stone 감독의 1987년 블록버스터 영화 〈월스트리트Wall Street〉에서 주인공 고든 게코Gordon Gecko는 텔다 페이퍼Teldar Paper 주주총회에서 연설을 한다. 이 장면은 이 영화의 명장면 중 명장면이다. 머리를 완전히 뒤로 넘긴 고든 게코는 취기가 살짝 오른 듯 얼굴을 찡그리며, '기업은 본래 이래야 한다, 저래야 한다'는 식으로 거들먹거리면서 설교를 늘어놓는다. 그는 "저는 기업의 파괴자가 아닙니다. 저는 기업의 해방자입니다"라고 말한다.[1] 고든 게코에게 부와 자유의 원천은 다름 아닌 무자비한 경쟁이었다. 고든 게코는 영화에서 가장 유명한 대사를 내뱉는다. "그러니까 제 말의 요지는 말입니다. 여러분! 탐욕은…. 더 좋은 단어가 떠오르지 않네요. 탐욕은 좋은 것입니다." 그러니까 실제로 고든 게코가 설명하려고 했던 신념과 가치는 바로 인류 번영이 사익을 추구하는 개인의 탐욕스러운 노력에서 나온다는 것이었다. 보다 간단히 말하면, 승자독식이 존재하고 모두가 승리자가 되기를 열망하는 것만이 진보로 가는 유일한 길이라는 말이다.

30년 전을 회고하면, 이 영화는 신자유주의의 청소년기를 기록하고 있었던 것 같다. 이것은 곧 성인이 되는 신자유주의의 무자비함을 예고했다. 삶은 예술을 모방한다는 말이 있다. 이 말이 사실이라면, 우리는 지금 매우 치명적인 예술을 모방하고 있는 것이다. 이 영화는 이득이 되는 한 모든 것이 허락되는 세상을 미리 보여주고 있었다. 당시에는 아직 청소년인 신자유주의가 앞으로 사악하고 비열한 성인으로 성장할 것이라고 생각하는 사람은 아무도 없었다. 이런 생각을 한다는 것 자체가 어려웠다. 그 누구도 신자유주의가 성숙하면 불평등이 심해지고, 지속가능한 발전이 사라지고, 환경적 재앙이 닥칠 것이라고는 상상도 못했다. 이제 더 이상 이런 상상을 하는 것이 힘들지 않다. 고든 게코가 보여준 기업 풍조가 현재 우리 삶의 거의 모든 영역에 퍼져 있다. 정치학자 웬디 브라운Wendy Brown이 설명했듯이, 이제 교육, 데이트 또는 운동과 같이 부를 창출하지 않는 삶의 영역조차도 시장용어로 해석되고, 시장지표로 통제되고, 시장체계에 따라 운영된다.[2] 웬디 브라운은 다음과 같은 주장을 했다.

> 오늘날 개인부터 회사, 대학부터 주정부 그리고 식당부터 잡지사에 이르는 거의 모든 시장 행위자들은 당장의 수익보다 자신들의 추정가치, 미래 가치를 결정하는 등급과 순위에 더 관심이 있다. 그들은 타인의 투자로 이어지는 자기 투자를 통해 현재와 미래 가치를 향상시키는 임무를 부여받았다. 이제 모든 시장행위는 금전적 이득을 위해 행해진다. 예를 들어, 블로그 조회수, 리트윗, 옐프 별점, 대학 순위 또는 무디스 신용등급을 통해서 금융화된다. 이렇게 금융화된 시

장행위는 누군가의 등급을 향상시키거나 유지한다.

우리는 재앙적인 금융위기를 겪었다. 그리고 CEO들과 월스트리트의 금융인들이 경제적 득보다 사회적 실을 더 많이 야기한다는 증거가 산더미처럼 쌓여 있다. 그럼에도 경쟁, 효율성 그리고 부당이득이라는 그들의 주술은 여전히 강력하다. 이 주술로 CEO는 이 시대가 원하는 전형적인 영웅으로 떠올랐다.

'탐욕은 좋은 것'이라는 유명한 대사를 뱉자마자 바로 고든 게코가 한 말이 있다. 이 말은 본서의 주제를 정확히 요약한다. 고든 게코는 이 말을 하면서 탐욕의 도덕적 가치를 확대 해석했다. 그는 탐욕이 오직 기업에서만 '인류의 진보'를 가져오는 것이 아니라고 주장했다. "제 말을 명심하세요! 탐욕이 구원하는 것은 텔다 페이퍼만이 아닙니다. '미국'이라는 이 비정상적으로 운영되는 기업도 탐욕이 구할 것입니다." 그의 연설이 이렇게 끝나자마자, 청중들로부터 우레와 같은 박수가 쏟아졌다. 올리버 스톤은 이 영화에서 고든 게코의 냉철하고 도덕적인 듯 보이는 경쟁심을 통해 기업이 어떻게 신자유주의 속에서 민주주의 정부에 이르기까지 인간이 만든 모든 조직의 이상적인 모델이 되었는지를 보여주려고 했다. 그리고 2010년대 후반이 되자 올리버 스톤이 영화에서 이상적인 미래로 제시했던 반이상향적인 기업 탐욕이 결실을 맺었다. 기업은 사회적으로 엄청난 영향력을 행사하는 거대한 조직이 되었고 현대사회에서 가장 이상적인 조직의 형태로 받아들여졌다.

실제로 신자유주의로 인해 기업의 '경영자주의'는 사회의 지배적인 가치가 되었다. 이런 관점에서 신자유주의는 시장에 기반을 둔 가치가 모든 인간 활동으로 확대된 것으로 이해될 수 있다. 신자유주의에는 경영자주의가 동반된다. 시장에 기반을 둔 조직인 '기업'의 관리방식이 다른 모든 조직을 관리하는 방식으로 자리 잡았다. 현대사회에서는 모든 인간 행동을 기업 행동과 유사하게 볼 수 있다. 모든 인간은 기업과 기업의 이해관계자와 다를 바 없다. 한때는 기업 활동과는 무관한 것으로 여겨졌던 영역에서도 기업의 문화, 언어 그리고 관행이 단단히 뿌리를 내렸다. 예를 들어 대학은 학생을 고객으로, 강좌를 상품으로 생각한다. 그리고 대학은 조직의 성공을 위해 기업 전략, 시장 경쟁, 경쟁력 있는 포지셔닝과 브랜드에 기댄다. 대학의 기업화로 대학의 금고는 두둑해졌지만, 학생들은 학자금에 시달리게 되었다. 실제로 2014년 국제학생운동International Student Movement, ISM은 '우리는 고객이 아니고 학생이다'란 구호를 외치며 전 세계적으로 일주일 동안 대학의 기업화에 저항하는 운동을 벌였다. 그들은 대학의 상업화에 반대하고 자유로운 교육의 가치를 널리 알리고자 했다.

우체국부터 지방정부 그리고 도서관에 이르는 공공서비스의 관리도 기업화로 고통받고 있다. 이 공공서비스들이 완전히 민영화된 것은 아니지만, 진보라는 명목으로 기업 경영방식이 이런 공공서비스 부문에도 도입되었다. 여기에는 기업 경영방식은 우월하고 이를 도입하는 것은 불가피한 일이라는 생각이 깔려 있다. 비영리단체, 비정부조직, 자선단체, 교회와 공동체도 마찬가지다. 기업의 경영자주의를 바탕으로 경제와 사회가 운영되어야 한다는 믿음이 생겨났고, 결국 기업의 경영자주의가 세계를 지배하는 새로운 이념이 되었다.[3]

CEO와 그들의 업무처리방식은 사람들의 영원한 관심의 대상인 것 같다. 자칭 미국 최고의 코치인 래리 줄리언Larry Julian은 심지어 '신은 나의 CEO'라고 주장하기까지 했다.[4] 저서 『신은 나의 CEO다God is my CEO』에서 래리 줄리언은 자신이 믿는 기독교 신을 기업의 회의실로 초대했다. 그는 기독교 가르침을 실천하고 '깊은 신앙심을 지닌 리더'가 되면 '금전적 성공, 매출 상승, 비용 절감, 생산성 향상 등 가시적인 성과'를 얻을 수 있다고 말한다.[5] 이 책에서 래리 줄리언의 하느님은 사원에서 상인과 돈거래를 일삼는 사람을 내쫓는 성경에 등장하는 신이 아니라, 삼위일체의 정점에 새롭게 설치된 연단에서 마치 CEO처럼 비즈니스를 설파하는 '현대판 신'이다. 이것은 전 세계적인 현상이다. 중국 광저우에서 부모들은 세 살밖에 안 된 어린 자녀를 학교에 보내 CEO 수업을 듣게 한다. 이런 아이들이 다니는 어떤 학교 외벽에는 '우리에게 아이를 보내세요. 미래의 리더로 만들어 드리겠습니다'라는 포스터가 붙어 있다.[6] 이것은 분명 '그 소년을 나에게 보내면 당신에게 청년을 보여주겠다'란 예수회의 슬로건에 현대 기업적 가치를 가미해 각색한 것일 거다.

이런 추세는 현대사회의 노동시장에서도 나타난다. 비록 방식은 다르지만, 새롭게 떠오르고 있는 고용형태에 영향을 준다. 이른바 '긱 이코노미gig economy'에서는 한때 부유한 기업이 감수했던 리스크가 노동자이자 기업인 개인에게 옮겨질 수 있다. 취업이 힘든가? 그렇다면 1인 기업을 세워라. 당신이 1인 기업을 세우자마자, 당신과 회사의 고용계약이 파기되고 상업계약이 체결될 것이다. 요즘 세계 곳곳에서 1인 기업이 등장하고 있다. 1인 기업의 CEO

는 더 이상 직장을 잃을까 봐 전전긍긍하는 위태로운 노동자가 아니다. 이제 노동자가 바로 그 기업의 CEO다. 당신이 너무 가난해서 노숙생활을 하고 있다면, 그것은 전적으로 당신의 책임이다. 당신은 노숙자 자활을 돕는 잡지 『빅이슈Big Issue』를 팔아서 사람들의 동정심과 푼돈이라도 벌어야 한다. 자영업자로 개인 트레이너가 되는 것은 어떤가? 아니면 부업으로 우버 드라이버로 활동하거나 가사도우미로 일하는 것은 어떤가? 긱 이코노미에서 이들은 개인의 이윤을 극대화하는 미니 CEO로 재인식된다. 이제 혁신과 기업가정신은 번영으로 가는 통로로 널리 받아들여진다. 이런 시대에서는 심지어 개인도 기업이 될 수 있다. 그리고 인간성은 사업수완과 편협한 사리사욕의 복잡한 관계로 새롭게 인식된다.

이제 기업은 효율성과 개인주의라는 신자유주의의 주요 교리를 위해 노력하는 인간의 필수 활동지로 받아들여진다. 사회학자 마이클 피터스Michael Peters가 설명했듯, 신자유주의 가치들은 평등보다 자유, 그것도 특정 유형의 자유를 중요하게 여긴다.[7] 이것은 바로 정부의 간섭으로부터의 자유다. 이 자유 덕분에 개인과 기업은 거추장스러운 법과 규제의 방해를 덜 받고 자유롭게 사익을 추구할 수 있다. 이 해방이 강한 경쟁력과 소유욕이란 특징을 지닌 개인주의를 통해 경제의 효율성을 강화할 것이다. '탐욕은 좋은 것'이라는 고든 게코의 믿음은 바로 이런 사고의 영향을 받은 것이었다. 현대사회에서 무자비한 사익 추구와 개인적 욕망을 달성하려는 무한한 욕구는 경제적 번영뿐만 아니라 도덕의 토대가 된다. 여기에는 18세기 경제학자이자 철학자였던 아담 스미스Adam Smith가 최초로 제시한, 편협하면서도 과장된 상상력이 자리한다. 1776년 아담 스미스는 다음과 같은 유명한 주장을 했다.

> 정육점 주인이나 맥주 양조업자나 제빵사의 자비심 덕분에 우리가 따뜻한 저녁식사를 할 수 있는 것은 아니다. 개인의 이익만을 추구하고 그것만을 중요하게 생각하는 그들의 이기심 덕분에 할 수 있는 것이다. 그러므로 우리는 그들의 인간성이 아닌 자기애를 자극해야 한다. 그들에게 우리가 필요한 것이 무엇인지보다 그들이 우리에게서 무엇을 얻을 수 있는지를 알려줘야 한다. 다른 시민의 자비심에 기대는 존재는 오직 거지뿐이다.[8]

고든 게코는 고기, 맥주 그리고 빵으로 차려진 간단하고 따뜻한 식사에 대해서 이야기하지 않았다. 그리고 그는 연민과 너그러움으로 사리사욕을 항상 누그러뜨려야 한다는 아담 스미스의 주장에도 동의하지 않았을 것이다. 고든 게코의 대사에는 아담 스미스가 주장한 '자기애'가, 특히 타인의 웰빙에 대한 관심이 완전히 제거되면 비경제적 활동뿐만 아니라 경제적 활동의 강력한 동기가 될 수 있다는 생각이 숨겨져 있다. 이것은 분업 그리고 교역과 교화의 매커니즘을 말하는 것이 아니다. 이것은 경제적, 특히 자유자본주의적 영역의 관리에서 유래된 자기중심적 가치들이 삶의 모든 영역에 일반적으로 적용되는 것과 다름없다. 교육부터 전력공급, 보건부터 육아에 이르는 모든 사회적 그리고 개인적 활동에서 효과적이고 도덕적으로 정당하다고 주장하면서, 사익추구의 수단으로 대기업에서 개발된 아주 구체적인 관행과 가치도 삶의 모든 부분에 적용된다. 바로 이 부분에서 이기심과 나르시시즘적 자기애의 문화적 의미가 뒤집히면서 이것들은 개인의 단점이 아니라 미덕으로 여겨진다.

일찍이 1970년대 후반에 영향력 있는 철학자이자 사회적 사상가였던 미셸 푸코Michel Foucault가 설명한 대로, 우리는 신자유주의의 범위와 특성을 전통적인 자유주의와 융합하지 않도록 조심해야 한다. 실제로 미셸 푸코의 1977년과 1978년 강연은 그가 시대를 한참 앞섰던 인물이었음으로 보여준다. 그는 자유무역과 시장에 토대를 둔 경제 조직을 옹호하는 신자유주의가 아래와 같은 시스템임을 간파했다.

> 신자유주의는 정치권력이 시장경제의 원칙에 따라 행사될 수 있고 (…) 형식적인 시장경제의 원칙이 일반적인 정치에 투영하는 시스템이다.[9]

미셸 푸코가 언급한 정치는 엄밀한 의미의 정부에만 국한되지 않는다. 또한 공식적으로 공직에 임명되거나 선출된 사람들에 관한 것만도 아니다. 대신에 그는 신자유주의가 자유주의의 범위를 순수하게 경제적인 영역에서 사회, 문화 그리고 정치 관행과 담화로 확장시킨다고 주장했다. 다시 말해, 신자유주의를 정의하는 특징은 경제적 문제에 관련된 가치로 시장에 근거한 교환활동을 인식하고 이런 인식을 삶의 전반에 적용하는 방식이다. 이 책은 현대적 관점에서 미셸 푸코의 역사적 통찰을 근거로 CEO사회를 정의한다. 만약 시장이 인간의 모든 활동을 지배하는 강력한 모티브이고 CEO는 세계 시장이라는 가장 강력한 제도를 이끌 영웅적인 인물이라는 것이 신자유주의의 신념이라면, CEO는 기업과 경제 영역을 넘어서 성공의 전형이 된다. 여기서 CEO사회의 핵심적인 사고방식이 드러난다.

왜곡된 삶

1980년대 올리버 스톤은 영화에서 초기 신자유주의를 반이상향으로 그렸다. 그러나 오늘날의 후기 신자유주의는 영화보다 더 반이상향적이고 왜곡되어 있다. 이런 현실은 도널드 트럼프가 미국 대통령으로 선출되자 바로 우리 눈앞에 펼쳐졌다. 2016년 11월 9일, 도널드 트럼프는 당선 연설을 위해 무대에 올랐다. 그는 만족스럽고 자신감에 찬 표정으로 미국 국민들에게 충성을 맹세했다. 또한 자신의 경험과 자질을 적극 이용해 미국의 위대함을 되찾겠다는 공약을 반드시 지키겠다고 말했다. 그는 정치적 담론, 시민 담론이나 민주적 담론으로 연설을 시작하지 않았다. 대신 자신의 사업 성공을 근거로 들었다.

> 우리는 힘을 합쳐 미국을 재건하고 아메리칸 드림을 되살리는 시급한 임무에 착수할 것입니다. 저는 전 세계를 대상으로 하는 프로젝트와 사람들에게서 아직 개발되지 않은 재능을 찾는 데 저의 모든 인생을 바쳤습니다. 이제 이 나라를 위해 이 일을 하고자 합니다.[10]

도널드 트럼프의 선거유세를 바라보며 사람들은 그가 기업을 경영하듯이 미국도 경영할 거라고 생각했다.[11] 이 시기에 정치와 민주주의는 효율성과 경쟁 우위를 달성하는 데 방해만 될 뿐이라고 주장하는 경영 중심적 이념도 등장했다.[12] 민주적인 가치, 심지어 신자유주의에서도 여전히 중요하게 여겨지는 가치마저도 경영 노하우나 특권 때문에 무시되었다.

이런 추세를 전형적으로 보여주는 사건이 2016년 10월 선거를 불과 몇 주 앞두고 일어났다. 도널드 트럼프가 여성을 두고 음담패설을 하는 녹음파일이 공개된 것이다. 성폭행의 자백으로 받아들여진 이 음성파일에는 도널드 트럼프가 여배우 아리안 주커Arianne Zucker와의 만남을 준비하면서 한 말이 녹음되어 있었다. 도널드 트럼프는 친하게 지내던 TV호스트 빌리 부시Billy Bush에게 다음과 같이 이야기했다.

> 사탕을 좀 가지고 가야겠어. 그녀와 키스를 할지도 모르잖아. 너도 알잖아. 난 자동적으로 미인에게 끌려. 미인을 보면 그냥 키스를 해버려. 자석에 끌리듯이 말이야. 기다릴 새도 없이 그냥 키스해. 있잖아, 당신이 스타면 말이지. 그들은 당신이 뭐든지 하도록 내버려 둬. 당신은 뭐든지 할 수 있어. 그들의 성기를 꽉 움켜쥘 수도 있지. 아무거나 원하는 대로 할 수 있다고.[13]

이 녹음파일이 공개된 이후, 도널드 트럼프에게 성폭행을 당했다는 수많은 여성들의 주장이 쏟아졌다. 주류 언론은 도널드 트럼프의 음란한 언행을 강도 높게 비난했다. 민주당 후보와 심지어 같은 정당의 당원들까지도 그를 신랄하게 비난했다. 대중들의 관심은 당연히 여성들에게 무분별하게 가해지는 폭력으로 집중됐다. 도널드 트럼프의 음담패설 스캔들은 미국의 현대 민주주의에 여전히 존재하는 위험한 권위주의까지 폭로했다.[14]

도널드 트럼프의 음담패설 녹음파일 스캔들은 CEO들이 유명인사와 마찬가지로 어떻게 우상화되고 있는지를 여실히 보여줬다. 이런 우상화를 통해 그들은 위험할 정도의 권력을 가지게 되었다. 그리고 그들에게 과도한 찬사가 쏟아졌고 그들을 숭배의 대상으로 여기는 사람들이 등장했다. 이것은 유명 사업가이자 정치인이 된 그들로 하여금 자신들은 사회적 관행을 무시할 수 있고 국가의 법과 가장 기본적인 예의범절 위에 있는 존재라고 믿도록 만들었다. 한마디로 이것은 자급자족이 가능하고 사회적 비난까지 무시할 수 있는 통치권을 가진 인물인 CEO에 대한 나르시시즘적 허상이다. 물론 이런 문화적 허상은 도널드 트럼프가 대선 기간 내내 거듭했던 '나는 자격을 갖춘 대통령'이라는 주장의 핵심이다. 당시 대선후보였던 도널드 트럼프는 사업가의 오만함으로 USA라는 거대 기업을 경영해서 혼자 힘으로 '미국을 다시 위대한 국가로 만들 수 있는' 사람은 자신이라고 주장했다.[15]

그러나 도널드 트럼프의 일부 측근들도 그의 경영방식의 효과와 윤리성을 비판했다. 적자를 내고 있는 사업이나 부도덕한 절세 혐의 등이 공격 대상이었다. 그러나 좋은 CEO는 훌륭한 대통령이 되고 나쁜 CEO는 무능한 대통령이 된다는 생각에는 변함이 없었다. 그의 대권 경쟁자였던 민주당 대선후보 힐러리 클린턴Hillary Clinton도 기업설립 프로젝트의 일환처럼 미국을 이끌겠다는 도널드 트럼프의 주장을 공격하면서 '도널드 트럼프가 불법 노동자를 고용하여 비용을 줄였고 미국 노동자를 속여 돈을 떼먹었다'고만 그를 공격했다.[16] 힐러리 클린턴도 비즈니스가 정치의 원형이라는 생각을 비난하지 않았다. 그녀는 단지 도널드 트럼프가 부도덕하게 사업을 하기 때문에 미국 대통령으로 적합하지 않다고 주장했을 뿐이다. 사실상 그녀는 미국 같은 자유민주주의 국가들은 대기업처럼 통치되어야 한다는 데 동의한 셈이다. 결국 사업가였던 남자가 정치인이었던 여자를 꺾고 미국의 대통령이 되었다.

대선 기간 동안 도널드 트럼프의 자신에 대한 믿음은 단 한 번도 흔들리지 않았다. 그에게 비즈니스와 정치에서 자신의 우월함은 의심할 여지 없는 사실이었다. '당신이 스타면 말이지, 그들은 당신이 뭐든 하도록 내버려 둬. 당신은 뭐든지 할 수 있어'란 말을 그는 속으로 계속 되뇌었다. 도널드 트럼프의 발언과 행동은 그가 여성에게 가해지는 폭력을 대수롭지 않게 여기고 있음을 보여준다. 그리고 성폭력에 대한 그의 비열하고 무신경한 시각은 경제력과 정치력을 행사할 때도 나타난다. 그럼에도 불구하고 도널드 트럼프는 '있는 그대로 솔직하게 이야기한다'고 그의 대선 활동을 긍정적으로 평가하는 사람들도 있다. 그러나 폭력에 대한 그의 발언은 현대 정치권력과 사회권력의 현실을 정확하게 보여준다. 엘리트 권력은 한계를 모르고 '안 됩니다'라는 말을 수용하지 않는다. 이것은 분명히 반민주적이고 친기업적인 정치이자 문화이다. 이것이 바로 CEO사회다.

시대의 영웅

도널드 트럼프가 보여주는 CEO 정치인의 유형은 일과 비즈니스 그리고 정치를 넘어 우상화되고 영웅시되는 문화적 아이콘이다. 도널드 트럼프와 같은 정치인들이 'CEO처럼 행동하고 생각하는 사람'이 미국 정치에 필요하다는 인식을 널리 퍼트리며 선거운동을 하는 동안, 정치에서 CEO라는 약어는 본래의 기원으로 되돌아갔다. 실제로 CEO는 비즈니스에서 유래된 약어가 아니다. '최고경영자'란 용어는, 약어인 CEO와 함께, 기업에서 가장 높은 위치에 있는 사람을 지칭하는 직함으로 상대적으로 최근에 사용되기 시작했다. 매리엠-웹스터 사전Merriam-Webster's dictionary에 따르면, CEO는 1970년대 중반부터 비즈니스 용어로 사용되어 기업의 총수를 나타내는 직함으로 불리었다.[17] 그리고 지금도 여전히 그러하다.

오늘날에는 CEO라는 직함이 대기업의 리더십을 나타내는 용어로 독점적으로 사용되고 있지만, 일찍이 '최고 책임자'란 용어는 정치 또는 군사 리더를 지칭할 때 사용되었다. 1876년 연두교서에서 미국 대통령 율리시스 S. 그랜트Ulysses S. Grant는 다음과 같은 말을 했다.

> 정치적 경험이 하나도 없는 제가 이 나라의 최고 책임자(CEO) 자리에 오른 것은 행운이기도 하고 불운이기도 하였습니다. 열일곱 살 때부터 저는 대통령 선거에 투표를 하는 기쁨을 누리지 못했습니다. 대선후보로 나서기 전에 두 번의 대통령 선거가 있었고 그중 한 번은

제가 투표권이 있을 때였습니다.[18]

비슷한 시기에 허먼 멜빌Herman Melville은 1859년에 출간한 소설 『하얀색 재킷White Jacket』에서 해군 소위를 최고 책임자로 칭했다. 이 소설의 주인공은 "구축함에 승선해 자리만 차지하는 신사를 사랑할 이유는 없어"라고 불평한다.[19] 왜 그럴까? 해군 소위가 항해술이 부족하기 때문이 아니라, 사병들의 웰빙에는 관심이 없었기 때문이다. 알렉산더 페터만Alexander Peterman의 1891년 교육서적 『시민 정부의 요소Elements of Civil Government』에서 최고 책임자는 법이 제대로 집행되는지 감시하는 선출직 공무원, 대통령, 주지사 또는 시장이었다.[20]

오늘날 CEO의 범위는 그 근원인 정치적 그리고 군사적 토대를 벗어나 확장되었다. 그리하여 기업의 권력과 리더십의 상징으로서 기업 내 최고 직책을 상징하게 되었다. 권한을 위임받는 모든 사람 중에서 감독하고 관리하고 지시하는 권리와 권한을 지닌 CEO가 최고 책임자다. 조직은 세 가지 축으로 이루어진 위계질서로 지탱된다. CEO는 이 위계질서의 정점에 있는 인물이다.[21] CEO는 단지 공식적인 행정권을 가진 사람만을 의미하지 않는다. 그보다 더 많은 문화적 의미를 지닌다. CEO는 기업이라는 조직에서 권력의 정점에 있는 인물로서, "높은 성취력, 리더십, 권력, 두둑한 은행잔고와 긴 리무진을 가지고 있고 럭셔리한 분위기"를 발산하는 인물이다.[22] 이런 CEO의 이미지는 부와 권력을 과시한다는 점에서 유명인사의 이미지와 유사하다.

유명인 CEO는 은유적인 표현이 아니다. 많은 기업 총수들은 영웅으로 칭송받으며 존경받는 위치에 올랐고, 이름만 대면 누구나 아는 사람이 되었다. 유명인 CEO는 비즈니스와 금융업계 밖에서도 유명하다. 주로 쇼 비즈니스와 대중문화 영역에서 유명세를 얻는다.[23] 유명인사로 불리는 CEO들은 경영자로서의 능력을 드러내는 것을 넘어 대중에게 리더로서 카리스마를 뿜어낸다.[24] 도널드 트럼프는 유명인 CEO의 극단적인 사례다. 그는 한때 자신만의 비즈니스 왕국을 거느렸고 오랫동안 언론의 스포트라이트를 받았으며 TV쇼 〈더 어프렌티스The Apprentice〉에 출연하여 유명 방송인이 되었다. 1980년대 미국 대통령 로널드 레이건Ronald Reagan처럼, 도널드 트럼프도 '할리우드 명예의 거리'에 유명인사로 이름을 올렸다. 이 밖에도 엔터테인먼트 산업에 진출하지 않았지만 이름만 대면 알 만한 유명인 CEO들이 많다. 버진그룹Virgin Group의 리처드 브랜슨과 마이크로소프트Microsoft의 빌 게이츠같이 오랫동안 알려진 CEO도 있고 테슬라 모터스의 엘론 머스크와 페이스북의 마크 저커버그처럼 새롭게 떠오르는 CEO도 있다. 고인이 된 전 애플 CEO 스티브 잡스의 경우, 그를 주인공으로 셀 수 없이 많은 다큐멘터리와 4편의 장편영화가 만들어졌다. 가장 최근 영화에서 애플의 영웅 스티브 잡스 역을 맡은 마이클 패스벤더Michael Fassbender는 아카데미 남우주연상 후보에 이름을 올렸다.

CEO의 자서전, 칭송 일색의 전기는 특별한 하위 장르가 되었고 현재 서점의 책장을 어수선하게 가득 메운다. 현대 독자들은 탐험가, 우주비행사, 운동선수 또는 슈퍼스타 등 불과 얼마 전까지만 해도 영웅으로 여겨졌던 사람들의 자서전에만 만족하지 않는다. 그들은 최고의 사업가 또는 경영자의 머릿속을 들여다보고 싶어 안달이 나 있다. 사람들은 그들의 사생활을 파헤쳐 그들을 움직이게 하는 원동력을 배우고, 유명인사로서 성공할 수 있었던 비결을 조금이라도 자신의 것으로 만들 수 있기를 바란다. 누구나 예상했듯, 대부분의 경우 남성 CEO들이 이런 책을 써낸다. 직설 화법으로 유명한 제너럴 일렉트릭General Electric의 잭 웰치Jack Welch는 『잭 웰치: 끝없는 도전과 용기Jack: Straight From the Gut』를 출간했다.[25] 루이스 V. 거스너 주니어Louis V. Gerstner Jr.는 『코끼리를 춤추게 하라Who Says Elephants Can't Dance? How I Turned Around IBM』에서 자신의 변혁적인 리더십에 대해서 자랑했다.[26] 나이키Nike의 창립자이자 전 CEO인 필 나이트Phil Knight는 어떻게 대출금 50달러로 거대 기업을 세울 수 있었는지를 이야기하면서 스스로를 신발 연구에 미친 사람이란 은어인 '슈독shoe dog'으로 그렸다.[27] 오직 성공한 장르만이 패러디할 가치가 있다. 2016년 도널드 트럼프는 『도널드 트럼프의 자서전The Autobiography of Donald Trump's Hair』을 출간했다.[28]

1970년대와 1980년대 이후 신자유주의의 영향력이 급속히 확산됐다. 이런 추세 속에서 비즈니스 성공에 쏟아지는 문화적 칭송은 기업의 리더들을 영웅으로 묘사하는 현상을 낳았다. 신자유주의가 등장하기 전, 대중들은 조직을 누가 이끄는지 거의 모르고 있었다. 사람들은 회사라는 거대 조직은 양복을 입고 넥타이를 맨 임원들이 이끌고 이런 임원들을 조직의 정점에 있는 누군가가 관리한다고 생각했다. 그리고 그들을 관리하는 사람은 보수적이고 사회체제에 순응하는 공정한 사람일 것이라 믿었다. 1950년대 슬론 윌슨Sloan Wilson은 소설 『회색 플란넬 정장의 남자The Man in the Grey Flannel Suit』에서 기업 임원들을 자신이 하는 일 때문에 비참한 삶을

살며, 새장 같은 사무실에 갇혀 개성을 잃어버린 사회체제에 순응하는 인물로 묘사했다.[29]

1956년에 출간한 『조직인The Organization Man』에서 윌리엄 H. 휘트William H. Whyte는 이와 유사하게 기업의 임원들을 개성이나 신념도 없으며 속이 텅 비어 있고 자기 생각도 없이 말만 잘 듣는 '예스맨'으로 그렸다.[30] 그리고 그는 기업 임원들이 보여주는 사회 윤리를 개성이 없고 거대 조직의 자비에 의지하는 동료집단의식이라고 불렀다. 일명 '조직의 시대'에서 윌리엄 H. 휘트는 획일성과 그 누구도 이의를 제기하지 않는 의사결정과정을 개탄하며, 이것이 기업 임원들이 가지고 있는 집단적인 정체성을 나타낸다고 생각했다. 이런 무기력한 기업의 임원들이 사회적으로 칭송받는 모방의 대상이었을까? 절대 그렇지 않다. 윌리엄 H. 휘트는 직원들이 적극적으로 기업 문화에 저항해야 한다고 강력하게 주장했다. 그는 기업의 임원에 대해 "조직이 그에게 더 큰 권력을 줄수록, 그는 그런 조직의 권력에 확실히 반대할 수 있는 분야를 더 많이 찾아낼 필요가 있다"고 말했다.[31]

그러나 상황이 변했다. 1990년대 후반에 특히 미국을 포함한 많은 민주 자본주의 국가에서 CEO 숭배가 자리 잡기 시작했다.[32] 'CEO 숭배'라는 표현은 작가이자 비즈니스 논평가인 기디언 헤이그Gideon Haigh가 처음 사용했다. 전 세대의 집단적인 통설의 속박에서 벗어나 개인적인 용기가 재계, 비즈니스 권위자와 추종자들 사이에서 공공연하게 칭송받는 가치로 여겨졌다. 새로운 세대의 CEO들은 한순간에 자신의 기업을 성공과 탁월함의 상징으로 만들며 금융업계의 슈퍼영웅으로 떠올랐다. 이런 새로운 CEO들은 자신의 강한 의지로 거대 조직을 시장의 거친 파도를 넘어 약속의 땅으로 데리고 가는 핀 스트라이프 양복을 입은 모세로 여겨졌다. 기디언 헤이그가 주장했듯이, 이것은 거대하고 복잡한 기업의 부가 단기간에 개인의 행동에서 나올 수 있다는 신화를 만들었다. 그 결과 그가 주장한 'CEO 숭배'가 하나의 관념처럼 사회에 깊이 뿌리내렸다.

이때부터 CEO는 천문학적 숫자에 달하는 보상을 받기 시작했다. 이것이 그들의 새로운 신화적 위상을 보여준다. 20세기 중반 윌리엄 H. 휘트가 개인주의의 쇠퇴를 한탄했었다. 그러나 2000년대 초반, 20세기 중반의 개인주의와 아주 유사한 '개인주의'가 화려하게 부활했다. 새롭게 등장한 CEO는 모험으로 가득한 기업가정신에 도취되었고 '첫 번째로 모든 규칙을 깨고' 모든 직원들에게 자신만의 개성을 키우라고 이야기했다.[33] CEO를 숭배하는 현상이 강해지면서 CEO에게 개인적으로 막대한 보상이 주어졌다. 평직원에 비해서 상대적으로 CEO가 받는 연봉이 천정부지로 치솟았는데, 1983년 미국 CEO의 평균 연봉은 일반직원의 46배였다. 이것은 1993년에 195배, 2003년에 301배 그리고 2015년에는 무려 335배로 증가했다.[34] 이런 추세는 오스트레일리아, 칠레, 프랑스, 헝가리, 대만, 대한민국 할 것 없이 전 세계적으로 나타나고 있다.[35]

유명인 CEO는 문화계에서도 신뢰를 얻기 시작했다. 미디어가 이런 현상을 강화시켜나갔다. 특히 미디어는 유명인 CEO의 개인주의적 성향을 부각했다. 그 결과 사람들은 조직이 좋은 성과를 낼 수 있었던 이유가 오로지 CEO 개인의 행동 덕분이라고 생각하게 되었다.[36] 예를 들어 노동자는 자신들이 생산해낸 가치가 리더의 힘과 의지의 연장이라고 생각했다. 다시 말해 미디어가 '기업이 좋은 성과를 낼 수 있었던 것은 CEO 개인의 능력 덕분'이라고 주장하면서 CEO 개인의 명성과 신뢰도가 높아졌고 결국 유명세로 이어졌다.[37] 이것은 CEO사회의 수많은 거짓된 가정 중에서 핵심이다.

미디어와 문화산업은 기업이나 업계 내에서 CEO의 영웅적 지위를 공고하게 만들었을 뿐만 아니라 그들의 언행이 일상생활의 가이드라인이 될 수 있다는 생각까지 강화시켰다. 이로 인해 사람들은 기업 자체에는 관심을 갖지 않고 그 기업의 CEO를 중심으로 형성된 이상하지만 신선한 팬덤에만 관심을 갖게 되었다. CEO를 따분한 관료로 여겼던 20세기 사고방식은 이제 더 이상 존재하지 않는다. CEO를 '살찐 고양이fat cat', 즉 착취를 일삼고 부당이득을 취하며 개인의 부를 극대화하는 데만 관심이 있는 자본가로 보지 않는다. 새로운 유명인 CEO는 신자유주의적 자본주의를 정당화하고 기업의 권력과 브랜드 이미지를 강화하는 '멋진 고양이cool cat'다.[38]

21세기가 밝자 CEO는 신자유주의 시대의 영웅이 되었다. 그들은 일종의 글로벌 슈퍼 리더다. 그들은 자신의 카리스마, 능력과 결단만으로 자신의 조직을 그때까지 그 누구도 알지 못한 새로운 단계의 성공과 번영으로 이끌었다. 그 결과, CEO는 언제 어디서나 뛰어난 존재라는 이미지를 가지게 되었고 모든 영역에서 성공의 대명사로 일컬어졌다. 예를 들어 '자기 몸의 CEO'가 되면 체중감량에 성공할 수 있다.[39] 남자들은 기업의 고위 임원을 통해

'일상과 비즈니스에서 효과가 있는 리더십 기술을 속속들이 알아내면' 성공적인 연애를 할 수 있다.[40] 그리고 '자신의 CEO'가 되면 좋은 삶을 살 수 있다.[41]

기업가치와 사회가치

CEO가 시대의 영웅으로 불리는 지금은 신자유주의 시대다. 앞서 말했듯이, 1970년대와 1980년대 이후 전 세계적으로 글로벌 기업들이 우리 일상의 많은 부분을 통제하고 있다. 이와 함께, 정치, 사회 그리고 경제를 가장 효과적으로 관리하는 수단으로서 자유시장을 가치 있게 평가하는 자유주의가 전 세계를 지배하게 되었다.[42] 이런 논리라면 정부는 시장 프로세스에 대한 개입을 그만두고 시장이 자유롭게 기능할 수 있도록 내버려두어야만 한다. 자유주의처럼 신자유주의는 자본주의가 불가피하고 바람직한 것이라고 주장한다. 게다가 정치 경제학자 제라드 뒤메닐Gérard Duménil과 도미니크 레비Dominique Lévy가 설명했듯, 신자유주의는 계급이익의 재구성을 통해 확대된 자본주의적 불평등에 기반을 둔다.[43] 부의 구조적 불평등이 심화되고 소수가 권력을 독점하면서 신자유주의가 등장했다.[44]

신자유주의는 자본 소유권, 최고 경영권 그리고 금융기관의 권한이 복잡하게 얽힌 상태에서 행사되는 지배의 수단이다. 기업들은 세계 시장경제가 가져온 새로운 자유를 통해 해방감을 맛보았다. 이런 경제적 변화는 중요한 사회적 의미와 사회적으로 상당한 영향력을 지닌다. 신자유주의는 소위 '1%'에게 유리하도록 경제적 관계와 관행을 변경했다. '1%'란 용어는 세계의 부가 전 세계 인구의 극소수에게 집중된 현실에 저항하기 위해서 2011년부터 시작된 '점령 운동Occupy Movement'으로 유명해졌다. '우리는 99%다'란 슬로건으로 점령 운동은 소수의 잠재적 권력과 다수에 대한 소수의 착취에 저항했다.

이것은 단지 경제적으로 불균형한 상태에 대한 반대만은 아니었다. 이런 불균형이 초래한 사회문화적 이념에도 반대했다. 웬디 브라운은 신자유주의에 대하여 다음과 같이 이야기했다.

> 개인과 국가는 현대 회사의 표본으로 이해된다. 개인과 회사는 현재의 자본가치를 극대화하고 자신의 미래가치를 높이는 행동을 하도록 기대된다. 개인과 국가는 기업가정신, 자기투자 그리고/또는 투자유치를 통해 그렇게 행동한다.[45]

이것은 CEO의 특징을 보여준다. CEO는 존경받고 마땅히 그 뒤를 따라야 할 인물이 되었다. 이 과정을 대략적으로 살펴보면 어떻게 CEO가 단지 비즈니스 활동의 모범이 아니라 사회적 영역과 문화적 영역에 걸쳐 다양한 분야의 모범이 되었는지를 이해할 수 있다. 이뿐만 아니라 사회적으로 거의 숭배의 대상이 된 CEO가 초래하는 위험에 대해서도 이해할 수 있다. 이 책의 제목과 같은 'CEO사회'가 가져올 위험에 대해서 더 면밀히 살펴볼 필요가 있다. CEO사회는 기업의 리더십이 비즈니스뿐만 아니라 경제, 정치, 문화 그리고 개인과 관련된 모든 일을 완전히 바꿔놓는 모델이 된 사회다. 이제 더 이상 CEO는 기업의 관리자가 아니다. CEO

는 많은 사람들에게 문화적 아이콘이 되었다. 예를 들어 TV쇼 〈더 어프렌티스〉가 크게 성공할 수 있었던 것은 기업의 부와 권력에 대한 숭배가 있었기 때문이다. 2000년대 중반 이 TV쇼는 도널드 트럼프를 단숨에 스타덤에 올려놓았고 아프리카부터 베트남까지 전 세계적으로 방영됐다. 〈더 어프렌티스〉는 어떻게 CEO가 혁신, 부 그리고 성공에 대한 현대 욕망의 전형이 되었는지를 대중들에게 보여줬다.

CEO사회는 사람들이 CEO의 언어, 관행 그리고 가치를 받아들이면서 성장했다. CEO사회에서는 승진을 위한 경쟁부터 민주주의 운동과 사랑을 찾는 것까지 모든 것이 유명인사로 떠받들어지는 기업 임원인 CEO의 관점에서 해석된다. 신자유주의가 지배적인 이념으로 받아들여진 지 수십 년이 지난 지금 우리는 이 위험한 길 위에 서 있다. 여기서는 삶 자체가 비용과 이윤, 경쟁관계, 기능적 효율성과 유용한 사익추구 같은 시장분석의 대상이 된다. 여기서 우리는 어떻게 이런 지경까지 이르게 되었는지를 고민할 뿐만 아니라 이것이 민주주의와 사회 전체적으로 무엇을 의미하는지, 그리고 이것이 현대사회를 살고 있는 개별 시민에게 어떤 의미인지에 대해서도 고민해봐야 한다. 그리고 CEO와 연관된 기업의 가치들이 어떻게 사회관계 전체를 형성하는 현대 패러다임이 되었는지에 대해서 면밀히 조사할 필요가 있다.

비즈니스, 정치, 문화, 사회 또는 어떤 영역이든 간에, 주요 쟁점은 기업의 보스가 모든 영역에서 삐뚤어진 이상적 자아가 되어버린, 자아도취에 빠진 기업의 후기 신자유주의화다. 물론 CEO의 이상화를 반기며 축하하는 사람들도 있다. 우리는 앞으로 이 책에서 이런 사람들을 만나게 될 것이다. 그러나 이런 현상을 이해하려면 더 비판적인 사고와 다양한 접근이 필요하다. 정치와 문화에 대한 기업의 지나친 영향력은 선거자금이나 마케팅과 연결하여 설명될 수 있다. 나아가 금융 자본주의가 계속 도전을 받는 와중에 CEO가 보여주는 기업의 정신에 따라, 이 영역들이 어떻게 재구성되었는지도 집중적으로 살펴볼 필요가 있다. 이 책을 통해 우리는 CEO사회에서 살아가고 있는 자신을 발견하게 될 것이다.

우리는 CEO사회의 특징과 조건을 탐구하면서 이사회 안팎의 권위주의, 자결권 그리고 경제적 합리성과 연관된 기업 가치의 영향력을 검토할 것이다. 여기서 정치가 핵심이다. 도널드 트럼프는 CEO사회가 기업 중심의 가짜 민주주의를 만드는 과정을 보여주는 가장 극단적인 사례다. CEO사회가 만들어낸 기업 중심의 가짜 민주주의에서 정치인들은 거대 기업의 영향을 받을 뿐만 아니라 종국에는 그들의 가치를 구현한다. 정치를 넘어서, 이런 추세가 개인 관계에 미치는 영향에 대해서도 면밀히 살펴볼 필요가 있다. CEO사회에서 사회적 유대는 시장에서 성공할 수 있는 일종의 기회가 되고, 교육은 미래 소득에 대한 투자가 된다. 그리고 착취와 부당이득 취득은 숭고한 업적으로 여겨진다. 예를 들어 『포브스Forbes』는 세계 억만장자 명단을 발표해서 부자 중에서도 최고의 부자에게 존경을 표한다. 『포브스』는 2017년 창립 30주년을 기념하기 위해서 억만장자들이 부를 축적한 비결에 대한 기사를 실었다.[46]

CEO사회의 영향은 상당하고 위험하다. 사회복지, 정치적 민주주의, 공동체에 대한 지지와 동정심 같은 전통 가치나 이런 전통 가치에 대한 희망이 갈수록 사라지고 있다. 그럼에도 불구하고 우리는 많은 영역에서 롤모델로서 CEO를 끊임없이 찬양한다. 사회적 불평등과 경제적 불평등이 전 세계적으로 심화되고 있는 시대에 이런 일들이 벌어지고 있다. 실제로 도널드 트럼프가 미국 대통령으로 당선되면서, 기업 중심의 신자유주의가 온갖 문제와 불평등을 야기하고 있음에도 여전히 많은 사람들은 CEO를 이런 문제나 불평등을 해결할 수 있는 인물로 생각한다. 이런 시장 이데올로기 때문에 언제 정치적, 사회적 논쟁이 벌어질지 알 수 없는 상황에서, CEO사회는 바로 CEO가 경제적, 정치적, 문화적 성공과 혁신에 대한 욕구의 전형이라 주장한다.

사회의 기업화

지금까지 논의했듯이, CEO사회의 부상은 신자유주의의 확대와 아주 밀접하게 연결되어 있다. 그러므로 이 둘의 관계와 차이점을 자세히 살펴봐야 한다. 신자유주의는 극단적인 자본주의적 사회질서를 지향한다. 이런 과정에서 시장 가치들은 사회적, 정치적 그리고 경제적 관계를 구조화하는 데 필요한 초석으로 받아들여진다. 이런 신자유주의적 변화에 수반된 것들이 다소 직설적으로 표면에 드러나고 있다. 바로 모든 사회, 정치 그리고 경제 영역에서 국가의 권한이 축소되고 사적 영역의 권한이 확대되는 것이다. 원론적으로 보면 이것은 보건이나 교육과 같은 전통적인 공공부문이 경쟁, 효율성, 수익성이라는 시장의 논리에 순응한다는 의미다. 나아가 이것은 자유를 개인주의나 자본주의와 동일하다고 생각하도록 만든다. 그리고 혁신, 능력주의, 나아가 개인의 자유와 책임이 기초한 시장 사회에 대하여 유토피아적인 비전을 만들어 낸다.

그러나 현실은 꽤 다르다. 신자유주의는 불평등을 심화시켰고 자본의 권력을 확대시켰다. 또한 기업의 사회 지배를 가능하게 했고 자유민주주의를 약화시켰다.[47] 신자유주의가 이념적으로 시장 자유를 지지하면서, 경제적 불안감이 심화되고 공공복지에 대한 시스템적 공격이 쏟아졌다. 그리고 이어서 사회가 분열되고 대중들은 국가와 시민사회의 상당 부분에 반발했다. 간략히 말해서 신자유주의는 '절대다수가 고통받고 소수의 엘리트만 잘사는 사회'를 만들었다. 그리고 이런 현실이 객관적이고 바람직한 것으로 여겨지는 시장 논리를 널리 퍼트렸다. 이 중에서 시장화marketisation가 가장 두드러지는 현상이다. '시장화'는 시장의 방식과 가치를 정책 입안과 정책 운영의 지침으로 삼는 것이다.[48] 여기서 적은 불필요한 요식행위와 비효율적인 관료주의, 소위 시장을 자유롭게 내버려둬야 해결할 수 있다고 여겨지는 문제들이다. 주로 공공서비스의 민영화를 통해 시장화가 진행된다. 실제로 1980년대와 1990년대 영국과 오스트레일리아에서 일어난 광범위한 신자유주의 개혁으로 에너지기업, 국영은행, 철도와 통신 등 상당한 공공조직이 민영화되었다. 민간분야와 사기업은 생산성과 혁신의 상징으로 환영받았다. 시장화가 공공분야와 비영리분야에 신자유주의 방식을 도입하는 것이라면, 민영화는 공공분야와 비영리분야를 사익 추구의 영역으로 대규모 이양하는 것이다.[49] 메긴슨Megginson과 네터Netter는 다음과 같은 연구결과를 내놓았다.

> 완전히 새로운 경제정책이 20년 만에 전 세계적인 통설이 된 사례는 아주 드물다. 그럼에도 정치적 그리고 경제적 정책의 민영화에서 이런 일이 벌어졌다. 정부는 의도적으로 국영기업이나 국가자산을 민간의 경제주체에게 팔았다.[50]

이 민영화의 논리에서 제도와 서비스는 민간에게 맡기는 것이 가장 좋다고 여겨진다. 그렇다면 공공이익은 사익의 확대에 좌지우지된다.

신자유주의의 또 다른 특징은 금융화financialisation의 확산이다. 금융화란 '금융시장, 금융기구 그리고 금융가가 경제 정책과 경제적 성과에 대하여 상당한 영향력을 행사하게 되는 것'을 말한다.[51] 모든 것이 물리적 수치에 따라 평가되고 수익성과 가치는 순전히 경제적 용어로 평가된다. 그래서 무언가를 시도할 때 사람들은 재정상 실행 가능성만을 따진다. 그 외 다른 목표는 모두 불필요하다. 이런 신자유주의의 가치들이 어디에나 존재하는 동시에 꽤 유연하다는 점에 주목해야 한다. '신자유주의는 무엇이다'라고 정확하게 정의하기 어려워도, 실제로 신자유주의적 가치들은 특정 문화적, 사회적 그리고 경제적 맥락에 맞게 잘 변한다.[52] 이렇게 일관성이 없지만, 신자유주의는 다른 무엇보다 초자본주의적 이념을 존중한다. 그리고 신자유주의는 여전히 다양한 조직과 공동체의 역학을 바꾸기 위해서 전략적으로 구체적인 예를 들어 설명될 수 있다.

신자유주의는 개인의 자유에 도취된 이념이다. 이런 신자유주의가 특정 사람들에게 부여하는 권력의 형태에 대하여 인식의 차이가 존재해왔다. 신자유주의의 도래와 함께 카리스마 있는 경제 및 정치 리더들이 등장했다. 예를 들어 1980년대 미국에서는 로널드 레이건 대통령, 크라이슬러Chrysler의 CEO 리 아이아코카Lee Iacocca와 제너럴 일렉트릭의 CEO 잭 웰치 같은 남성적인 리더의 개인 숭배가 신자유주의의 확산을 촉진했다. 이들은 시장논리로 기업, 국가 그리고 종국에는 전 세계를 구할 수 있는 리더이자 영웅으로 여겨졌다.

자본가의 우상화는 시장화와 관련되어 있어서 CEO의 권력에 관한 보다 깊은 신자유주의적 담론으로 이어진다. 경영자 스타일의 리더십이 조직적, 사회적 그리고 경제적 문제를 해결하는 데 필요하다는 믿음이 만연한 현실에 주목해야 한다. 최고경영자는 한번 시작한 일을 끝낼 수 있는 강하고 유능하고 진보적인 리더의 전형으로 여겨진다. 그 결과 CEO는 단지 경제적으로 탁월할 뿐만 아니라 사상적으로도 우월한 인물로 평가된다. 이것은 자본주의적 자유의 성공을 요약적으로 보여주는 인물을 이상화하는 것이다. 즉 CEO는 그 어떤 장애가 있어도 이를 극복하고 자신의 목표를 달성해낼 수 있는 사람으로 이상화된다. 이보다 더 위험한 것은 CEO에 관한 이러한 생각이 사회적 관계와 정치적 관계를 재구성하는 근거로 활용된다는 것이다. 기업 스캔들과 재앙, 경제적 불행과 재정적 불안, 생태학적 지속불가능성과 환경파괴, 실업과 가난에 시달리면서, 자본주의는 끊임없이 리더십의 위기에 처하고 앞서 언급한 문제들을 해결할 누군가를 필요로 한다. 위기에 처했을 때 나타나는 서부영화의 주인공처럼 CEO는 잘못된 것을 바로잡아달라고 도움을 청할 수 있는 바로 그 누군가다. 민주주의와 집단적 숙의collective deliberation 같은 가치들은 수익을 내고 진보를 이룩하고 문제를 해결할 수 있는 전지전능한 CEO를 위해서 무시된다.

민주주의와 CEO 라이프스타일

80년보다 훨씬 이전에 미국의 철학자 존 듀이John Dewey는 민주주의가 단순한 통치체제가 아닌 라이프스타일로 받아들여져야 한다고 강력히 주장했다.[53] 존 듀이는 민주주의가 대변하는 사회가치와 이상이 너무나 쉽게 "특정 정치형태 그리고 보통선거와 선출직 관료를 통한 통치, 입법과 행정의 수단"으로 취급되는 것을 우려했다.[54] 라이프스타일로서 민주주의는 협력, 평등의식, 평등, 참여, 절제 그리고 동의를 얻어 행해지는 통치에 근거한 인간의 사회성과 공존에 대한 접근이다. 존 듀이에게 민주적인 삶은 독재정치와 권위주의뿐만 아니라 그에 수반되는 탄압과 강제에 대한 저항이자 반발이었다.

CEO사회도 라이프스타일을 제안한다. 그러나 CEO사회가 제안하는 라이프스타일은 존 듀이의 민주주의적 이상과는 현저한 대조를 이룬다. 쉽게 말해, 민주주의적 라이프스타일을 완전히 뒤집으면 CEO사회가 제안하는 라이프스타일이 된다. CEO는 일종의 라이프스타일이다. CEO의 가치는 그들이 '서식하는' 기관과 조직을 넘어서기 때문이다. 이런 의미로 CEO사회는 기업 세계를 초월하고 보다 일반적으로 어떻게 행동하고 상호작용해야 하는지를 알려준다. CEO 라이프스타일의 범위는 넓다. 우리는 우버 운

전자의 이제 막 싹트기 시작한 기업가정신, 일곱 살 아이가 국가고시를 통과하기 바라는 부모의 경쟁적 개인주의에서도 CEO 라이프스타일을 엿볼 수 있다. 이런 라이프스타일과 함께, CEO사회가 우리의 삶에 억지로 밀어 넣는 가치들은 불평등, 경쟁, 사익과 착취에 기반한다. 존 듀이는 우리가 이런 사회에서 살게 될 것이라 예측하지 못했겠지만, 그가 권위주의적 불평등에 대한 반발로 제시한 민주주의는 현재 상황의 필연적 결과다. 자유민주주의를 실천하는 과정에서 CEO사회가 생겨났다. 하지만 CEO사회는 본질적으로 반민주적이다. 최악의 민주주의는 권위주의적이고 경쟁적인 용어들로 표현된다. 최악의 민주주의는 정치적 권력을 두고 벌어지는 시합에서 표를 파는 시장으로 축소된다. 그래서 이런 CEO사회에서는 옹호할 가치가 있는 사회 이상으로서 민주주의를 유지할 수 없게 될 수 있다.

CEO사회에 이의를 제기하는 사람이 아무도 없는 것은 아니다. 일각에서는 CEO사회에 대한 혁신적인 사회적 대안을 찾으려는 진지한 시도가 폭발적으로 이뤄지고 있다. 실제로 점령운동이나 '흑인의 생명도 중요하다'는 흑인운동 같은 최근에 생겨난 정치적 운동들은 의도적으로 리더의 존재를 외면하고 부정했다. 대신 집단적으로 의사결정을 하고 권력을 공유하고 최고 권한보다 민주주의를 중요하게 여긴다. 그 결과, 이런 정치적 운동들은 CEO에게서 권력을 되찾아 평범한 사람들에게 재분배하려는 노력으로 이어졌다. 바로 여기서 CEO사회에서 살아갈지, 아니면 민주적인 삶을 살지를 두고 충돌이 일어난다. 이 충돌에 대한 선택은 단순한 것이 아니다. 바로 인간 존재에 관한 사회적 선택이다.

2

CEO의 우상화

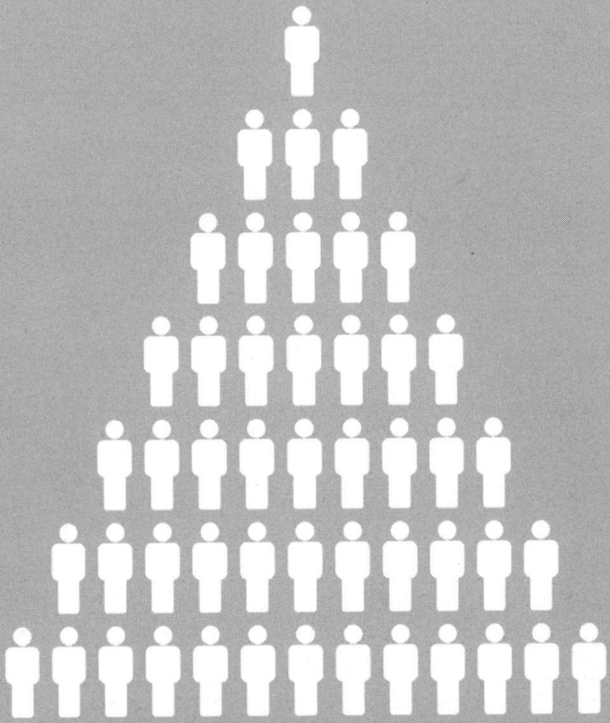

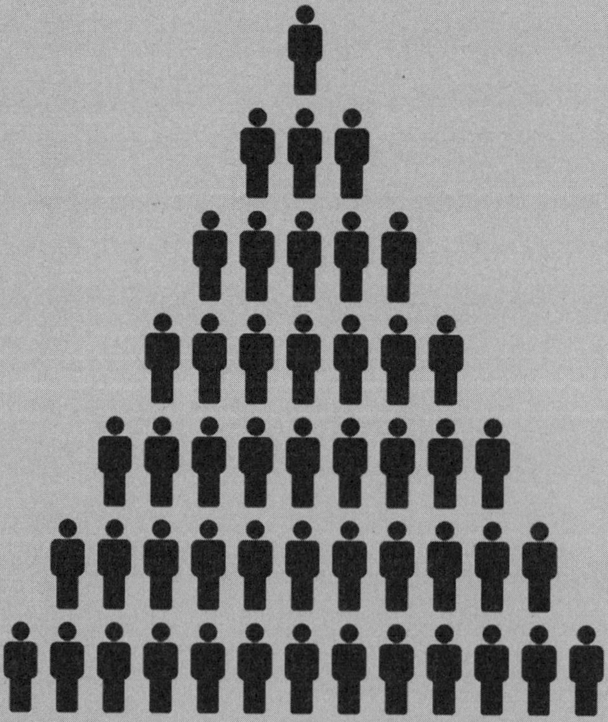

2

CEO의 우상화

2008년 세계 경제는 붕괴의 위기에 놓였다. 금융 시스템이 엉망이 되었고 자유시장의 가치들이 사회적으로 평가절하되었다. 심지어 뼛속까지 보수적이고 신자유주의를 지지하는 『월스트리트 저널Wall Street Journal』이 "이 위기로 경제학자들이 새로운 패러다임을 찾지 않을 수 없게 되었다"라고 선언했다.[1] 당연히 이 위기를 초래한 은행들과 CEO들은 대중에게 사랑받는 영웅에서 공공의 적으로 추락했다. 갑자기 월스트리트를 지배하던 금융인들은 더 이상 톰 울프Tom Wolfe가 20여 년 전에 정의했던 '우주의 주인masters of the universe'이 아닌, 사실상 비열한 탐욕으로 전 세계를 금융위기로 몰아넣은 사이코패스였다.[2] 금융인들의 허영심은, 적어도 얼마간은, 자만심이라는 모닥불 위에서 활활 타오르는 것 같았다. 그러나 얼마 지나지 않아 그 모닥불은 픽픽 소리를 내며 사그라졌고 한 개인으로서 CEO의 문화적 가치가 곤두박질쳤다. 그럼에도 CEO의 전체 가치들은 상처 하나 안 입고 이 위기 속에서 살아남았다.

도대체 기업의 영웅은 어디에서 왔을까? 이보다 더 중요한 질문이 있다. CEO는 영웅의 지위가 전혀 어울리지 않는데도 어떻게 그 지위를 차지하게 되었을까? CEO라는 자본주의의 아이돌은 세월이 흘러도 변하지 않는 것 같다. 그들은 과거에 기업가정신을 발휘해 전 세계 곳곳에 상품을 팔았던 상인, 산업혁명과 사회변혁을 이끈 산업가 그리고 미래를 현실로 바꾼 기술 기업가였다. 그러나 이런 장밋빛 이미지의 이면에는 보다 복잡하고 불안한 이미지가 어렴풋이 존재한다. 이것은 독창성이 뛰어나 모든 사람들의 롤모델이 되어야 하는 용맹한 CEO의 이미지는 아니다. 인간의 모든 삶을 완전히 바꿔버리기 위해서 경쟁의식을 조장하고 사익추구를 권장하고 심지어 착취를 일삼는 CEO사회의 어두운 일면이다.

이번 장에서는 특히 서구사회에서 CEO들이 공인으로 떠오르게 된 역사적 배경을 살펴보면서 어떻게 CEO사회가 부상하게 되었는지 알아볼 것이다. 19세기 대기업과 벼락부자들은 전쟁 이후 과학기술에 능숙한 보수 전문경영인으로 진화했다. 1980년대 자유시장의 혁명은 사업가의 이미지를 미화했고, 이와 동시에 CEO는 창의성과 진취성 같은 소중히 간직해온 이상을 상징하게 되었다. 그리고 공공연하게 기업의 성공 또는 실패를 좌지우지하는 존재로 여겨지게 되었다. 20세기를 지나 새천년이 시작되면서 CEO를 맹목적으로 숭배하는 분위기는 전 세계로 퍼져 그들의 가치를 널리 고취시켰다. CEO는 존경받는 유명인사가 되었다. 이뿐만 아니라 삶의 모든 영역에 적용할 수 있는 롤모델로 여겨졌다. 이로써 언제 어디서든 그리고 무슨 목표든지 그 목표를 달성하기 위해서 CEO의 원칙을 활용하려고 노력하는 사람들로 가득한 CEO사회가 탄생했다.

CEO의 저주

CEO는 영웅적인 인물로 자주 그려진다. 이것이 과장처럼 들릴지도 모르지만, 경제지와 대중잡지를 잠깐 훑어만 봐도 그들이 세계 시장에서 성공하면서 "옳은 일을 해낼 수 있는" 능력으로 신화에 버금갈 정도의 찬사를 받고 있음을 알 수 있다.[3] 어떤 CEO가 실패하거나 스캔들에 휘말리면, 사회는 그 지위에 걸맞은 도덕적 기준에 부응하지 못한 것은 그 개인의 책임이라며 재빨리 방어한다. 2017년 튜링제약Turing Pharmaceuticals의 대표인 마이클 쉬크렐리Michael Schkreli가 미국에서 증권사기와 음모로 유죄판결을 받고 신임을 잃었다. 제약업계는 그는 탐욕으로 가득 찬 자본주의에 눈이 멀어 생명을 구하는 대신 약값을 올려 폭리를 취했다고 비난했다. 또한 수명을 증가시키고 수백만 명의 환자들의 삶의 질을 개선하는 데 헌신하는 업계를 더럽히는 '미꾸라지'[4]라고 주장했고 다시는 그로 하여금 업계에 발을 못 붙이게 했다.

마이클 쉬크렐리의 사례는 CEO와 기업 활동에 대하여 도덕적 평가가 어떻게 내려지는지를 보여준다. 그리고 어떻게 이 도덕성 때문에 개인주의가 신자유주의의 핵심이 되었는지도 보여준다. CEO는 자신의 도덕성에 대하여 평가를 받을 수 있다. 그러나 신자유주의적 관점에서 이 도덕성은 문화적 또는 시스템적 현상이라기보다는 전적으로 개인의 인격 문제다. 게다가 CEO는 순수하게 선을 위해서 도덕적으로 행동해야 하지만, 『하버드 비즈니스 리뷰Harvard Business Review』의 기사대로 '인성의 이익률return on character'을 위해서도 도덕적이어야 한다.

인성 부문에서 직원들이 높은 점수를 주는 CEO는 지난 2년 동안 평균 9.35%의 총자산 이익률을 기록했다. 이것은 인성 부문에서 낮은 점수를 받은 CEO의 평균 총자산 이익률보다 거의 5배 높은 수치다. 인성이 나쁘다고 평가를 받은 CEO의 평균 총자산 이익률은 겨우 1.93%였다.[5]

이와 같이 '좋은 CEO'의 도덕성 덕분에 그들은 자본주의 행위주체성을 대표하는 존재가 될 수 있었다. 잔인할 정도로 경쟁적인 현대 시장을 순조롭게 항해하고 자신의 도덕성에는 아무런 손상을 입지 않은 채 승리자로 우뚝 설 수 있는 사람들이 있다. 그래서 그들이 자유를 정당하게 행사하고 누리는 방법의 모델이 된다. 아이러니하게도 CEO는 이런 자유를 누리면서 자유시장에서 위태로운 처지에 놓인 많은 노동자들로 하여금 자신들에게는 자유가 없다고 느끼게 만들었다. 자신의 능력과 잠재력에 맞는 직업을 찾는 어려움, 끊임없는 경쟁으로 인한 불안감 그리고 그 누구도 직업적으로나 개인적으로 목표를 달성하지 못할 것이라는 두려움이 CEO의 긍정적인 이미지를 강화시켰다. 어찌되었든, 그들은 자신만의 개성, 능력 그리고 계획을 통해 성공을 이뤄낸 사람들이기 때문이다.

기업의 성공은 개인의 힘이라는 평가가 생겨났다. 이로 인해 자본주의 체제에서 성공하기 위해 어떤 자질이 필요한지 이해하려는 욕구가 팽배해졌다. '패배자로 가득한 이 시장경제 체제에서 어떻게 나도 그들처럼 승자가 될 수 있을까?'라는 질문을 사람들이 하게 된 것이다. CEO들이 혼자만의 힘으로 성공을 이뤄냈고 그렇게 성공할 자격이 있다고 생각하는가? 그렇다면 우리도 성공하기 위해서는 그들이 어떻게 그 자리에 오를 수 있었는지 그리고 그들처럼 되기 위해서 무엇을 해야 하는지를 알아야 한다. 이런 논리라면 부유한 사람들은 가난한 사람들보다 성공에 유리한 여건을 가지고 태어났음을 명확히 보여주는 경험적 증거가 별 의미가 없다.[6]

그러나 대부분은 아니지만 다수의 CEO들이 타고난 자질이나 열심히 일한 것보다 사회적 이점 때문에 성공했다는 것은 사실이다.[7] 나의 경험에 비춰보면, CEO세계는 충격일 정도로 다양성이 결여되어 있다. 심지어 성공한 여성 CEO와 소수집단에 속하는 CEO는 백인남성 CEO보다 더 교육수준이 높으며, 전통적인 엘리트주의의 관점과 가치를 받아들이고, 부유하면서 사회적 지위가 높은 가정에서 자랐다. 실제로 엘리트 집단은 자신과 완전히 다른 집단에 속해 있는 사람을 받아들이지 않는다.[8] 이러한 CEO에 대한 대중의 인식과 현실의 괴리로 인해 CEO들은 자신의 계급적 특권과 인종적 특권을 앞세워 주주와 수많은 대중 앞에서 권력을 과시한다.

저명한 학자이자 하버드대학교 학과장인 라케쉬 쿠라나Rakesh Khurana는 '슈퍼스타 CEO의 저주'에 대하여 책을 썼다.[9] 그는 CEO를 비즈니스 감각이나 사회, 경제 그리고 정치적 상황을 예지하는 선지자로 이해해서는 안 된다는 사실을 깨달았다. 타인을 설득하여 자신의 가치와 의의를 받아들이도록 만드는 능력과 카리스마가 CEO에게는 있었다. 이를 그는 다음과 같이 표현했다.

오늘날 성공적인 CEO가 되는 비결은 리더십이다. 전략적인 사고, 산업에 대한 지식 그리고 정치인 같은 설득력도 바람직한 자질이지만 더 이상 필수 요소는 아닌 것 같다. 특히 회사가 고군분투하고 있을 때, 그들의 일거수일투족을 지켜보고 있는 투자자, 분석가 그리고 경제지 기자뿐만 아니라 새로운 CEO가 필요한 기업의 이사진은 단지 능력 있고 경험이 풍부한 최고경영자만으로 만족하지 않을 것이다. 이제 회사는 리더를 원한다. 그러나 도대체 무엇이 성공한 리더를 만드는 것일까? 리더로 인정받는 CEO를 소개할 때, 사람들은 주로 '카리스마'란 단어를 사용한다.[10]

라케쉬 쿠라나는 카리스마를 저주라고 부른다. 이것은 비즈니스 리더십의 근간이 걱정스럽게도 실체가 없다는 것을 의미하기 때문이다. 카리스마는 지속 가능한 혁신과 성장보다 단순한 이념에 더 가깝다. 게다가 바람직한 결과를 실제로 가져올 수 있는 새로운 기술과 조직 모델의 개발을 방해한다. 카리스마는 조직의 구세주에 대한 기업의 욕망을 위험하게 파고든다.[11]

이 CEO의 저주는 이사회 회의실 문을 넘어 더 넓은 사회로 퍼져나간다. 카리스마가 있고 세 치 혀로 권력을 손에 넣을 수 있는 사람들이 문화적 연단 위에 선다. 도널드 트럼프는 선거유세를 하면서 연단에 서서 수많은 미국인들을 설득해 자신에게 투표하도록 만들었다. 이렇게 CEO를 신화적 존재로 받아들이는 현상은 지속가능한 경제성장과 진정한 혁신을 위태롭게 하고, 그럴듯하지만 알맹이는 하나도 없는 약속만 남발하는 사회 풍조를 강화할 뿐이다. 결국 장기적인 사고보다 단기적인 수익이 우선시된다. 카리스마적 권위주의는 협력과 민주주의의 가치를 짓밟고 널리 퍼져나간다. 이런 이유로 CEO의 저주는 기업을 넘어 사회 전체를 갉아먹는다. CEO가 더 이상 우리를 구할 수 없다면 우리 스스로를 그들로부터 구원할 수 있을까?

CEO의 역사

위에서 강조했듯이, 현대사회는 CEO를 거의 맹목적으로 숭배한다. 라케쉬 쿠라나는 그들을 많은 사람들의 숭배를 받기를 원하는 자칭 '구세주'로 묘사한다. 그들은 자신의 영향력을 행사하고 혁신과 일자리 창출을 주장한다. 그리고 이사회 회의실을 누비고 전 세계 권력의 복도를 휘젓고 다닌다. 물론 이렇게 하나의 산업을 이끌고 있는 '선장'의 개인적인 운명도, 그들이 대중에게서 받는 존경과 마찬가지로, 흥망성쇠를 되풀이했다. 그러나 CEO에 대한 이상은 강화되고 있고 기업의 이사회 회의실을 넘어 사회 전반으로 퍼져나가고 있다. 현대의 롤모델인 CEO도 복잡한 진화의 역사를 가지고 있다. 엄격히 말하면, 그들의 시작은 통상적인 경제적 가치나 현상과는 거의 관계가 없다. 특히 '기업가정신'과 CEO가 마치 동의어처럼 사용되기 시작한 배경이 그러하다. 기업가정신의 기원은 전쟁터에서 찾을 수 있다. 이 용어는 군대를 이끌고 전쟁터로 나가는 지휘관을 나타내는 15세기 프랑스어에서 차용되었다.[12] 이 용어가 군대에서 나왔다는 사실에서 권력싸움, 경쟁 그리고 결투에서 승리하는 인물인 영웅, CEO에 대한 핵심적인 이념을 이해할 수 있다. 자유시장이 전 세계를 장악하면서 이런 가치들이 더 공고하게 자리 잡게 되었다.

이것은 아담 스미스의 초기 논문에서 발견되는 자유 경제학의 기원과 연관이 있다.[13] 처음에 아담 스미스가 지나가는 말로 제시한 (좋지 않은) 유명세를 톡톡히 누리고 있는 경제개념 '보이지 않는 손invisible hand'은 초기 자본주의 자유경제의 가치를 퍼뜨리는 데 중요했다. 이 경제개념은 경제가 '수많은 경제적 주체들의 개인적 이익을 추구하는 보이지 않는 행위'에 의해서 집단적으로 움직인다고 봤다. 여기서 말하는 경제에서 개인은 사익을 위해 자신의 능력을 활용하고, 그럴 생각이 없지만 공공의 이익을 촉진하는 보이지 않는 힘에 의해서 움직인다. 제1장에서 살펴봤듯이, 아담 스미스의 업적 또는 적어도 경제에 관한 편협한 시각 덕분에 경쟁은 경제 영역을 넘어 사회 전반의 근간으로 받아들여졌다. 이런 맥락에서 아담 스미스는 경쟁을 '경제 사회를 구성하는 일반적인 원칙 중 하나'로 만든 중요한 인물로 평가된다.[14]

한 세기가 지난 뒤, 영국의 정치철학자인 존 스튜어트 밀John Stewart Mill이 '오직 경쟁을 통해서만 정치경제학은 학문이라 불릴 수 있다'고 주장했다.[15] 이런 존 스튜어트 밀의 주장은 경쟁만이 경제의 메커니즘을 설명하는 타당성을 지니고 있음을 시사한다. 경제학의 관점에서 다른 모든 것들은, 다른 모든 조건이 동일하다면, 실제로 중요하지 않다. 존 스튜어트 밀은 과학적인 탐구뿐만 아니라 경쟁을 통해 만들어지는 사익이 개인의 이익만큼 공공 도덕성과도 관련되어 있다고 주장했다. 그는 정부는 '공공의 이익과 사익 추구를 조화시키는' 역할을 한다고 말했다.[16] 함축적으로 정치경제의 이상적인 시민은 자신의 최대 경제 이익을 위해서 기업가정신의 경쟁심을 받아들이고 도덕적인 활동에 기여하는 사람이었다.

이런 풍조 속에서 18세기부터 기업의 사회경제적 중요성이 계속 커졌다. 초기 형태의 기업은 법인격으로서 길드, 마을, 대학 그리고 종교집단을 구성하는 수단으로 중세시대에 대중화되었다. 그 뒤 기업은 1800년대 상업주의를 받아들이고 비대한 산업조직으로 완전히 변신했다. 이런 기업의 급증은 현대의 CEO를 탄생시킨 중요한 변화였다.[17] 이런 과정에서 사기업의 이익이 공공의 영역으로 확산되기 시작했고, 서구사회, 특히 미국의 산업혁명은 경제를 지배할 뿐만 아니라 상당한 정치적 영향력을 행사하는 부유한 산업가들의 '도금시대gilded age'를 낳았다.[18] 편리하게도 자유주의는 소수가 개인적으로 막대한 부를 축적하는 행위에 도덕적 정당함을 부여했다.

이익 극대화가 최고의 사회적, 경제적 가치로 고취되자, 기업의 최고경영자를 진보의 창시자로 이상화하는 풍조가 나타났다. 20세기 초반에 보다 효율적이고 생산적인 조직을 형성하고 미완성의 경제적 낙수효과를 통해 사회 전반에 번영을 확산시킨 인물은 과학 기술 분야의 경영자들이었다. 프레드릭 윈슬로 테일러 Frederick Winslow Taylor 같은 엔지니어들과 헨리 포드 같은 산업가들은 공장과 조립라인에서 생산 프로세스를 혁명적으로 바꿔놓았다는 이유로 우상처럼 여겨졌다. 많은 사람들이 이러한 산업혁명이 모두가 누릴 수 있는 번영으로 가득한 새로운 세상을 만들고 있다고 느꼈다.[19] 1908년 하버드경영대학원의 초대 학장 에드윈 게이Edwin Gay는 산업체 강의를 맡을 사람으로 프레드릭 윈슬로 테일러를 지목했다. 당시 하버드경영대학원의 한 교수가 "그의 강연은 경영에 대하여 일종의 공식을 제시한 것 같다"고 말했듯이, 프레드릭 윈슬로 테일러는 매우 유명했다. 1914년 '경영에서의 테일러시스템The Taylor System of Management'에 대한 강연은 하버드경영대학원의 가장 대표적인 강연이 되었다.[20]

그들을 영웅이라 여긴 사람도 일부 있었지만, 이것은 보편적인 시각은 아니었다. 어딘가에서는 기업가가 자본주의의 착취자로 그려지고 있었다. 칼 마르크스Karl Marx는 "자본은 뱀파이어처럼 살아 있는 노동을 빨아먹고 살아가는 죽은 노동이다. 살아남기 위해서 더 많은 살아 있는 노동을 빨아먹는다"라는 유명한 말을 남겼다.[21] 그리고 이와 유사하게 그는 "부르주아는 [소작농들의] 피와 뇌를 빨아먹고 그들을 연금술사의 자본 가마솥에 던져 넣는 뱀파이어가 되었다"고 말했다.[22] 칼 마르크스와는 정치적 스펙트럼의 정반대에 서 있는 프레드릭 윈슬로 테일러는 1912년 공장 경영에 관한 테일러 시스템과 기타 시스템을 조사하기 위한 미 하원 청문회에 증인으로 소환되었다. 왜일까? 경영에 대한 그의 접근법이 권위주의적이고 노동자를 학대하며 미국적이지 않다는 의심을 받고 있었기 때문이다.[23]

기업가는 CEO를 상징하는 인물로, 기업가정신은 자본주의의 핵심 가치로 인식되었다. 오랫동안 CEO는 한편으로 경제적 희망과 번영의 핵심인물로 여겨졌고, 다른 한편으로 경제적으로 그리고 심지어 사회적으로 바람직하지 않은 인물로 도전을 받았다. 오늘날까지 CEO의 진화과정은 결국 생산적인 긴장상태를 보여준다. 경영 논평가인 제리 유심Jerry Useem은 최고경영자의 '100년의 진화'를 살펴보면서 이 문제에 대해서 고심했다.[24] 구체적으로 그는 이 기간 동안 폭군에서부터 정치인 그리고 파괴자까지 CEO의 대중적 모습이 변화한 과정에 집중한다. 제리 유심의 말에 따르면, 19세기 후반과 20세기 초반의 악덕 자본가 시대에 포악한 최고경영자는 1920년대부터 기업의 '예스 맨'인 개성 없는 행정가로 변했다. 1980년대 로널드 레이건과 마가렛 대처Margaret Thatcher의 신자유주의 개혁 이후, 20세기 후반이 되어서야 CEO는 문화적으로 칭송받는 유명인사 혹은 모든 비용을 감수하고 주주의 가치를 극대화하는 데에만 집착하는 외골수 "파괴자"에 걸쳐 있는 이중적인 인물로 평가받았다. 각 시대별로 다른 CEO의 특징들은 경제 관계뿐만 아니라 리더십에 대한 인식의 변화를 의미했다.

CEO들에 대하여 부정적인 가치 판단이 이뤄지는 동안에도, 그들의 이미지를 공공의 이익에 기여하고 모방할 만하며 존경할 가치가 있는 정당한 인물로 만들려는 노력은 계속되었다. 이런 CEO의 영웅 만들기에서 자본주의 이데올로기의 핵심을 엿볼 수 있다. 즉 부유하고 힘 있는 자본주의 계급은 그들의 배경보다 자신들의 장점 덕분에 지위가 격상되었다고 보는 것이다. 여기서 자본주의의 두 얼굴을 확인할 수 있다. 시장경제는 영원히 채워지지 않을 이익에 대한 갈증을 아주 잠시라도 만족시키기 위해서 혁신과 진화를 멈출 수 없다. 그러나 한편으로 시장경제는 스스로 사회진보와 경제정의를 위한 긍정적인 힘으로 이미지를 재창조해내야 한다. 이 역학은 경제학자 조셉 슘페터Joseph Schumpeter가 제시한 창조적 파괴creative destruction와 닮아 있다.[25] 이 용어로 조셉 슘페터는 산업자본주의를 정의하는 분명한 특징을 찾아냈다. 바로 '지칠 줄 모르고 내부로부터 경제구조를 끊임없이 혁명적으로 바꾸고 낡은 구조를 파괴하는 것'이다.[26] 이와 동시에 경제구조의 사회적 의미는 유사한 파괴와 혁신의 사이클을 요구한다. 인류학자 데이비드 하비David Harvey는 이런 논리를 바탕으로 신자유주의 자체의 내적 역학을 설명했다.

> [신자유주의는] 많은 사람들이 세상을 해석하고 세상 속에서 살아가고 세상을 이해하는 방식이 되었다. 이런 신자유주의 시스템의 탄생은 '창조적 파괴'를 수반했다. 이전의 제도적 틀과 권력을 파괴할 뿐만 아니라 분업, 사회관계, 복지제공, 기술결합, 생활방식과 사고방식, 재생산 활동, 토지에 대한 애착과 정신 상태까지도 창조적으로 파괴한다.[27]

이런 맥락에서 신자유주의와 그것이 소속된 자본주의는 존재의 이유를 정당화하기 위해서 새로운 담론에 맞서야 한다. 그 과정에서 신자유주의와 자본주의의 본질적인 특징은 변하지 않아야 한다.[28]

비즈니스 리더의 진화는 이러한 자본주의와 자본가들의 사회적 역사를 보여준다. 지금 문화적 인물로 CEO라고 불리는 사람들은 산업혁명시기부터 지금까지 자본주의의 진보과정을 상징적으로 보여주는 오래된 사례다. 그들은 벼락부자에서 산업가 그리고 유명 CEO로 진화했다. 이처럼 CEO의 본질적인 이념은 자본가와 자본주의의 의미가 확대되고 진화해왔음을 보여준다. 사람들은 CEO의 리더십을 로맨틱하게 바라봤다. 이런 시각은 서서히 사회 전체로 퍼져나갔고 CEO는 전반적인 사회적 웰빙을 만들어내는 상징적인 존재가 되었다. 현대사회에서 이러한 자본주의적 숭배는 CEO를 유명한 영웅으로 이상화하면서 새로운 단계에 도달했다.

권위의 역설

CEO는 현대의 자본주의 체제에서 굉장히 모순적인 인물이다. 앞에서 설명했듯이, CEO는 숭배의 대상이 되거나 경멸의 대상이 된다. 그들은 영웅으로 불리거나 악당으로 묘사된다. 또 그들은 진보의 동력으로 칭송받거나 진보의 발목을 잡는 인물로 비난받는다. 이런 이중성은 보다 더 근본적인 모순으로 이어진다. 바로 CEO는 경제적 착취자인 동시에 사회적으로 정당한 인물이어야 한다. 여기서 자유시장의 아이러니가 드러난다. 자유시장에서 이익을 추구하는 자들은 잘 먹고 잘 살기 위해서 수단과 방법을 가리지 않으면서도 문화적으로 사랑받거나 적어도 수용되도록 노력해야 한다.

문화적으로 CEO는 이중적인 존재다. 그들은 기업의 손익과 재정적 성장에만 관심이 있는 무자비한 사업가다. 다시 말해 CEO는 수익을 극대화하고 세계적인 경쟁력을 유지할 수 있다면 직원들의 일상과 그들의 생계마저 희생시킨다. 주주에게 더 큰 이익을 가져다줄 수 있다면 기업의 청산도 서슴지 않는다. (가장 많은 보수를 받는 CEO도 청산의 대상이 된다.) 그러나 CEO는 이렇게 냉정한 영리 위주의 사업전략과 자신들의 행동의 결과가 중요한 역할을 한다고 대중을 설득해야 한다. 특히 기업의 성공이 수많은 사람들의 개인적 희생 그리고 집단적 희생의 대가로 얻어진 경우에는 더욱 그러하다. CEO는 자신이 경제적 착취와 막대한 이윤창출보다 더 숭고한 목적을 추구하고 있다고 대중이 믿게 만들어야 한다. 간단히 말해서 이제는 '전기톱 앨'이라고 알려져서는 얻을 수 있는 장기적 이득은 없다. 1990년대 선빔Sunbeam의 CEO였던 앨 던랩Al Dunlap은 무자비한 인원감축을 통해 구조조정을 감행했고, 단기수익을 올리고 어떻게 회계장부를 조작할지에만 집중했다. 이런 무신경한 경영방식은 그에게 큰 명성을 안겨준 동시에 그의 명예를 실추시켰다. 앨 던랩은 무자비한 인원감축 위주의 구조조정으로 유명했다. 그런 그는 한때 주식시장에서 어떤 비용을 치르더라도 끊임없이 이윤을 추구하는 인물로 존경받았다. 그러나 회계장부 조작으로 주주들에게 집단소송을 당하면서 나락으로 떨어졌다.[29]

앨 던랩과 같은 운명을 피하고 시장경제의 사회적 재생산과 시장경제를 이끄는 CEO들의 가치를 보장하기 위해서, 그들은 문화적으로 도덕적인 인물이 될 것을 요구받는다.[30] 이와 관련하여 사회학자인 매리언 포카드Marion Fourcade와 키어런 힐리Kieran Healy는 경제학에서 시장의 도덕성을 자세히 설명하는 오랜 관례를 찾아냈다.[31] 아래의 설명대로 이것의 형식은 다양할 수 있다.

이 아주 달콤한 상업전통은, 시장은 정직한 행동, 정중함 그리고 협력에 관한 개인적 미덕의 자양분이 된다는 주장을 통해 이어지고 있

다. 혹자는 시장을 기타 삶의 영역, 특히 정치와 문화적 영역에서 자유를 누리기 위한 필수 조건으로 봤다. 오늘날 권위적인 거시경제학으로 대변되는 마지막 전통은 인류 진보의 조건으로 경제성장을 강조한다.[32]

최고경영자 스스로 도덕적인 인물이 되는 것은 시장의 도덕화와 관련 있다. 간단히 말해서 CEO는 종종 인류 진보의 핵심으로 간주된다. 19세기 후반과 20세기에는 일반적으로 비즈니스 리더들이 윤리적으로 한 집안의 아버지와 같은 존재로 묘사되었다. 그들에게는 윤리적으로 그리고 경제적으로 직원들을 보살필 책임이 있었다. 직원들이 도덕적으로 올바른 (그리고 윤택한) 삶을 살아가도록 인도할 책임이 있었던 것이다. 20세기 초반부터 이런 도덕성이 요구되는 최고 경영진은 전문 행정가로 진화했다. 행정가들은 좋은 기업이 잘 운영되고 있는지 성실하게 관리하고, 이런 과정을 통해 보다 효율적이면서 진보적인 사회를 조직하고 관리하는 최고의 방식을 제시해야 했다. 그들은 사회학자 막스 베버Max Weber가 주장한 관료의 이상적인 유형에서 완벽한 공무원의 모습으로 그려졌다.[33] 2차 세계대전 이후에 이것은 책임감 있는 기업의 최고경영자로 성장했다. 순종적이고 진보적인 사고를 지닌 관리자로 그/그녀의 생각과 권한이 기업의 수익성과 지속가능성을 보장한다. 이 시대의 CEO들은 다소 생기 없는 인물로 그려진다. 퇴임식에서 번쩍이는 금시계를 받을 때까지 자신이 몸담고 있는 기업이 요구하는 일을 충실히 해내는 순응주의자들이었다.

이렇게 CEO에 관한 인식의 발전해오면서 자본주의를 넘어선 권위의 일반적인 모순을 드러냈다. 권력을 손에 쥔 사람들은 자신들이 사회적으로 쓸모가 없을수록, 사회적으로 더 쓸모 있는 존재로 스스로를 포장해야만 했다. 보다 정확하게 이야기하면, 문화적으로 승인된 권한을 지닌 인물의 실질적 효용과 그들이 만들어냈다고 주장하는 효용에는 역관계가 자주 나타난다. 이런 모순은 분명히 구분되지만 친밀하게 연관된 두 가지 방식으로 드러난다. 이 모순은 개인적이고 시스템적인 특징을 가진다. 이런 이유로 권한을 부여받고 권력과 특권을 행사하는 개인뿐만 아니라 권력과 특권을 행사할 수 있도록 하는 시스템이 이 권한을 정당화한다.

현대의 CEO는 자본주의적 권한에서 생기는 이런 모순적인 상황을 가장 잘 보여주는 사례다. 역사적으로도 예외적인 일은 아니다. 18세기와 19세기에 노예를 사유재산으로 취급하는 제도도 역설적인 논리에 따라서 정당화되었다.[34] 노예의 주인들은 노예계약을 체결한 남자, 여자 그리고 아이의 노동력을 착취하고 그들을 비인간적으로 취급하는 존재가 아니었다. 오히려 공식적으로 그들의 정당한 후견인, 보호자 그리고 부양자였다. 이념적으로 이런 씁쓸한 문화적 허상은 인종의 우월성에 관한 담론을 통해 유지되었다. '새하얀 피부'만으로도 그들은 다른 사람을 속박하고 노예로 부릴 수 있는 자격이 충분한 존재였다. 사회에 깊이 뿌리내린 견고한 현대판 인종차별주의는 이 슬픈 유산에서 나왔다. 작가, 강사 그리고 방송인인 케넌 말릭Kenan Malik은 이 상황에 대해서 다음과 같은 설명을 내놓았다.

> 평등의 개념이 존재하는 사회에서 계급, 계층 그리고 사람에 대한 구분은 끈질기게 존재해왔다. 인종에 대한 담론은 계몽의 범주가 아닌 계몽과 자본주의 사회 조직의 관계에서 시작되었다.[35]

초기 산업가들이 임금 노동자를 고용할 때 자신의 권한을 이런 식으로 정당화했다는 사실은 놀랍지도 않다. 기업의 소유주는 이상화되었고 이를 바탕으로 임금 노동자에게 '회사의 대표는 회사와 직원을 관리한 경험과 관련 지식을 가지고 있다'는 생각이 전파되었다. 회사 대표의 혁신적 아이디어, 상업적 수완과 재정적 지식은 그들이 기업과 더 넓게는 경제를 지탱하는 데 근본적인 요소임을 보여주는 증거였다. 이로써, 관리자 계급이 탄생했다. 다른 계급과 비교하여 관리자 계급은 특정 분야에서 태생적으로 더 우월하다는 믿음이 존재했다. 이런 믿음에서 관리자 계급만이 누릴 수 있는 특권이 생겨났다. 이것은 좋은 혈통의 경주마 이론이나 개인화된 능력주의를 통해 이해될 수 있다. 어떤 방식이든, 비즈니스는 적자생존의 논리만이 지배하는 환경으로 여겨졌다. 그리고 이런 환경에서 살아남은 자들은 사회의 진화와 진보를 가능하게 하는 존재로 인식되었다.

현대 CEO의 정당한 권한은 이런 계보의 확장이다. 그들은 사회의 적법한 리더로 정당화된다. 사회의 적법한 리더에게는 극단적인 금전적 보상, 격상된 사회적 지위 그리고 강력한 정치권력이 주어진다. CEO는 사업가로서의 개인적 가치와 경제에 대한 폭넓은 기여도를 인정받아 이런 특권들을 누린다. 그래서 CEO는 경쟁 사회에서 최고의 자리에 오르고 존경, 숭배, 경의를 받을 자격이 있다. 이렇게 자본주의의 시종들은 권력, 특권과 명성을 지닌 사람들이 실제로 그 명성을 누릴 자격이 있다고 주장한다. 그리고 자본주의는 이것을 정당화하는 자연의 질서라고 묘사한다.

우상이 된 CEO

인류역사를 통틀어, 사람들은 구원을 위해 천상의 존재든 세속적인 존재든 가리지 않고 숭배했다. 하늘에서 내려온 천상의 존재든 우리와 같은 필멸의 존재든, 우상은 현 세계를 이해하고 인간의 존재적 불안을 잠재우며 근심걱정에서 인간을 해방시킬 가르침을 준다. 역사적으로 거짓 우상도 많았다. 그들은 눈이 부실 정도로 밝게 빛났지만, 결국 개인과 공동체를 타락의 길로 인도하는 허상이었다. 현대사회에서 CEO는 우상의 지위를 가지게 되었다. 그들은 이 시대의 최고급 금송아지(이스라엘이 숭배한 우상)다. 다시 말해 그들은 대중이 추종하고 모방하는 초인간적인 존재다.

CEO들의 사회적 지위가 너무나 높은 나머지 시민과 고객, 직원은 그들을 미덕과 전문성의 모범으로 우러러보게 되었다. 사업주와 기업가는 필수불가결한 기업가정신의 전형으로 여겨진다. 회사 대표는 창의적인 기업가로서 수익창출과 납세의 의무를 지는 동시에 사회적 책임을 충실히 이행하는 시민에게 요구되는 냉철한 윤리의식도 갖춰야 한다. 유명한 리더의 우상화는 시장의 경제적 재생산을 이끄는 핵심이었다. 옛날 옛적에 "달에 가기로 결정했습니다"라고 대중들에게 선언한 사람은 존 F. 케네디John F.

Kennedy였지만, 이제 그 영광은 2017년 "이제 미국이 달로 되돌아갈 때가 되었습니다. 이제는 인류가 달에 정착할 것입니다. (…) 달에 인간의 정착지를 만들어야만 합니다"라고 선언한 아마존Amazon의 수장 제프 베조스Jeff Bezos에게 돌아갔다.[36]

그러나 그들에게 쏟아지는 수많은 찬사와 그들이 쏟아내는 성명에도 불구하고, 공개적으로 그들을 책임감 있는 존재라고 말하기에는 뭔가 어색하다. 그들의 책임감은 이윤을 최우선적으로 생각하는 것이어서 도덕적으로 의구심을 일으키기 때문이다. 그럼에도 사업가가 되면 개인적으로 출세하고 사회의 진보에 이바지할 수 있다는 매력적인 가능성이 CEO를 존경의 대상으로 만든다. 그러나 CEO 우상화의 핵심 비결은 자유시장이 모든 사람에게 더 좋은 사회를 만들어준다는 믿음을 퍼뜨리는 것이다. 로널드 레이건은 '낙수효과'란 경제이론을 통해 이런 믿음을 강화했다. 낙수효과란 최상위 계층의 부가 나머지 계층으로 흘러들어 간다는 경제 용어다. 낙수효과가 거짓임을 보여주는 여러 증거가 있지만, 여전히 많은 정치인들이 이 이론을 애용한다. 그들은 자유시장이 낭비를 없애고 세금을 낮추며, 그 과정에서 고용과 생산성이 증대된다고 주장한다. 이런 주장을 믿는 사람은 CEO가 독자적으로 신성장과 혁신의 원동력이 될 수 있다는 미신을 쉽게 받아들인다.

현대사회에서 CEO의 우상화는 단지 그들의 상업적 수완을 높이 평가하는 수준을 넘어섰다. CEO는 시장을 예측하는 사람들과 사회운동가들을 고무시키고 있다. 불과 몇십 년 전, 마이크로소프트의 CEO 빌 게이츠와 애플의 CEO 스티브 잡스처럼 기술 기업을 이끄는 기업가들은 보다 밝은 미래를 가져다줄 사고방식을 지닌 인물로 그려졌다. 지금은 페이스북 CEO 마크 저커버그와 구글 CEO 레리 페이지Larry Page 같은 인물들이 이런 평가를 받는다. 이런 결과들은 기술 사업가들이 단순한 기술적 재능을 뛰어넘는 경쟁력을 가진 것을 보여준다. 미국의 CEO 숭배에서 미국 특유의 예외주의가 느껴진다. 스티브 잡스가 대표적인 사례다. 수많은 언론이 공개적으로 그의 천재성을 다뤘다. 『뉴욕 타임스New York Times』에 글을 기고하는 월터 아이작슨Walter Isaacson은 애매한 인종차별적 말을 하면서 그의 천재성에 대해 이야기했다.

> 중국과 인도는 철저하게 분석적인 사고를 하는 사람들과 최신 과학기술 분야의 박학다식한 전문가들을 많이 배출할 것이다. 그러나 똑똑하고 교육을 받은 사람들이 항상 혁신을 낳는 것은 아니다. 미국은 더 창의적이고 상상력이 풍부한 사람들을 배출할 것이다. 그리고 그들이 인류와 과학의 교차점에 설 것이다. 이것이 미국의 강점이 될 것이다. 이것이야말로 스티브 잡스의 발자취가 보여주듯이 진정한 혁신의 공식이다.[37]

이런 천재성은 뭐라 표현할 수 없는 방식으로 발현된다. 예를 들어 도널드 트럼프처럼 허풍쟁이 협상전문가들에게서 이런 천재성이 나타날 수 있다. 그들은 비즈니스에서는 창조적인 예술로 간주되는 경쟁의 무대에서 협상하고 승리한다. 또는 자신만의 아이디어로 이 세상을 지루함에서 구하는 리처드 브랜슨과 같이 세상의 규칙에 순응하지 않는 진보적인 사고를 지닌 사람에게서도 이런 천재성을 발견할 수 있다.

이런 CEO의 우상화는 CEO사회의 핵심적인 특징을 보여준다. 자유시장에 대한 믿음은 오랫동안 과학적 색채와 종교적인 색채를 동시에 띠었다. 이 믿음은 인류와 세계에 관한 독단적인 시각을 중심으로 전개되었다. 경제학자 조셉 스티글리츠Joseph Stiglitz는 그것을 '시장 근본주의'라고 언급했다.[38] 그러나 보다 짙은 종교적 색채가 이 초자본주의 시스템에 스며들어 있다. 그것은 이 세상에 존재하는 '천상의 질서'를 보여준다. 이 천상의 질서에 따르면, CEO는 타고난 재능은 별로 없지만 헌신적인 추종자들의 숭배를 받아 마땅한 전지전능하면서도 세속적인 신이다.[39] 이러한 우상화는 현재의 신성한 자본주의 체제의 정당성을 재확인시킨다. 그리고 기업의 불법행위, 기업의 무자비한 사익추구, 산업으로 인해 파괴된 생태계 또는 걷잡을 수 없이 심해지는 불평등에 대한 비난을 막아낸다.

우주의 주인

1980년대부터 전능한 CEO는 주주가치를 혁신적으로 만들어내는 존재로서 그 지위가 대폭 격상되었다. 이런 CEO의 지위 격상으로 인해 현대의 금융자본주의가 얼마나 비인격적이고 기술적으로 변했는지를 생각하면 특히 흥미롭다. 새로운 자본의 시대는 확고한 자유 시장 가치를 지닌 인간의 주도 아래 탄생하지 않았다. 그저 복잡한 알고리즘과 재무보고 위에 세워졌을 뿐이다. 이런 관점에서 신자유주의는 '무의식적인' 프로세스를 '의식적인' 프로세스 위에 올려놓으려는 노력이다. 이것은 사실상 인공두뇌의 비인간적인 시스템과 프로세스를 정치와 심판의 산만한 영역에 올려놓는 것을 의미한다.[40] 빅데이터와 인간 분석학people analytics이 대유행이다. 이 둘을 활용하면 직원의 생산성을 극대화하는 방법과 최고의 고객을 타겟팅하는 방법을 정확하게 결정할 수 있다. 일부 기업은 헬스케어 애널리틱스 업체의 도움을 받아 여직원들의 임신 여부까지 확인하려고 했다. 이것은 직원들의 의료보험 청구내역, 처방내역과 인터넷 검색기록에 대하여 데이터 마이닝을 하면 가능한 일이다. 예를 들어 월마트Wall Mart와 타임워너Time Warner 같은 미국의 대기업은 직원의 의료기록을 전문적으로 수집하는 업체를 고용했다.[41]

CEO사회에서 '경제의 비인간화'에 대한 두려움이 커지고 있다. CEO의 사회적 자본이 이 두려움을 상당부분 해소한다. 현대 자본주의 체제에서 인간성을 드러낼 공간은 없다. 고객이든, 유권자든, 또는 자원이든, 사람들은 이익이 되도록 분석되고 제작되기 위해 데이터 포인트가 될 것을 요구받는다. 구글, 페이스북, 아마존, 인텔, 마이크로소프트 그리고 IBM과 같은 기업들이 주도하는 빅데이터 산업의 가치는 2020년이 되면 2,000억 달러에 달할 것으로 예측된다.[42] 이 산업의 매력은 미래를 예측할 수 있고 데이터를 분석하여 얻은 정보를 자신에게 유리하게 사용할 수 있다는 환상을 사람들에게 심어주는 것이다. 크게 성공한 경영인의 사회적 매력도 현대 시장과 신기에 가까운 기술력에 속수무책으로 당하지 않고, 대신 이 둘을 통제하고자 하는 욕구에서 나온다. 이런 의미에서 사람들이 CEO의 권력에 투자하는 이유는 자신도 CEO처럼 독립성과 잠재력을 완전히 발휘하는 유일무이한 존재이자 스스로 결정을 내릴 수 있는 존재가 될 수 있다는 은밀한 믿음인지도 모른다.

CEO사회에서는 강한 리더에 대한 신념이 대중의 인식 속에서 더 강해졌다. 이것은 현대판 '군주에 대한 환상'을 보여준다. 사람들은 비인간적인 시스템의 조종에서 벗어나려고 애쓴다. 이를 위해 사람들은 권위를 상징하는 외부 인물을 믿고 그들의 권력과 행위주체성이 자신의 것이 될 수 있다고 생각한다.[43] CEO는 환상 속에 존재하는 이런 권위를 지닌 군주의 전형이다. 그들은 결단력, 앞으로 나아갈 길을 알려주는 비전, 일을 마무리 짓는 능력으로 칭송받는다. 그들의 이런 특징은 자본주의의 노예나 기관원이 아니라 자본주의의 주인이 되고자 하는 사람들의 깊은 열망을 자극한다. 다른 누군가를 섬기거나 다른 누군가의 밑에서 일한다는 생각은 그렇게 매력적이지 않다. 그러나 이것은 한낱 기계에 불과한 서버에 머리를 조아리는 것보다는 훨씬 낫다. 사람들은 강한 리더를 섬기면 언젠가는 자신도 그런 힘을 손에 넣어 다른 사람들에 군림할 수도 있다고 믿는다. 이런 해석은 지배에 관한 다소 판에 박힌 논쟁들에 새로운 관점을 제시한다. 이 논쟁들은 현대의 자유시장과 관련이 있기 때문이다. 이런 관점에서, 미래를 예견한 것이 아니라면, 증권 중개인과 금융업자를 새로운 '우주의 주인'이라고 말한 톰 울프의 설명은 아주 탁월했던 것 같다.[44] 저서 『허영의 불꽃Bonfire of the Vanities』에서 그는 이 운 좋은 소수의 사람들을 다음과 같이 표현했다.

> 그곳은 바로 20세기의 로마, 파리 그리고 런던이었다. 그리고 욕망의 도시, 사람을 강하게 끌어당기는 자석과 같은 곳 그리고 사건의 중심에 있기를 고집하는 모든 사람들이 모여드는 거부할 수 없는 목적지였다. 그가 승리자들 사이에 있었다! 그는 바로 꿈의 거리인 파크 애버뉴에 살았다. 그는 월스트리트 고층빌딩의 50층에서 세상을 내려다보면서 일했다. 그의 직장은 전설적인 피어스 앤 피어스였다. 그는 머리는 나쁠지 모르지만 아주 매력적인, 뉴욕에서 가장 아름다운 여성을 옆에 태우고 48,000달러의 로드스터를 타고 다녔다. 그는 기운이 넘치는 젊은 수컷이었다. 그는 원하는 것은 언제든지 가질 수 있는 부류의 사람이었다.[45]

톰 울프가 묘사한 우주의 주인은 새로운 자유시장 질서에서 핀 스트라이프 양복을 입은 승리자들이었다. 그들은 돈과 영향력을 사고파는 사람들이었고 피라미드의 정점에 서 있었다. 새로운 초자본주의 세상에서 월스트리트에 있는 자신들의 왕좌에 앉아 세상을 내려다보며 그들은 상상 속에서 자신들만의 세상을 새로 만들었다.

톰 울프가 이 획기적인 소설을 발표한 지 수십 년이 흐른 뒤, CEO는 그가 소설에서 상상했던 것보다 더 넓은 분야에서 다양한 꿈을 상징하는 존재가 되었다. CEO는 펜트하우스에서 산다. 그가 사는 세상은 우리가 사는 세상과 달리 화려하고 힘이 넘친다. 게다가 그는 회사를 좌지우지하는 영향력을 행사하고 힘없는 보통 사람들이 따르는 도덕적 가치 위에 군림한다. 2013년에 개봉된 영화 〈더 울프 오브 월스트리트The Wolf of Wall Street〉는 부, 행위주체성과 근사하게 보이는 방탕한 생활이 강력하게 결합된 전형적인 예를 보여준다. 표면적으로는 죄악과 오만한 금융권을 비판하는 것처럼 보이지만, 이 영화도 그들이 저지른 모든 죄를 영화적으로 축하하기 위한 것이었다. 이 영화는 허구가 아니다. 돈세탁과 증권조작으로 수감되었을 때 썼던 조던 벨포트Jordan Belfort의 자서전을 바탕으로 제작된 영화였다. 이 영화는 어떻게 그가 난잡한 섹스와 화려한 월스트리트 삶을 즐기고 마약과 화이트칼라 범죄를 저지르면서 수백만 달러를 벌었는지를 보여준다. 이 영화는 통제할 수 없는 가장 야생에 가까운 환상을 실현하면서 사익을 추구하는 탐욕스러운 삶, 즉 흥청망청 놀고 마시는 난잡한 현대의 생활을 보여준다.

현대사회에는 이렇게 도덕과 사회의 규범을 마음대로 넘나드는 사치스러운 삶에 대한 강한 열망이 존재한다. 이런 열망은 자신이 모든 것을 통제하고 싶은 보다 거대한 욕구의 발현이다. 자유시장과 세계화는 거의 모든 사람들이 불안감과 스스로 무력한 존재라고 느끼도록 만든다. 실직, 가게와 공장의 폐업 그리고 환경파괴에 대해서 우리가 할 수 있는 일은 아무것도 없다. 현대사회의 문화적 병폐는 끝이 없다. 그것들은 시장화의 부작용이다. 시장화는 어디로 가는지 알 수 없는 끝없이 이어지는 행군이다. 사람들은 CEO처럼 부와 영향력을 지니고 원하는 것은 뭐든지 할 수 있는 존재가 되고자 꿈꾼다. 이 달콤한 꿈은 현대사회에서 모든 사람들이 느끼는 소외감의 탁월한 해독제다. CEO는 우리에게 비록 현실이 불가능하다고 말하는 꿈조차도 실현할 수 있다고 말한다.

이렇게 사람들은 CEO를 문화적으로 이상적인 존재로 생각하기 시작했다. 이것은 반反영웅적인 인물에 대한 현대사회의 집착을 보여준다. CEO는 그 어느 때보다도 우리의 삶을 완전히 통제하고 지배하는 것처럼 보이는 '자본주의 시스템'에 대한 격렬한 반작용이다.[46] 예를 들어 마피아 보스, 갱 리더와 마약조직 두목 같은 인물들은 객관적인 경제법에 기반을 두고 있는 자유시장에 대한 기술집약적인 시각들에 이의를 제기한다. 사람이 아닌 시스템이 더 많은 통제력을 지닌 세상에서 사람들이 법을 위반하고 게임에서 승리하는 상상을 하는 것은 당연한 일인지도 모른다. 이런 전통적이지 않은 영웅들은 떠오르는 신자유주의 세계를 둘러싼 권력 관계에 미묘하지만 강력한 공격을 가한다. 상위 1%로 향하는 부의 이동은 심각한 불평등을 낳았다. 이제 불평등은 바꿀 수 없는 현실이 되었다. 그리고 이 심각한 불평등으로 인해 자본주의에 기반을 둔 실력주의에 대한 사람들의 불안감이 커져가고 있다.

언뜻 보면 CEO는 이 불공평한 특권의 완전한 화신으로 여겨질 수 있다. 그러나 그들은 여전히 이 자본주의 시스템의 형평성이 아닌, 그 시스템의 활력과 가변성의 존재를 보여주는 전형이다. 반면, 선견지명이 있고 열심히 일하는 CEO의 이미지는, 자본주의가 궁극적인 보상에서는 불공평할 수 있지만 모두에게 그 보상을 손에 넣을 수 있는 기회를 공평하게 제공한다는 미신을 만들어낸다. 그래서 CEO는 자본주의의 노예가 된 우리의 모습뿐만 아니라 자본주의의 주인이 되고자 하는 욕구, 또는 보다 정확히 말하면, 환경과 사건에 휘둘리는 것이 아니라 스스로 이것들을 통제할 수 있는 가능성을 상징한다. 극소수를 제외하고 거의 대부분의 사람들이 대기업을 이끄는 진짜 CEO가 되는 게 불가능하다면, CEO가 된 극소수의 지혜와 지식을 활용하여 자신의 세상의 주인이 되고 거기서 혜택을 누리면 된다. 예를 들어 2017년 오스트레일리아의 라트로브 대학교는 MBA 과정을 홍보하기 위해서 돈과 권력이 함께하는 안락한 삶에 대한 학생들의 욕구를 자극했다. 좋은 교육 프로그램과 사회에 기여할 기회는 잊어라. 교육의 궁극적인 목적은 이것이 아니다. 라트로브 대학교는 다음과 같이 설명했다.

> 지금 당신의 좌석이 1A번이 아니라면, 이 글을 읽으세요.
> 비즈니스 리더들은 비즈니스 클래스를 탑니다. (…)
> 우리가 이미 1A에 앉아 있는 사람들과 연결해드리겠습니다.
> 여기서 조금만 노력하면 최고의 인맥을 쌓을 수 있습니다.

권력의 낙수효과

CEO는 현대사회에서 권력을 상징한다. CEO는 시장에서 번성하고, 회사를 구하고, 전 세계에 자신의 영향력을 행사할 수 있는 능력을 가지고 있다. 그들은 세계적으로 엘리트 계층을 형성한다. 그들은 중요한 결정을 내릴 수 있는 선택받은 소수의 사람들이다. 때로는 정치인들이 CEO보다 더 많은 관심을 받고 민주주의의 희망은 (특히 선거철에) 여전히 불타오른다. 그러나 실질적으로는 CEO가 사회에 상당한 영향력을 행사한다는 것을 누구나 알고 있는 사실이다. CEO의 현대적인 매력은 어떻게 그들의 힘이, 지극히 평범해서 괴로운 나날을 보내는 우리에게 이전될 수 있는가에 달려 있다. CEO사회에서 일반인에게 흘러들어 가는 것은 CEO의 부가 아니라 그들의 권력이다.

더 강해지려고 노력하는 많은 사람들이 CEO를 영웅이자 롤 모델로 삼는 것은 지극히 당연한 일이다. 캠벨수프Campbell's Soup의 사장 겸 CEO인 데니스 모리슨Denise Morrison은 다음과 같은 말을 했다. "CEO가 되고 싶다면, 맹렬히 준비해야 한다."[47] 그러나 산업의 수장들은 현대사회의 계급적 특권과 불평등의 살아 있는 화신이다. 그들은 노력 없이 얻은 부와 명예가 가져다준 높은 자리에서 다른 사람들을 내려다보면서 그들을 평가하고 판단한다. 21세기에는 가끔 CEO가 사람들의 분노를 사지만, 그들은 여전히 많은 사람들의 변치 않는 숭배의 대상이다. 대중들은 그들이 현대사회의 성공비결을 손에 넣었다고 믿는다. 서점에서 판매되는 책과 잡지는 사람들에게 목표 달성을 도와주겠다고 약속하는 CEO의 조언으로 가득하다. 도널드 트럼프가 썼든 잭 웰치가 썼든 성공에 대한 책들의 내용은 뻔하다. 그러나 그게 다가 아니다. 페이트리아크 그룹Patriarch Group의 CEO 겸 회장인 에릭 쉬퍼Eric Shiffer는 50세에 건강을 유지하는 방법을 알려주고,[48] 클리프바Clif Bar의 전 CEO 쉐릴 맥로프린Sheryl McLoughlin은 어떻게 성공한 사업가가 행복한 결혼생활을 하는지에 관한 조언을 해준다.[49]

이렇게 성공비결은 다양하지만, 거기에는 공통점이 하나있다. 생산성과 효율성을 높이는 방법에 대한 조언들이 적절히 혼합된 것이다. 지극히 평범한 아이디어인 좋은 습관을 기르는 것부터 자신의 가장 소중한 욕구를 이해하고 스스로 닫아버린 성공의 문을 여는 신비로운 '비결'에 이르기까지 성공비결은 광범위하다. 이런 현명한 가르침이 전하고자 하는 진짜 메시지는 다소 핵심에서 벗어난다. 그들의 책에는 현대 자유시장의 모체를 꿰뚫어 보는 지혜가 담겨 있고, 독자가 이 지혜를 가지고 자신의 의지대로 자유시장의 모체를 만들 수 있다는 생각이 더 중요하다.

CEO의 우상화 이면에는 근본적으로 평등주의가 존재한다. 앞에서 언급했듯이, 오직 극소수만이 자본주의 정상에 올라서 VIP가 될 수 있다. 그러나 이렇게 하기 위해서 필요한 지식은 기꺼이 돈을 지불하고 경청할 의지가 있는 모든 사람들이 열람할 수 있다. CEO의 독재를 칭송하는 문화는 자기계발을 통해 스스로 힘을 기르는 문화로 변화했다. 이런 문화에서 권력과 성공으로 가는 유일한 장애물은 자기 자신이다. CEO 개개인은 이기적이고 사익을 위해 남을 부당하게 이용할지도 모른다. 그리고 CEO 집단이 대변하는 시스템이 사회를 괴롭히는 경제적 문제의 원인인지도 모른다. 하지만 그들의 '지혜'는 부인할 수 없다. 그들의 지혜를 무시하는 것은 어리석은 짓일 것이다. 왜냐하면 그들의 지혜는 보다 윤택하고 충만한 삶으로 나아가는 확실한 길을 제시하기 때문이다. 적어도 이것이 유용성과 생산성에 관한 시장가치들로 특징지어진 CEO사회다. 그래서 이런 시장가치들 덕분에 CEO는 일단 일을 시작하면 결과를 만들어내는 인물의 전형이 되었다.

CEO는 한 치 앞을 알 수 없는 자유시장, 그리고 그 자유시장을 중심으로 도는 이 세상을 정복할 수 있는 비결을 알려줄 것만 같다. 그러나 그들은 재계의 오즈의 마법사다. 그들은 위대한 존재로 비춰지지만 그것은 거짓 이미지다. 이런 거짓 이미지는 그들도 한낱 인간에 불과하여 그들이 약속했던 그 대단한 소망을 실현시킬 수 없다는 현실을 숨긴다. 그러나 그들의 위대함은 오만함이 아니라 통치의 새로운 방식의 일환으로 등장했다. 전통적으로 신자유주의는 '작은 정부'를 지지해왔다. 공공분야의 후퇴와 서서히 진행되는 복지국가의 몰락이 신자유주의의 가장 대표적인 특징이다. 신자유주의는 시장화, 민영화와 금융화의 내재적이고 포괄적인 가치들을 열렬히 설파한다. 설득력이 있지만, 이런 해석은 CEO 사회의 초자본주의 질서를 영구화하는 데 정부의 중요한 역할을 놓칠 위험이 있다. 구체적으로 말하면, 시장 지식을 일반 대중에게 확산시키는 정부의 기능이다. 문화 및 정치 이론가인 제레미 길버트Jeremy Gilbert는 마치 미래를 내다보기라도 한 듯이 다음과 같은 의견을 내놓았다.

> [신자유주의는] 시민들에게 특정 유형의 기업가적, 경쟁적 그리고 상업적인 행동을 권장하기 위해서 정부의 의도적인 개입을 지지한다. 궁극적으로는 전통적인 자유주의에서 문명화된 인류에게 정부 개입으로 왜곡되지 않는 개인주의적이고 경쟁적이고 소유욕이 강하고 기업가적인 행동을 배양하려고 한다.[50]

신자유주의도 CEO 스타일의 권력이양을 갈망하는 사람들을 생산하는 데 중요한 역할을 했다. 이것은 현대 자유시장이 식민지를 만드는 데 극도로 집착하고 있음을 보여준다. 자본주의가 착취의 대상이 될 새로운 시장을 찾는 데 목말라 있다는 점이 이 시스템에 대해 쏟아지는 비판의 핵심이다. 자본주의는 새로운 장소, 새로운 사람 그리고 새로운 제품에서 이익을 얻는 방법을 찾으려고 무한대로 확산된다. 특히 현대사회에서 이런 확산은 경제주체들의 내면을 형성하는 데도 영향을 미치고 있다. CEO는 외부세계뿐만 아니라 내부세계도 정복하고 있다. 그들은 갈수록 우리 모두의 마음속에 잠들어 있는 성공한 CEO를 깨워서 모든 사람들에게 이념을 퍼트리려고 한다. 옳은 조언만 있으면 사람들은 자신의 마음속에 있는 CEO를 찾아내 "숨겨진 목표를 밝혀내고 자신의 두려움과 맞서 모든 장점을 발휘하여 멋진 미래로 나아갈 수 있다."[51]

단지 카리스마 있는 인물이라서 CEO가 중요한 것은 아니다. CEO는 이 세상을 이해하고 행동하는 완전한 방법이다. 이런 맥락에서 CEO는 진정한 존재의 방식이라 할 수 있다. 결단력 있게 행동하고 무언가를 하는 데 중요한 존재가 되면, 모든 문제가 간단히 해결될 것이라는 믿음이 점점 확산되고 있다. 스포츠의류 기업인 언더아머Under Armour의 CEO 케빈 플랭크Kevin Plank는 도널드 트럼프의 대선 전략을 칭찬했다. 그는 도널드 트럼프의 정치수완, 외교술 또는 정치경험에 집중하지 않았다. 대신에 "그렇게 친기업 성향이 강한 대통령이 있다는 것이야말로 이 국가의 진정한 자산이다. (…) 그는 무언가를 만들고 싶어 한다. 그는 과감한 결정을 내리고 결단력 있게 행동하기를 원한다"고 칭찬했다.[52]

도널드 트럼프에게 아첨하는 듯한 이 발언의 이면에는, 분열되고 숨 가쁘게 변하는 문화적 환경에서 결단력은 개인에게 안정감을 제공할 수 있다는 믿음이 숨겨져 있다. CEO 합리성이 점점 중요해지고 있다. 이것은 정체성의 기초를 닦고 유지하는 데 반드시 필요한 것이다. 그래서 CEO사회에서 사람들은 계속해서 "끝없는 합병"을 시도하며 사회적 관계를 바탕으로 스스로를 인식하고 재인식한다.[53] 사람들은 스스로를 타인과 직접적으로 연관 짓지는 않지만, 현재의 문화를 구성하는 요소들과 순간순간 자신의 일부로 받아들인다. 이렇게 해서 비록 계속 변하고 엉망이지만 일반적인 도덕적 질서의 부분으로 서로 상호작용한다.[54] 많은 이들의 칭송을 받는 현명한 CEO가 주는 지혜를 받아들여서 사람들은 자신이 처한 환경과 구체적인 열망에 따라 현실을 재단하는 실질적인 도구를 가지게 된다.

이처럼 CEO는 이미 권력과 유명세를 지니고 있다. 그럼에도 불구하고 CEO의 우상화 작업은 전 세계적으로 계속 진행되고 있다. 2015년 영화 〈빅쇼트The Big Short〉는 전지전능한 금융권 임원들을 명쾌하게 풍자한다. 이 영화는 그들을 자신들이 통치하는 복잡한 금융 세계 또는 자신들에게 가장 큰 책임이 있는 재앙이나 다름없는 경제위기에 대한 이해가 거의 없는 서투른 보스로 묘사한다. 설상가상으로 영화에서 그들은 탐욕스럽고 기생충 같은 존재로 그려진다. 단기간에 부를 증가시킬 수 있다면 파멸도 마다하지 않는 부류의 사람들로 말이다. 실제로 2015년 하룻밤 사이에 누군가에게는 목숨과도 같은 약의 가격을 5,000% 인상한 마틴 쉬크렐리Martin Shkreli 같은 인물은 사람보다 자신의 수익을 훨씬 더 중요하게 생각하는 부류다.

이런 CEO 행동의 비도덕적인 측면이 밝혀졌지만 경제, 문화, 정치 그리고 일상에서 CEO가 되려는 사람들의 욕구를 우리는 쉽게 발견할 수 있다. 단적인 예로, 지난 수십 년 동안 경영학을 배우고자 하는 사람들이 폭발적으로 증가했다. 보다 보편적으로 말하면, 경영자주의는 사회관계를 CEO의 사고방식을 실행에 옮길 기회로 재해석하는 응용이념으로 인식되고 있다. 그것이 육아법이든 교육의 기회든 또는 정부 운영이든 아무 상관 없다. 모든 것은 보다 경쟁적이고 생산적이며 효율적으로 변할 수 있고, 그렇게 변해야만 한다. CEO사회는 사람들에게 집중력을 키우고 확고한 신념을 가지고 사회에 유용한 존재가 되는 것은 언제나 옳은 일이라고 말한다. 즉 승리자가 되는 것은 항상 옳은 일이다. 어려운 상황에 놓이게 되는 모든 순간이 자기 삶에서 더 좋은 CEO가 되는 기회일 수 있다. 전쟁, 이념적 극단주의와 위기 속에서 새천년이 밝았고 사회는 완전히 변했다. 이제 CEO가 사회에서 반드시 필요하다고 여겨지는 CEO사회가 등장했다. CEO사회는, 설령 일부 경영자들이 비난을 받더라도 CEO의 보편적인 지혜가 계속해서 경제, 정치 그리고 사회 전반에 영향력을 행사하는 곳이다. 이런 CEO의 라이프스타일을 받아들이면 우리 모두 승리자가 될 수 있다.

3

CEO경제에서의 경쟁

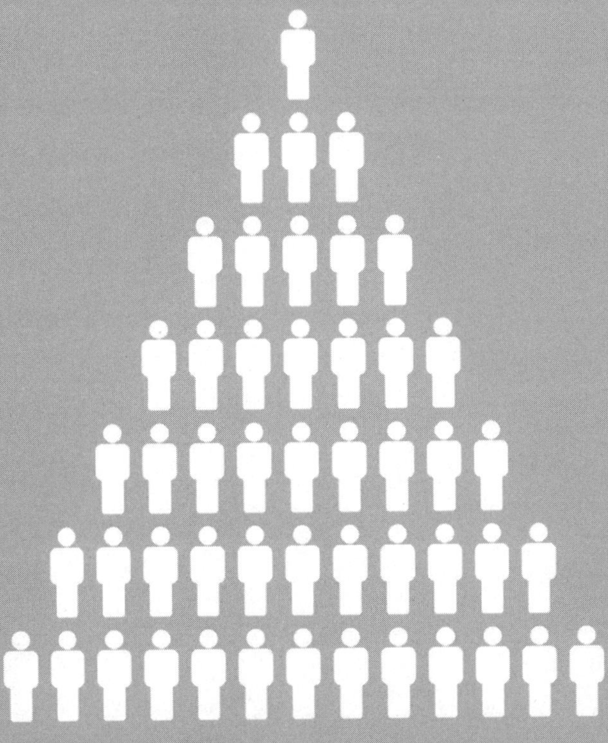

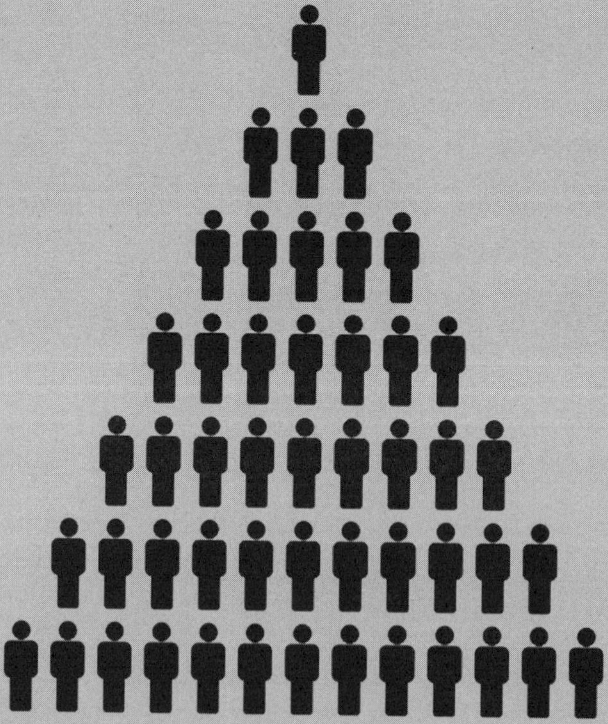

3

CEO경제에서의 경쟁

CEO는 경제 분야에 엄청난 지배력과 영향력을 행사한다. 그들이 경제 분야에 영향력을 행사하는 것은 사회적으로 아주 당연한 일이라 그 누구도 이의를 제기하지 않는다. CEO는 혁신적이고 결단력이 있고 필요하다면 얼마든지 무자비해지는 인물로 그려진다. 현대 조직의 리더십을 대변하는 인물이기도 하다. 그러나 이것은 그들의 대중적인 이미지에 불과하다. 그들의 실상은 대중적인 이미지와 확연한 차이가 있다. CEO사회는 CEO의 이미지를 모호하게 그림으로써 CEO의 '대중적 이미지'를 강화한다. 산업 민주주의와 고용인과 피고용인이 권력을 공유하는 것에는 대중적 가치들이 존재한다. 그러나 특히 현대 CEO의 문화적 이데올로기에는 이러한 대중적 가치들이 존재하지 않는다. 오히려 CEO의 문화적 이데올로기는 이런 대중적 가치를 한물간 것들로 취급한다. 누군가에게 CEO의 독재 이미지는 비도덕적이고 불쾌하다. 그럼에도 불구하고 그들의 독재적 리더십은 피도 눈물도 없는 잔인한 경쟁사회에서 반드시 필요한 자질로 받아들여진다. 이런 사고방식은 비즈니스 세계는 무장한 군인들이 전투를 벌이는 전쟁터라는 인식을 만들어낸다. 또한 미래의 CEO를 꿈꾸는 이들에게 '적에게 선전포고를 하고 위협적인 존재감을 드러내라'고 조언한다.[1]

CEO사회는 경영자의 권한에 대한 경제적 환상을 강화한다. 이 환상은 홀로 기업과 국가를 재정적으로 풍요로운 약속의 땅으로 이끌 수 있는 CEO를 옹호한다. CEO는 현대의 금융과 산업시장의 선장이다. 그들의 임무는 거칠고 파도가 일렁이는 시장이라는 바다를 건널 수 있도록 조직을 이끄는 것이다. 특출나고 강한 개인들이 현대 경제의 비전을 만들어냈다. 이런 비전 속에서 나머지 경제 주체(예를 들어 노동자와 소비자)들은 단역배우에 불과하다. 그래서 이런 비전은 위태롭다. 왜냐하면 누군가의 지배나 권위 등으로부터의 자유, 잠재력 그리고 가치가 복잡한 현실을 지배할 수 있는 한 개인의 권력에 투자될 위험이 존재하기 때문이다.

CEO는 경제분야에서 유명인사다. 하지만, 앞에서 살펴봤듯이, 그들은 우상이자 동시에 혐오의 대상이다. 그래서 CEO사회에서 모든 사람들이 CEO를 긍정적으로 받아들이지는 않는다. CEO는 성공적으로 기업을 관리하고 경영할 능력이 있다. 이 능력 때문에 사람들은 CEO를 존경한다. 그러나 CEO는 동시에 분노의 대상이 되기도 한다. 그들은 아무 노력 없이 주어진 특권을 누리기 때문이다. 어떤 식으로든 그들은 선택받은 소수에게만 허락된 모든 것을 가질 수 있다. 그래서 그들은 시장 권력을 대변한다. 이것이 많은 사람들에게 CEO가 자신이 추구해야 할 이상으로, 생각만 해도 의기소침해지는 신자유주의 질서에서 영향력과 권력의 전형으로 여겨지는 이유다. 최소한 CEO의 옹호자들은 CEO사회에 CEO

경제가 존재하는 것은 당연하다고 생각한다. CEO경제는 최상위 계층에게만 행위주체성과 경제에 대한 영향력이 허락되고 나머지 계층은 그 최상위 계층의 뒤를 따르는 경제 시스템이다. CEO경제에서 사람들은 CEO에게 속수무책으로 휘둘린다. 이번 장에서는 CEO경제의 특징에 대해 중점적으로 살펴볼 것이다. 특히 CEO의 권력에 대한 환상이 경제적 현실과 만났을 때 나타나는 CEO경제의 특징도 함께 살펴볼 것이다.

CEO경제의 작은 세상

설령 어려움을 겪더라도 마땅히 보상을 받아야 할 사람에게는 공평하게 보상이 주어진다고 CEO사회는 믿는다. CEO는 이런 믿음을 강화하고 자본주의적 능력주의의 이념적 가정을 보여준다. 앨런 조이스Alan Joyce는 오스트레일리아의 국적기인 콴타스항공사Qantas의 CEO이고 그의 부모님은 아일랜드의 노동자 계층이다. 그는 2017년 여왕 탄신일에 서작을 받았다. 그때 그는 다음과 같은 선언을 했다.

> 이것은 오스트레일리아에 매우 자랑스러운 것입니다. 왜냐하면 이것이 오스트레일리아가 진정한 실력주의 국가임을 보여주기 때문입니다. 다시 말해 21년 전 오스트레일리아로 온 아일랜드 이민자도 오스트레일리아를 상징하는 브랜드인 콴타스를 이끌고 가장 영예로운 상을 수상할 수 있다는 것은 이 나라가 얼마나 이방인을 따뜻하게 맞아주는 개방적이고 환상적인 곳인지를 보여줍니다.[2]

이처럼 심각한 불평등과 부당한 특권이 존재하더라도, 경쟁이 아주 뛰어나고 정말 열심히 일하는 사람들에게 성공을 보장한다는 강한 신념이 적자생존의 환상을 더욱 강화시킨다. 세계의 우수한 인재들에게 장학금을 주지 않았다면, 대기업이나 대학이 번창하기는커녕 살아남지 못했을 거라는 생각은 꽤 합리적이다. 이것은 CEO의 천문학적인 연봉이 공개되어 대중의 비난을 받으면 그들을 옹호하기 위해 흔히 사용되는 핑계다. 매킨지 앤드 컴퍼니McKinsey and Company의 에드 마이클스Ed Michaels, 헬렌 핸드필드존스Helen Handfield-Jones와 베스 액슬로드Beth Axelrod가 공개했듯이, 기업은 더 많은 인재를 영입하기 위해서 경쟁자와 전쟁을 한다. 이 전쟁에서 기업의 최고 무기는 최고의 위치에 있는 사람에게 주는 엄청난 액수의 연봉이다.[3] 1990년대 후반, 조직에서 고액 연봉을 받는 사람을 지칭하는 엘리트란 개념이 도입된 이후, 전 세계적으로 엘리트 노동 시장이 부상했다. 누가 가장 높은 자리에 오를 수 있는지(그리고 없는지)를 판단할 능력이 있는 자들이 엘리트 노동 시장을 운영했다. 과연 엘리트 노동 시장은 모두에게 공정할까? 아니다. 오히려 엘리트 노동 시장은 엘리트라는 새로운 계층이 중심이 되는 네트워크를 형성했고, 다수로부터 빼앗은 권력을 이 소수의 엘리트에게 줬다.[4]

CEO는 엘리트 지위를 얻고 이 지위를 유지하기 위해서 애쓴다. 그러나 아이러니하게 이를 위해서 그들이 사용하는 방법은, CEO는 최고의 인재이기 때문에 당연히 엘리트 지위를 얻었고 그에 마땅한 보상을 받는 것이란 주장을 반박한다. 현재의 경제 시스템은 실력 중심이 아니라 소수가 지배하는 시스템이라는 비난을 받아왔다. 실제로 현재의 경제 시스템에서는 극소수가 권력을 차지하고 있다. 현대 미국 정치에 관한 연구 중에서 가장 자주 인용되는 것이 2014년 마틴 길렌스Martin Gilens와 벤자민 페이지Benjamin Page가 진행한 연구다. 그들은 연구에서 다음을 지적했다.

> 미국인들은 정기적인 선거, 언론의 자유, 집회의 자유 그리고 선거권처럼 민주주의 통치의 핵심이 되는 많은 혜택을 누리며 산다. 그러나 정책입안이 힘 있는 기업과 소수의 부유한 미국인들에 의해 지배되고 있다면, 우리는 민주적 사회에 대한 미국의 권리가 심각하게 위협받고 있다고 생각한다.[5]

CEO는 이런 엘리트주의의 핵심이다. CEO의 최고의 위치는 그들을 대중의 롤모델로 만들었다. 그러나 그 위치 때문에 CEO는 정치적 조롱의 대상이 되기도 한다. 어쨌든 CEO가 경제와 정치를 좌지우지한다.

CEO와 엘리트주의는 오랫동안 비난받아왔다. 이것은 CEO가 실제로 권력을 독점하며 엘리트주의가 널리 확산되고 있다는 반증이다.[6] 이에 대한 반론은 개인화된 시장논리에서 나온다. CEO는 비싼 존재임에 틀림없다. 그렇지 않으면 시장이 그들에게 그렇게 많은 돈을 지불하지 않을 것이다. 이 논리의 이면에는 자유시장은 불공평할지 모르지만 아주 불공평한 것은 아니라는 신자유주의가 존재한다. 조직은 금전적 가치를 창출하지 않는 사람을 계속 데리고 있지 않는다. 그래서 능력주의 중심의 시장시스템 속에서 불평등은 불가피하다.

더 자세히 살펴보면, 이 신기루 같은 경쟁우위는 사라진다. 특히, CEO의 자리에 오르는 것은 당신이 무엇을 했느냐 만큼 당신이 누구를 아느냐와 관련이 있다. 사회학자 제랄드 데이비스Gerald Davis는 기업 임원들이 공유하는 인적 네트워크가 그들에게 특권적 지위를 부여하는 '기업 엘리트들의 작은 세계'에 대해서 설명했다.[7] 간략하게 말해서, 채용 담당자는 결국 자신과 비슷한 사람을 채용하기 마련이다.

이런 이유로 대중이 CEO를 비난하지는 않는다. 오히려 이런 인적 네트워크를 형성하고 보유하는 것이 아주 시장성 있는 기술로 평가받는다. 바로 인적 네트워크를 활용해서 기업의 수익성을 높일 수 있는 파트너십을 형성할 수 있는 능력이다. 뉴욕증권거래소New York Stock Exchange 사장 톰 팔리Tom Farley는 2015년 『포춘Fortune』에서 "나의 커리어에 대해 생각해보면 네트워킹 덕분에 그런 직업을 얻을 수 있었던 것 같다"고 말했다.[8] 소수가 세상을 지배하는 시대에 누군가가 가질 수 있는 가장 가치 있는 것은 권력을 손에 넣을 수 있는 소수 직위와 그런 직위를 가지고 있는 친구들이다. 여기서 사회적 연줄, 문화적 자본과 후원에 기반을 둔 근본적으로 비경쟁적인 시장이 모습을 드러낸다.

CEO의 권력

실력주의가 불평등을 정당화한다는 생각은 경쟁에 대한 근거 없는 신자유주의적 믿음의 핵심이다. 우리가 살고 있는 이 세상은 이기적인 개인들이 벌이는 경쟁으로 움직인다. 그러므로 승리자와 패배자가 존재할 수밖에 없다. 경제 용어로 부자와 빈자가 생기고, 경쟁은 자연스러운 질서로 여겨진다. 윤리적으로 중요한 것은 결과가 아니라 그 게임이 공정하게 진행되었느냐다. 과정이 공정해야 승리의 전리품이 합법적일 수 있기 때문이다. CEO사회에서 빈부 격차는 한탄하거나 없애야 할 것이 아니라 개인적으로 더 잘 살고자 하는 동기를 부여하고, 사회와 경제에 기여하는 요소로서 사회적으로 필요한 것이라 여겨진다.

삶은 경쟁이고 이 경쟁에 참여하는 사람들은 승리자 또는 패배자가 된다. 이것은 사회적, 정치적 그리고 경제적 영역에서 커져가는 기업의 힘과 깊은 관련이 있다. 현대의 자본주의는 CEO를 혼자 힘으로 최선을 다해 가장 높은 자리에 오른 자수성가한 사람으로 그린다. 이런 CEO의 이미지가 기업을 미화한다. 그렇다고 이것이 현실과 완전히 다른 것은 아니다. 얼굴 없는 꼭두각시 조종자가 우리의 선택과 경제적 운명을 결정하고 거대 기업이 이 경쟁을 지배한다. 정치학자 벤자민 바버Benjamin Barber는 이를 두고 다음과 같이 이야기했다.

> 여러 측면에서 기업이 국가보다 국제정세에서 더 중심적인 역할을 한다. 우리는 그들을 다국적이라 부른다. 그러나 보다 정확하게 말하면 그들은 탈국가적이거나 초국가적이거나 심지어 반국가적인 존재로 이해된다. 그들은 자신들에게 시간이나 공간적 제약이 되는 국가의 핵심 개념이나 여타 지역주의를 버린다.[9]

이것은 '기업이 자주권을 지니고 있는 상태'다. 주권국가의 권력보다 더 위대한 권력이 아니라면, 이제 기업은 주권국가에 맞먹는 권력을 지니고 있다. 이로써 기업은 국가의 법적 제약으로부터 점점 자유로워지게 되었다.[10] JP모건 체이스J. P. Morgan Chase, 도요타Toyota, 월마트, 엑손모빌 등 수많은 기업이 세계무대를 장악한다. 그들은 성서에 등장하는 바다 괴물 리바이어던처럼 복잡한 조직으로 존재하고 자신들의 극도로 복잡한 구조에 맞먹는 권력을 행사한다. 이런 복잡한 조직에 내던져진 개인은 일생일대의 경쟁에 내몰린다. 기업이 경쟁의 법칙과 승자의 전리품을 결정하는 이 세계에서 누군가는 반드시 승자가 되어야 한다.

신자유주의와 CEO사회의 동력인 개인 경쟁의 가치는 복지국가가 강조하는 공동체의 가치와 완전히 대조적이다. 저명한 사회학자 지그문트 바우만Zygmunt Bauman의 말대로, "시민들은 홀로 자초하지 않은 역경에 맞서면서 자신의 교활함과 직감에 빠져 헤어나질 못하게 되었다."[11] 기업이 야기한 이러한 경쟁에는 깊은 긴장감이 존재한다. 어떤 의미에서 이것은 휴머니즘의 한 형태다. 이 긴장감 넘치는 경쟁에서 개인은 항상 자신의 이익을 추구하면서 엄청난 자제력을 발휘하는 존재가 된다. 기업가든, 소비자든, 노동자든 마찬가지다. 나아가 개인은 빅데이터의 수렁에서 개별적으로 수집되고 분석되고 활용되는 유일한 정보 포인트가 된다. 사람들은 취향을 예측하고 만족시켜줄 수 있는 고객이다. 피플 애널리틱스people analytics는 한 개인이 어떻게 경력을 개발해왔는지 그리고 앞으로 어떻게 개발할 계획인지를 알려준다. 가계부가 아닌 빅데이터 알고리즘이 개인의 금융생활을 결정한다. 이것은 사회학자이자 철학자인 모리지오 라자라토Maurizio Lazzarato가 설명한 의식적인 종속상태에서 무의식적인 "기계적 노예상태"로의 전환을 보여준다. 기계적 노예상태에서 사람들은 "기업"과 "금융조직"으로 이뤄진 거대한 경제 시스템에서 "기어, 톱니 그리고 부품"으로 존재한다.[12] 이런 맥락에서 모리지오 라자라토는 이러한 경제 시스템에서 인간은 정보에 근거하여 결정을 내리는 합리적인 주체가 아니라 이해 불가한 시스템이 내리는 결정을 그대로 받아들이는 수동적인 객체라고 주장했다. 아이러니하게도 신자유주의 속에서 인간은 합리적인 행위자이면서 감시와 연산 기술로 통제할 수 있는 수동적인 존재다.

여기서 경제의 비인간화가 나타난다. 스코틀랜드에 위치한 아마존 창고 직원들은 극단적인 감시 속에서 근무했다. 그들은 자신들이 마치 "일하는 기계"처럼 느껴졌고 "고용 불안"에 시달렸으며 병가를 내면 불이익을 받을까 봐 두려워했다.[13] 한편, 소셜미디어는 알고리즘으로 개인 정보를 필터링하고 개인의 취향에 맞춘 타겟 광고를 내보내서 엄청난 연산을 통해 계획되고 결정된 삶을 살도록 사람들을 유도한다. 이로 인해 사람들은 감시 기술, 소셜미디어 그리고 지속적으로 업데이트되는 데이터를 통해 정의된 가상의 세계에 놓이게 된다. 모리지오 라자라토에 이어, 정치 경제학자 윌 데이비스Will Davies는 신자유주의는 "아직 존재하지 않는, 오직 가상공간에만 존재하지만" 실체가 있고 완벽해 보이는 현실을 "시뮬레이션하고 사전제작"한다고 주장했다. 윌 데이비스가 말했듯이, 21세기 경제는 다음과 같은 모습을 하고 있다.

트레이더들은 가격 데이터로 가득한 화면으로 둘러싸여 있다. 그들은 존재하지 않는 현실의 기표를 보는 주체가 아니라 정보통신기기가 만들어낸 현실 속에 존재하는 객체다. 이뤄지는 의사결정들은 의식적인 심사숙고의 과정을 통해 객관적으로 내려진 것들이 아니다. 시스템의 결정이다. 이제 트레이더의 행동, 신체 그리고 두뇌까지 이 시스템의 한 부분이 된다.[14]

과거 정보를 독점하여 사회를 통제하는 권력인 빅브라더로 인해 실존주의적 공포가 생겼지만, 이제 공포의 대상은 빅데이터가 되었다.

제2장에서 살펴봤듯이, 현대 정보통신기술로 인한 무자비한 비인간화에 대한 반작용 때문에 이상적인 문화적 인물로 CEO가 부상하게 되었다. CEO는 극단적이고 독점적인 행위주체성과 연관된 인물이다. 그래서 CEO는 디지털 비인간화와 대조적인 존재다. 페이스북은 이용자를 특정 유형으로 대략적으로 분류하고 타겟 광고를 내보내기 위해서 연령, 연애경험이나 정치적 관점에 대하여 아주 은밀한 정보까지 세세하게 수집하고 있을지도 모른다. 그럼에도 불구하고 마크 저커버그는 개성 있는 '진짜' 사람처럼 여겨진다. 모방의 대상이 되는 CEO는 경제적 압제와 무형의 디지털화된 제도적 통제로부터의 개인의 자유를 상징한다. CEO는 비인간적인 현실의 영향을 받지 않는 예외적인 존재다. 그리고 대중에게는 자기결정권을 가지고 있는 살아 숨 쉬는 현신이 있다. CEO는 제도적 관료주의와 삶의 '기계의 노예화'를 극복하고 실제로 존재하는 힘과 영향력을 행사할 수 있는 존재다. 이렇게 CEO

는, 경제 시스템과 이 세상은 갈수록 이해할 수 없어지지만 우리도 자신의 운명을 계속 만들어나갈 수 있다는 요원한 가능성을 상징한다.

정부도 기업의 영향력과 지배력이 커지고 있는 이 상황에 일조했다. 이제 국가는 기업의 이익과 욕구에 의해 조종되는 꼭두각시에 불과하다. 정중하게 표현하면, 이제 좋은 통치란 거대 기업이 활동하기 유리한 정책을 실행하는 것이다. 이로 인해, 기업의 이익은 공고해지고 정치적 혁신은 무기력해졌다. 국제연구가 모르텐 보애스Morten Boas와 데스몬드 맥닐Desmond McNeill은 다음과 같은 설명을 내놓았다.

미국처럼 강력한 국가, IMF처럼 영향력 있는 조직, 경제학처럼 위대한 학문은 주로 "프레이밍"을 통해 힘을 행사한다. 이것은 변화를 지향하는 급진적인 아이디어의 힘을 제한한다.[15]

프레이밍이란 경쟁심리, 개인주의, 자립심, 독립심, 욕심, 사익 등 지배적인 기업의 이익을 대변하는 가치를 정상적이고 자연스러운 것으로 만드는 전략이다. 게다가 CEO사회에서 정부 등 정치조직은 작은 정부를 주장하며 스스로의 권력을 제한하면서 기업의 권력이 커져가는 상황을 정당화한다. 이런 맥락에서 정치적 주권은 훼손되고 그 주권은 거대 기업과 거대 기업을 이끄는 경제 엘리트들에게 어느 정도 이전된다.[16]

1990년대 초부터 계속, 더 작은 국가에 대한 요구가 서서히 더 좋은

> 국가에 대한 요구로 대체되어왔다. 이 새로운 접근은 강한 (케인스주의적 또는 사회주의적) 국가로의 회귀에 대한 간청과 혼동되어서는 안 된다. 오히려 이것은 신자유주의적 구조조정 이후 아직 남아있는 국가의 기능에 대한 더 좋고 투명한 통치를 의미한다.[17]

그래서 때때로 기업이 국제적인 악당 역할을 맡기도 한다. 이는 그리 놀랍지 않다. 공식적으로 기업은 전 세계적으로 경제성장과 번영의 원동력으로 알려져 있다. 그러나 기업은 진보의 주적으로 표현되기도 한다. 실제로 기업 농업, 에너지, 금융과 기술 등 다양한 산업에서 기업이 사회와 환경에 악영향을 미쳐 비난을 받는다. 기업 집단은 수많은 인구의 보건과 웰빙을 희생시켜 막대한 투자를 얻어내고 국가 간 경쟁을 부추긴다. 기업이 바로 세계적으로 자행되고 있는 '바닥치기 경쟁'을 일으킨 범인이다.[18] 이 경쟁에서 기업은 물질적 번영의 원동력이 아닌 과두체제, 불평등 그리고 환경파괴를 가져온 주범으로 비난받는다. 그 결과, 2008 유엔 글로벌 콤팩트 보고서2008 UN Global Compact paper는 "금융시장의 세계적인 위기는 기업의 지속가능성에 대하여 중요하고 시급하고 다양한 문제들을 개괄적으로 제기한다. (…) 이런 이유 때문에 건전한 윤리체계를 기반으로 시장의 합법성과 정치적 지지를 만들어내는 것이 그 어느 때보다 중요하다"고 선언했다.[19] 이런 비난이 있지만, 기업을 지탱하는 것은 시장 자본주의의 시스템이 아니고 그 시스템 운영의 일부 독특한 요소들이다. 결국 현실적이고 바람직한 목표로 제시되는 것은 여전히 '시장의 합법성market legitimacy'이다.

이상과 현실

기업, 기업이 움직이는 시장, 기업을 이끄는 CEO는 권력의 중심이자 번영의 전령사로 자리매김했다. 하지만 기업에 관한 내부 담론은 특히 신자유주의 불안감으로 특징지어진다. 이와 함께 각각의 기업은 끊임없이 위협에 노출되고 성공을 위해 스스로 다른 모습을 보여주려 노력한다. 국제사회에서 경쟁이 이토록 치열하거나 만연했던 적은 없었다. 심지어 과거에 가장 성공한 기업이 언제 사라질지 모르는 시대에 우리는 살고 있다. 실제로 한때 승승장구했던 많은 기업이 갑자기 흔적도 없이 사라진다. 시대와 함께 변하지 않으면, 기술변화의 흐름을 따라잡지 못한 노키아Nokia, 블록버스터Blockbuster 이스트먼 코닥Eastman Kodak과 같은 신세가 될 것이다. 구체적인 사례로 블록버스터를 살펴보자. 21세기 초, 블록버스터는 홈비디오와 비디오게임 임대업으로 큰 성공을 거두었다. 이 성공으로 블록버스터의 시가총액은 무려 50억 달러에 달했다. 그러나 넷플릭스Netflix와 리박스Rebox가 확산시킨 새로운 온라인 기술과 온디맨드 비디오 기술을 빠르게 받아들이고 적응하지 못한 블록버스터는 2010년 급격하게 사세가 기울고 결국 파산했다.[20]

경쟁에서 패배할 수 있다는 위협 때문에 생겨난 성과에 대한 불안감은 최고 경영진 사이의 번아웃과 신경쇠약이라는 고질적인 문제로 이어질 수 있다. 『월스트리트저널』의 최근 보도대로, "엄청난 기대를 받고 있는 일부 기업 임원들이 억지 미소를 넘어선 직업적 피로에 시달리고 있다."[21] 이것이 새로운 현상은 아니다. 심지어 일찍이 1990년대 초, 심리학자 해리 레비슨Harry Levison은 다음과 같은 의견을 내놓았다.

15년 전, 임원들의 번아웃은 새로운 현상이었다. 그러나 더 이상은 아니다. 오늘날 임원들 사이에 극도의 스트레스가 퍼져나가고 갈수록 심각해지고 있다. 리엔지니어링, 조직축소와 엄청난 경쟁으로 인해 직장에서 받는 압박감이 크게 증가해왔다. 동시에 맞벌이 부부는 가정에 쏟을 시간과 에너지 기근에 시달린다. 1990년대, 그 어디서도 평화를 찾아보기 힘들다.[22]

CEO 영웅주의에 대한 문화적 환상이 상승세를 타고 최고 위치에 오른 사람들의 경험적 현실로 이어질 가능성은 거의 없는 것 같다. 기업은 경쟁력과 수익성을 유지하는 압박감에 끊임없이 시달린다. 무슨 수를 써서라도 단기 수익을 극대화시키는 전략 이외에 다른 전략을 추구할 수 있는 기회는 거의 없다.

CEO 번아웃은 장시간의 업무와 높은 강도뿐만 아니라 일과 자신을 과도하게 동일시하는 경향 때문에 생긴다. CEO 번아웃의 존재는 21세기 자유시장의 특징을 보다 광범위하게 보여준다.[23] 기업은 세계의 정복자로 그려진다. 이것은 우리가 시달리고 있는 무력감과 속박에 대한 극심한 피해망상과 유사하다. CEO 번아웃은 냉소, 탈진, 불면증, 자존감 상실 그리고 우울증 등의 증상으로 나타난다. 이런 번아웃 현상은 최근들어 임원뿐만 아니라 모든 노동자들 사이에서 더 발생하고 있다. 요즘 직장에는 워크홀릭 문화가 만연하다. 정식 근무시간은 오전 9시부터 오후 5시까지지만, 업무가 종료된 오후 5시부터 저녁 9시까지 직장에서 일하는 날이 일주일에 7일에 달한다. 이 압박감은 노동자들을 무겁게 짓누른다. 이전에 우버에서 일했던 사람은 그 기업에서 일한다는 게 어떤 의미인지 다음과 같이 이야기했다. "언제 업무가 떨어질지 몰라서 항상 대기상태였어요. (…) 주말에도 회사에서 업무관련 문자가 왔어요. 밤 11시에도 이메일이 왔죠. 문자나 이메일에 30분 안에 답해야 했어요. 그 일에 연관된 사람이 한 20명은 되었거든요."[24]

제2장에서 논의한 것처럼, 자본주의와 자본가는 노동자와 새로운 시장을 경제적으로 이용하려는, 절대 채워지지 않는 욕구를 가진 뱀파이어로 보는 것이 전통적인 시각이다. 마르크스는 분명하게 자본을 노동자의 피를 빨아먹는 뱀파이어라고 했다. 각각의 희생자는 "노동이라는 살아 있는 피에 대한 갈망을 아주 조금 만족시킬 뿐이다."[25] 그러나 현대사회에서는 기업의 세계화를 프랑켄슈타인과 같은 괴물로 보는 편이 더 정확할 것이다. 기업은 사회가 더 이상 통제할 수 없는 그리고 자신의 창조주인 인간의 웰빙에는 전혀 관심이 없는 흉물스러운 기형의 존재가 되었는지도 모른다. 괴물처럼 거대해진 기업은 엄청난 영향력을 지녔지만 분명한 행위주체성이 없다. 기업은 개인과 지역사회를 자신에게 유리하도록 무자비하게 이용한다. 기업은 이익을 내지 못하면 파산한다. 기업은 시장에 속박될 수밖에 없다. 그리고 이렇게 기업이 시장에 속박되는 것은 CEO사회의 특징이다. 기업이 모든 것을 희생시켜—물론 인간까지도 희생시켜—무분별하게 공유가치와 이익극대화를 추구하고 있지만, 우리는 더 이상 이 괴물에 맞서거나 이 괴물을 개혁할 수 없다. 대신 부유층부터 빈곤층에 이르기까지 모두가 똑같이 이 괴물의 요구를 받아들이고 욕구를 충족시키기

위해 일해야 한다.

오스트레일리아의 공영방송에 시장 주도 경쟁 시스템을 도입하는 연구에서 조직이론가 안드레 스파이서Andre Spicer와 피터 플레밍Peter Fleming은 다음과 같은 의견을 내놓았다.

> 임원진은 경쟁 계약과 상업화의 도입 같은 경영 전략을 정당화시키기 위해 세계화 담론을 전략적으로 활용했다. 경영 전략에서 사용된 세계화 담론은 불가피성, 외부 압박 그리고 조직 생존에 관한 것이었다.[26]

자유시장의 이러한 특징은 스스로의 생명을 앗아갔다. 자유시장은 조직의 변화를 인가하는 수단이었다. 자유시장은 현대사회가 피할 수도 없고 바꿀 수도 없는 현실로 여겨졌다. 원하든 원하지 않든 간에, 지나친 시장화와 끊임없는 경쟁을 멈출 수 있는 기업은 없다. 기업은 그냥 상황에 대응할 뿐이다. 보다 광범위하게 일어나고 있는 지정학적 변화에서 인간적인 요소는 사라졌다. CEO의 신화는 신자유주의 문화로 가득한 시장의 무력함과 복잡하게 얽혀 있다. 이런 의미에서 CEO는 조직 생활의 현실을 뛰어넘어 의기소침해지는 현실에 대응하고 통제하는 인물이 되었다.

적어도 이상적인 모습의 CEO는 사실상 자신이 이끄는 기업에 이롭도록 시장을 길들이고 형성할 수 있는 유일한 존재다. 그래서 기업은 CEO를 고용하고 그를 이상적 인물로 대중에게 소개한다. 이사회에서 CEO는 기업의 경쟁력을 극대화하기 위해 필요한 변화를 가져올 수 있는 지휘관이다. CEO는 기업의 비전을 만들 때 중요한 역할을 하고, 필요한 혁신을 일으키는 촉매제다. 이것은 CEO의 경제적 기능에서 중요한 가정이다. CEO는 만화에 나오는 슈퍼영웅 같다. 그들은 세계적인 도시의 비즈니스 중심지에 있는 높은 빌딩 위를 뛰어다니며 궁극적인 변화를 만들어내고 시장의 예측 불가능성과 주주의 불확실성을 극복해내는 인물로 묘사된다. 그리고 그들은 과도한 경쟁 중심의 현대 자본주의 환경에서 기업이 살아남기 위해 필요한 '경제적으로 옳은 것economic correctness'을 부르짖는다.[27]

이런 정신에 입각해, CEO는 리더일 뿐만 아니라 기업의 진정한 구세주로 자리매김한다.[28] 또한 위기에 처한 기업을 호전시킬 지혜와 능력을 가지고 있는 존재로 선전된다. 도널드 트럼프 역시 이 논리를 차용해 미국의 잃어버린 위대함을 "나 혼자 되찾을 수 있다"라고 선언한 것이다.[29] 환상에 부응하지 않는, 그리고 부응할 수 없는 현실에 직면한 순간에도 CEO의 이런 강한 이미지는 사라지지 않는다. 『더 애틀랜틱The Atlantic』에 글을 기고하면서 비즈니스 저널리스트 메건 맥아들Megan McArdle은 다음과 같은 입장을 밝혔다.

> CEO는 거대한 왕국을 건설하려고 애쓴다. 그들은 잉여금을 탕진하고 주가를 떨어뜨리는 등 미심쩍은 방법으로 기업을 인수한다. 때때로 성공할 가능성이 낮고 지나치게 미래지향적인 프로젝트에 매달린다. 그러다가 개기월식이 일어나 오즈의 마법사에 등장하는 착한 마녀 글린다가 마법의 지팡이를 가지고 오는 기적이 일어나면, 그리하여 이런 프로젝트들이 성공하면, 엄청난 천재성을 지닌 인물이라는

CEO의 명성은 더욱 공고해진다.[30]

시장의 위협을 극복하는 수단으로 변화가 계속 추구되고 새로운 CEO의 중요성이 강조되는 동안, CEO는 점점 비범한 인물이 되어갔다. 현재 CEO가 받는 천문학적 연봉—주주들과 직원들을 설득해서 이런 엄청난 비용을 들여서라도 그들을 영입하려는 기업이 많다—을 보면 이는 더욱 분명해진다. 많은 결점에도 불구하고 CEO는 여전히 영웅으로 그려진다. 그들은 기업이라는 배의 선장이다. 그들은 폭풍이 몰아치는 자본주의라는 거친 바다를 겁 없이 항해한다. 그리고 그들은 보물을 향한 결코 끝나지 않을 항해에서 비도덕적으로 경쟁하는 선박의 공격을 항상 경계할 수 있는 유일한 존재다.

이로 인해 CEO를 현대 영웅으로 숭배하는 문화가 형성되었다. 사람들은 CEO를 스스로가 원하는 대로 이 세상을 만들어나갈 수 있는 존재라고 생각한다. 그들은 변화를 만들어내고, 원하는 것을 얻기 위해서 갈수록 단절되고 복잡해지는 시장 현실의 불확실한 안개를 꿰뚫어 볼 수 있는 힘을 지니고 있다고 여겨진다. 경제적 무력함의 시대에 그들은 경제적 권력을 지니고 있는 매력적인 존재다. 심지어 번아웃 상태의 CEO도 CEO의 과장된 이미지에 부응할 수 있다.

CEO에 대한 환상

CEO의 매력은 그들의 부나 높은 지위에서 나오는 단순한 칭찬거리가 아니다. 계속 살펴봤듯이, 그들은 인간성이 말살된 시장과 기술이 지배하는 사회에 영향을 미친다. 그들은 지속적인 행위주체성을 상징하는 인물이며, 무질서한 자본주의 현실을 자신들의 욕구에 맞게 바꾼다. 그들의 힘은 비전을 향해 나아갈 수 있는 그들만의 능력에서 나온다. CEO는 자유의지를 가지기에 충분한 권력을 지닌 유일한 인간으로 간주된다.

CEO는 대중에게 보여주는 기업의 얼굴이다. 그들이 없다면 기업은 회사의 권한을 보여주는 아주 비인간적인 현대 시스템에 지나지 않는다. 사람들은 매일 자신들은 통제할 수 없는 거대한 존재인 대기업과 마주한다. 이를 보여주는 예는 무수히 많다. 예를 들어, 고객센터에 접수를 하려고 몇 시간 동안 전화기를 붙들고 대기할 때, 임금이나 노동환경을 개선하기 위해 협상을 할 때, 우리는 자신이 얼마나 무력한 존재인지 뼈저리게 느낀다. 지역사회의 환경을 파괴하는 기업의 관행을 막으려고 하지만 번번이 실패한다. 간단한 사례로, 가능한 모든 커뮤니케이션 수단을 통해 매일 광고폭탄을 맞는다. 그러니 기업이 모든 권력을 독점하고 우리에게는 권력이 하나도 없다고 느끼는 것은 당연한 일이다. 이런 좌절감은 동료들과의 개인적인 상호작용에서 더욱 분명히 드러난다. 직속 상사는 직원들로 하여금 주말에 나와서 일하게 하는 것이 미안하지만 어쩔 수 없다. 반드시 기한을 맞춰야 하는 시급한 업무가 있기 때문이다. 운영자는 지연에 대해 진심으로 사과하지만 도움을 줄 수가 없다. 왜냐하면 반드시 지켜야 할 절차가 있기 때문이다. 정치인은 환경과 노동자 보호를 더 강화시키지 못해서 사과하지만, 이것은 단지 기업의 투자를 끌어들이기 위한 방법일 뿐이다.

좋든 나쁘든 CEO는 하고자 한다면 현재의 상황을 바꿀 수 있는 힘을 가진 존재다. 이것은 21세기에 권력을 손에 넣는 것이 무엇을 의미하는지를 분명히 보여준다. CEO의 매력은 대개 권력과 자유를 가지고 있는 존재라는 데서 나온다. 평론가 루스 선더랜드Ruth Sunderland는 『가디언The Guardian』에서 다음과 같은 의견을 밝혔다.

> 사람들은 사업가들의 실제 성과에 비해 지나치게 그들을 숭배하지만, 그들이 이끈 기업이 파산한 것에 대해서는 이상하리만치 비난하지 않는다. 이것은 강한 리더를 찾고 공동체에 위협이 되는 존재에 맞서 마녀사냥을 진행하는 인간의 본성을 이용한 것이다.[31]

이것은 한 명의 CEO가 실패하더라도 CEO에 대한 신화는 건재하다는 것을 의미한다. 단지 그 사람이 능력이 모자라서 사람들의 환상에 부응하지 못한 것뿐이다. 월드컴WorldCom의 버나드 에버스Bernard Ebbers가 회계부정과 사기로 수감되고 케이마트Kmart의 척 코나웨이Chuck Conaway가 2009년 투자자들을 호도한 혐의로 기소되었다. 그러나 CEO의 이상적 모습에 대한 믿음은 그 어떤 스캔들에도 흔들리지 않는 것 같다. 이것은 환상 속에서 CEO가 가진 특징을 강화한다. 여기서 말하는 환상이란 사람들이 얻으려고 노력하는 이상적인 정체성의 주인공이 되는 것이다. 우상이 된 CEO는 시장 합리성이라는 현대 경제의 환상에 기반을 두고 강해진다. 성공을 위해 전략적이고 무자비하게 행동할 의지가 있는 모든 사람들에게 한계란 존재하지 않는다.[32] 게다가 이 이상적인 가능성이 존재한다는 것은 사람들로 하여금 불평등, 착취 그리고 지배라는 현실을 쉽게 받아들이도록 만든다. 미래의 어느 순간 모든 게 완전히 달라질 거라는 믿음이 있기 때문이다. 실제로 승리한 CEO들의 존재가 이런 환상을 지탱한다. 그리고 CEO는 조작된 자본주의 게임 속에서 자격이나 권리가 없는 '플레이어'가 아니라 합리적이고 유능하고 추진력이 있어서 보상을 받아 마땅한 특별한 '멤버'로 여겨진다.

2004년에 첫 방송된 세계적인 리얼리티 TV쇼 〈더 어프렌티스〉처럼, 유명한 TV쇼는 CEO에 대한 이런 정서적 환상을 강화시킨다. '리얼리티' TV쇼에서 출연자들은 성공한 CEO의 옷깃만 만져도 그들처럼 될 거라는 희망을 안고, 그들과 어울릴 수 있는 기회를 두고 서로 경쟁한다. 이런 리얼리티 TV쇼는 참가자뿐만 아니라, 화면을 통해 프로그램을 지켜보는 시청자들을 끌어들이기 위해서 다음의 논리를 바탕으로 구성되었다.

> '도널드 트럼프(미국판 〈더 어프렌티스〉의 전 호스트)와 일하면, 그처럼 되는 날에 한 걸음 더 다가서게 된다.' 이처럼 조직은 미래에 개인의 자유와 존경을 누리게 될 것이라고 직원들에게 약속하며 정서적으로 그들을 장악하기 위해서 질투심을 이용한다. 조직은, 오늘은 누군가를 질투하지만 열심히 일해서 내일은 질투를 받는 사람이 되고자 하는 '질투심'을 개인의 미덕으로 칭송한다.[33]

미국판 〈더 어프렌티스〉의 첫 우승자인 빌 랜식Bill Rancic은 몇

년이 지난 뒤 "도널드 트럼프는 분명 제 인생을 바꿔놓았습니다. (…) 저에게 정말 잘해줬습니다. 그는 대단한 협상가이고 사업가입니다. 그는 세상이 어떻게 돌아가는지 알고 있습니다. 저는 영원히 그에게 고마움을 느낄 것입니다."라고 말했다.[34]

순수하게 물질적인 부와 사회적 지위를 넘어서, CEO는 현재 최고의 도덕성과 정의를 이상적으로 보여줄 수 있는 존재가 되었다. 금융위기와 기업 스캔들의 역사 속에서 이 말이 이상하게 들릴 수도 있지만, 여전히 '좋은 보스'에 대한 문화적 집착이 우리 사회에 남아 있다. 여기서 말하는 '좋은 보스'는 합리적이고 공정하고 현명한 인물을 말한다. 'CEO의 우상화'에 대해서 언급하면서 『인디펜던트The Independent』의 경제부문 편집자 출신인 데이비드 프로서David Prosser는 다음과 같이 썼다.

우리는 항상 기업이 아니라 그 기업 뒤에 있는 사람들과 스스로를 동일시한다. 인간은 본능적으로 얼굴 없는 기업보다 얼굴 있는 사람의 이야기를 듣기를 원한다. 21세기 들어 얼굴 없는 기업에 사람의 얼굴을 덧씌울 필요성이 커졌다. 여기에는 그럴 만한 이유가 있다. 물론 기업이 현대 사회가 요구하는 책임과 의무를 다하고 있지는 못하지만, 책임과 의무가 그 어느 때보다 비즈니스 세계에서 중요해졌다. 그리고 이런 책임과 의무를 다하기 위해서는 사람이 필요하다.[35]

한 개인으로서 CEO의 부정행위는 전체 CEO에 대한 환상을 강화하는 데 도움이 된다. 그들의 부정행위는 대중을 실망시키고, 그런 대중의 실망감은 '좋은' 경제 주권에 대한 욕구를 되살려 달

래줄 필요가 있다.[36] 영국의 협동조합은행Co-Op Bank 회장인 폴 플라워스Paul Flowers가 코카인과 필로폰 거래현장에 있는 모습이 찍혔다. 그의 재정적 무능함은 남자 매춘부와의 문란한 성관계와 연결되며 많은 비난을 받았고, 결국 이 사건으로 그는 바닥으로 추락했다. 물론 이 사건이 CEO의 일반적인 이미지를 손상시키지는 않았다. 폴 플라워스가 엄청난 비난을 받았던 이유는 그가 CEO감이 아니고 처음부터 회장직에 앉아서는 안 될 사람이었기 때문이다. CEO에 대한 이상에는 오점 하나 남지 않았다. 그저 CEO에 대한 이상에 부응할 자격과 능력이 없었던 사람이 잘못을 저질렀을 뿐이다. 그 뒤 데이비드 캐머런David Cameron 영국 총리가 말했듯이, 제일 먼저 던져야 할 질문은 "왜 폴 플라워스 목사가 협동조합은행의 회장 자리에 적합한 인물이라는 평가를 받았는가?"다.[37]

CEO는 갈수록 전문적이고 경쟁이 치열해지고 복잡해지는 경제에서 외부의 영향을 전혀 받지 않고 스스로 결정을 내릴 수 있는 잠재력을 지닌 인물로 자리매김하고 있다. 이런 이미지에 부응하지 못한다고 CEO에 대한 환상에 금이 가지는 않는다. 그냥 한 개인의 잘못일 뿐이다. CEO는 앞으로 나아갈 길을 스스로 만들기 위해서 위험하고 복잡한 금융체제의 사슬로부터 달아난 사람이다. 그들은 자기 운명의 주인인 동시에 우주의 주인이다. 그들은 앞에 있는 모든 사람을 굴복시키고 신자유주의 시장의 잔인한 경쟁에서 승리했다. 그에 상응하는 보상을 얻고, 스스로 적절하다고 생각하는 대로 정의를 휘두른다. CEO의 세계에서는 오직 강한 자만이 살아남는다.

경영할 자유

현대사회에서 CEO는 모든 권력을 지닌 매력적인 존재로 인식된다. 대중은 CEO의 지혜와 영민한 사업 감각 때문에 그들을 숭배한다. 물론 지금까지 살펴봤듯이, CEO를 지혜롭고 사업 감각이 뛰어난 인물로 받아들이는 현상을 CEO를 우상화하는 현상의 단면이라고 단정하기는 어렵다. CEO는 특권 때문에 대중의 분노를 사고 개인적 실수 때문에 대중의 비난을 받는다. 이렇게 CEO는 애증의 대상이다. 이런 CEO의 이중적인 대중 이미지는 보다 근본적인 질문을 던진다. CEO가 실제로 아주 비열한 인물일 수도 있는데, 일부 사람들이 그를 여전히 매력적인 존재로 여기는 까닭은 도대체 무엇일까? 심지어 착취를 당하는 사람들조차도 말이다. 예를 들어 노동계층은 왜 도널드 트럼프처럼 과시하길 좋아하고 지나치게 자신만만하며 특권을 지닌 억만장자에게 표를 행사했을까?

이 자명한 모순을 이해하려면 물질적인 질투심의 이면을 아주 깊이 살펴봐야 한다. 혹자는 사람들이 자기보다 경제적, 사회적으로 '더 나은 사람'을 질투해서 그처럼 되고자 한다고 주장한다. 그러나 이런 주장은 CEO의 근본적인 매력을 제대로 파악하지 못해서 나온 것이다. 좀 더 자세히 살펴보면, 경제적 자유주의의 본래의 약속에서 CEO의 근본적인 매력을 찾을 수 있다. 현대사회에서 자유시장은 본질적으로 좋은 것으로 여겨진다. 자유시장이 최고의 경제모델이자 가장 현실적인 경제모델임에는 의심할 여지가 없다. 자유시장을 대체할 것은 없다. 20세기 후반, 특히 미국의 로널드 레이건과 영국의 마가렛 대처가 자유시장 본래의 정당성을 널리 알리고 대중화시켰다. 이런 과정에서 자유시장과 기업가정신은 관료주의를 부수고 미리 계획된 방법이 아니라 자연스러운 방식으로 '일을 마무리 짓는' 방식으로 여겨지게 되었다. 실제로 이것이 프리드리히 하이에크Friedrich Hayek가 1944년 제안했던 자유주의의 핵심이다. 1970년대와 1980년대 보수 정치인들은 이런 자유주의를 열정적으로 받아들였다.

프리드리히 하이에크는 번영이 시장경제에서 나오고 국가가 주도하는 경제계획은 독재로 이어진다고 주장했다. 그의 주장은 냉전시대에도 받아들여졌다. 냉전시대는 자유기업을 중심으로 경제 주체가 서로 대립하던 경제 체제였다. 당시 이 경제 체제는 소비에트의 중앙계획보다 우월하다는 평가를 받았다. 사회민주주의 국가들은 복지국가를 옹호했지만 그들이 지지하던 시장개혁이 필요한 시스템을 안고 있었다. 바로 비효율적이고 침체된 관료주의였다. 시장화가 이런 복잡하고 느린 제도를 간소화하고, 대응속도가 더 빠르고 더 효과적인 사회체제를 만들 수 있을 것으로 여겨졌다. 결과적으로 탈관료주의는 관료집단이 신자유주의의 영향으로 극심해지는 경쟁에 더 민첩하고 빠르게 대응하는 하나의 방식으로 여겨지게 되었다. 1980년대부터 널리 받아들여진 탈관료주의는 "전통적인 관료조직보다 덜 형식적이며 더 분권화되고, 유연성을 강화하도록 구조화된" 새로운 조직들을 만들어낼 것으로 여겨졌다.[38]

탈관료주의는 기업과 공공조직의 운영을 급진적으로 개선할 완전한 변화였다. 설령 그 변화의 결과가 주장했던 것만큼 혁명적이지 않다고 할지라도 말이다.[39] 여기서는 이 새로운 경제 질서가 영원한 도덕성을 지니고 있다는 믿음이 중요했다. 탈관료주의가 발전하면서 조직의 효율성이 크게 개선되었을 뿐만 아니라 사람들의 작업 능률과 업무 생산성이 높아졌다. 경영대학원 교수 크리스티앙 마라베리아스Christian Maravelias는 아래와 같이 탈관료주의를 분명히 설명했다.

> 탈관료주의는 관료주의적 유산과 완전히 단절된 조직의 한 형태로 제시된다. 유연성을 위해서 탈관료주의는 개인을 관료주의의 형식주의적 제약으로부터 해방시키고 자연스럽고 유동적인 네트워크에 편입시킨다.[40]

탈관료주의는 부와 신분상승의 시장 합리성을 주장하는 사람들에게만 매력적인 시스템이 아니었다. 그것은 개인의 욕구에 대응하는 속도가 더딘 불필요한 요식행위와 규제로 자신들을 억압하지 않는 제도에 대한 대중의 열망이기도 했다. 탈관료주의의 약속은 다름 아닌 자유였다!

CEO는 탈관료주의의 신자유주의 약속을 몸소 보여준다. 현대의 CEO는 고집스럽고 궁극적으로 헛되지 않고 유연하고 효과적인 조직이 형성되는 과정을 전형적으로 보여준다. 제너럴 일렉트릭 CEO였던 잭 웰치는 오늘날의 이상적인 CEO의 1990년대 전형이다. 그는 솔직하게 "사람들은 이제 소련이 무너졌기 때문에 더 이상 우리를 위협할 적은 없다고 말한다. 그들은 틀렸다. 소련은 우리를 이길 수 없었다. 그러나 경제적으로 관료주의와 관료들은 여전히 우리를 무너뜨릴 수 있다"라고 말했다.[41] 잭 웰치와 같은 CEO는 단호함과 주체적인 행동으로 추앙받았다. 그들 말고 규정과 절차가 인간의 독창성과 자주의지를 발휘하는 데 방해가 되는 영혼 없는 시스템인 관료주의와 대결할 수 있는 존재가 과연 있었을까? CEO는 진보적이고, 선견지명이 있고, 해답을 찾기 위해 독창적으로 사고하고, 맹목적으로 전통이나 프로세스에 얽매이지 않는 존재였다. 그들은 타고난 규칙 파괴자였다. 자신과 다른 사람들이 일을 끝내지 못하도록 방해하는 통상적인 규정과 절차를 기꺼이 전복시켰다. 이렇게 지독할 정도로 독립적이고 반관료주의적인 CEO의 이미지는 CEO의 가치인 결단력, 생산성 그리고 자유의지를 행사할 힘과 능력을 발휘할 행위주체성과 자유를 나타낸다.

이 시점에서 역사적으로 자유의 특정 형식을 더 소중하게 여기는 문화가 존재했다는 점에 주목할 필요가 있다. 문화 인류학자 셰리 오트너Sherry Ortner에 따르면, "모든 문화, 모든 하위문화 그리고 모든 역사적 순간에는 고유한 행위주체성, 자기 자신과 세상에 대해서 깊이 생각하는 고유한 방식과 이런 심사숙고의 과정에서 발견한 사실이나 깨달음을 행동으로 옮기는 고유한 방식이 존재한다."[42] CEO사회에서 중요하게 여기는 행위주체성은 보다 유능하고 효과적인 존재가 되는 참신한 방법뿐만 아니라 경쟁에서 승리하는 기발한 방법을 찾을 수 있는 능력에서 나온다. 그중에서도 기존 관습에 도전하고 복잡한 프로세스를 간소화하고 비전을 실현하기 위해서 전략을 생각해내고 실행하는 능력이 가장 중요하게 여겨진다. 그리고 이런 능력을 지닌 존재가 존경을 받는다.

분명 이런 CEO의 행위주체성은 세계에 대한 자본주의의 관점을 보완한다. 이익 극대화는 진보의 신화를 현대적으로 표현한 것이다.[43] 진보의 신화는 새로운 것에 대한 오랜 집착을 보이며 낡은 것, 즉 전통을 타파해야 할 대상으로 본다. CEO의 행위주체성은 이익을 극대화하기 위해서 새로운 것과 혁신의 자유에 집착한다. 강화된 행위주체성과 새로움을 추구하는 목적은 간단하게 말하면 많은 권력과 부를 축적하고 지위를 높이기 위함이다. 힘에 대한 신자유주의적 욕구는 객관적이고 상대적이다. 그것은 강화된 영향력뿐만 아니라 부와 사치에 대한 절대 해소되지 않는 갈증이다. 그러나 그것은 비정상적으로 경쟁적이며 경쟁자를 꺾고 승리하기 위한 영원한 게임이다. 또한 자신이 얼마나 승리했는지뿐만 아니라 경쟁자들이 얼마나 패배했는지도 중요하게 생각한다. 그리고 더 큰 경제적 힘과 사회적 힘을 향해 나아가면서 다른 사람들에게 '당신은 해고야'라고 말할 수 있는 삐뚤어진 희열을 포함한다.

CEO사회는 자유시장 가치로 완전히 포화상태다. 자유시장의 가치는 훌륭하고 도덕적인 분위기를 풍기면서 착취하고, 교활하고 혁신적으로 행동해서 최고의 수익을 얻는 것이다. 정의, 민주주의 그리고 정당한 법적 절차는 잊어라. 핵심은 '거래의 기술'이다.[44] 결단력, 단호하지만 카리스마 있는 리더십 그리고 무자비함과 같은 기업 친화적인 특성들이 이런 목표를 달성하는 데 아주 중요하다. 반대로 공동체, 권력 나누기, 집단심의, 평등 그리고 진정한 다양성 존중 등과 연관된 미덕은 하찮은 존재로 무시된다. CEO의 세계는 강한 자만이 승승장구하는 장엄한 일대일 전투로 그려진다. 이에 따라 약한 자는 고분고분하게 그리고 마땅히 자신들의 운명을 받아들여야만 한다.

앞서 설명했듯이, CEO의 행위주체성은 자본주의적 세계관에 완전히 국한된다. CEO가 아무리 고상하게 행위주체성을 발휘한다 할지라도, 이것 때문에 자본주의 시스템이나 게임의 법칙이 변하지는 않는다. 시장 경쟁의 게임은 인간 본성과 진화의 불가피하고 고유하며 바람직한 부분으로 여겨진다. 우리의 영웅인 CEO가 누리는 자유 덕분에 그들은 영속적인 시장 질서에 뛰어날 수밖에 없다. CEO는 직원들의 상사일지 모르지만, 그들은 분명 자본주의의 주인은 아니다. 결국 그들도 자본과 시장의 변덕스러운 니즈에 복종해야 한다는 사실을 고려하면, 갑자기 CEO의 자유가 허상처럼 보이기도 한다. 그러므로 자유는 오로지 CEO로서 자신의 의지를 단호하게 행사하는 과정에서만 발현된다. 이 외에 다른 대안은 존재하지 않는다.

개천에서 용이 된 CEO

21세기 자본주의는 그럴듯한 논리를 내세워 경제적 불평등을 급진적으로 악화시키는 데 일조했다는 이유로 비난받았다.[45] 이 세상은 승리자와 패배자로 나뉜다. 그리고 패배자가 승리자보다 훨씬 많다. CEO는 불평등의 전형이다. 그들은 부와 성공의 사회경제적 피라미드에서 최고 정점에 있다. 이런 격차는 우리가 살고 있는 극단적인 자본주의 질서의 유감스러운 부산물이지만 의도하지 않은 결과는 아니다. 오히려 이것은 극단적인 자본주의 질서의 구체적 운영과 사회적 정당화의 핵심 요소다. 경제적 엘리트들은 절대다수의 나머지 사회구성원들에 비해서 상대적으로 유리한 조건을 최대한 활용하여 이윤을 극대화시킨다. 게다가 그들에게는 이렇게 행동해도 되는 자유가 주어진다. CEO는 신자유주의가 근본적이고 표면적으로 해결할 수 없는 긴장감을 극복하기 위해 어떻게 노력하는지를 보여주는 전형적인 사례다.

CEO는 CEO사회에서 '평등'의 간극을 이어주는 존재일 수 있다. 보다 정확하게 말하면, 오직 선택받은 소수만이 CEO의 업적과 부에 맞먹는 업적과 부를 가질 수 있지만, 표면적으로는 모두에게 그렇게 할 수 있는 기회가 주어진다. 거대 기업을 이끄는 인물의 매력 때문에 이런 구조적 특혜가 겉으로 잘 드러나지 않는다. 이 구조적 특혜 속에서 사업 수완, 진보적 사고, 결단력과 엄청난 의지를 갖추면 누구나 사회경제적으로 성공할 수 있다. 그래서 우리는 부와 성공을 이룬 CEO와 자신을 동일시할 수 있는 것이다. 왜냐하면 CEO는 우리와 똑같은 '진짜 사람'처럼 보이니까. 언젠가 우리도 그들처럼 될 수 있을지 모른다. 『헬로 매거진Hello Magazine』은 스포티파이Spotify의 CEO 다니엘 엑Daniel Ek과 소피아 르밴더Sofia Levander의 결혼소식을 전하면서, 수많은 유명인사와 CEO들이 결혼식에 참석해 두 사람의 행복을 빌었다고 보도했다. 코미디언 크리스 록Chris Rock이 주례를 섰고 브루노 마스Bruno Mars가 축가를 불렀다. 결혼식에 참석한 마크 저커버그는 자신의 페이스북에 "우리의 친구 소피아와 다니엘 엑의 결혼을 축하하기 위해서 이탈리아 북부의 코모 호수에 모였어요. (…) 다들 알다시피, 다니엘은 유럽의 유능한 기업가로 스포티파이의 설립자입니다. 그는 멋진 친구이고 다정한 아버지입니다."라는 글을 게시했다. 이렇듯 많은 사람들에게 존경과 칭찬을 받는 CEO들도 결국 우리와 같은 사람임을 보여준다!

복잡 미묘한 현대의 비즈니스 세계에서 CEO는 경력을 성공적으로 키우는 확실한 방법을 제시한다. 그들은 취업능력의 행위주체성을 전형적으로 보여준다. 그러면 각각의 노동자는 자신의 노동환경을 구성하는 연속적인 활동과 책무를 점점 확실히 자각하게 된다. 그리고 자신의 노동환경을 독립적으로 조직한다.[46] 사람들이 신자유주의 체제의 정점에 오르는 것은 불가능할지도 모르지만, CEO의 기술을 적극 활용하면, 아무리 하찮다 할지라도 자신만의 성공을 이룰 수 있을지도 모른다. 마크 저커버그도 우리와 다를 것 하나 없는 그냥 사람일 뿐이라고 믿는다면 이것은 더 그럴듯하게 들린다.

여기에는 사업가로서 CEO가 다른 사회경제적 엘리트들과는 완전히 구별된다는 사실을 인정하는 것이 중요하다. 일반적으로 CEO의 높은 지위는 그들이 열심히 일하고 능력이 있기 때문에 주어진 것이다. 그리고 조작된 금융 시스템이나 타고난 문화적 특혜의 산물이 아니다. 하지만 현실에서 '평등한 기회'라는 것은 좋게 말하면 신기루고 나쁘게 말하면 완전한 기만이다. 그럼에도 사람들은 빌 게이츠를 마이크로소프트를 설립한 대학교 중퇴자로, 자신만의 기업 왕국을 거느린 리처드 브랜슨을 교회에 딸린 작은 방에서 음반 사업을 했던 학생으로, 스타벅스Starbucks 의장 하워드 슐츠Howard Schultz를 브루클린의 빈민가에서 성장한 불우했던 과거를 지닌 사람으로 생각한다. 심지어 도널드 트럼프도 자신이 무일푼으로 큰 부를 일궈냈다고 주장한다. 그는 아버지에게 '푼돈' 100만 달러를 빌려서 자신만의 기업 왕국을 세웠다고 자랑스럽게 떠들었다.[47] 이 이야기들을 믿든 안 믿든, 그들이 의지하는 꿈은 강력하다. 그러나 CEO가 자신만의 사업 감각과 능력으로 그 유명한 '개천에서 용 난' 부류에 속한다는 가정은 의심해볼 필요가 있다. 심지어 CEO가 자신의 특출한 가정환경 덕분에 돈, 기술, 인맥 그리고 지식에 쉽게 접근할 수 있었던 경우에도, 사람들은 그들이 이렇게 높은 지위를 가질 자격이 있다고 믿는다. 도널드 트럼프의 말을 빌리면, "그들은 머리가 매우 좋기 때문이다."[48] 이것은 누구나 성공하기를 원하고 능력이 있는 사람에게 성공할 길은 열려 있다는 메시지를 전달한다.

CEO의 사회적 위상과 CEO사회에서의 지위 상승은 분명히 비난받아 마땅한 부분을 경제적 매력의 원천으로 만들었다. 이 논리에 따르면, 누군가가 전체 경제 파이에서 상대적으로 더 많은 몫을 가지는 것은 더 이상 구조적 불평등이나 개인적 탐욕의 결과가 아니다. 그 사람의 도덕적 진가를 판단할 유효한 성적표다. 이것은 지리학자 나이젤 드리프트Nigel Thrift가 '날랜 행위자fast subject'라 불렀던 개념과 유사하다. '날랜 행위자'는 남들에게 자신이 성공한 사람임을 보여주는 '재료'를 수집하려고 영원히 노력하는 사람이다.[49] 이것은 '자신의 운명은 스스로 통제하라, 그렇지 않으면 다른 누군가의 통제를 받을 것이다'라는 비즈니스 신조에 따라 자신의 시장성을 활용하려는 욕구도 보여준다.[50] 결과적으로 경험은 자서전에 추가할 내용일 뿐이다. 그리고 한 사람의 인생은 경제적으로 더 많이 앞서나가기 위해서 자신의 이력서를 업데이트하는

살아 있는 프로세스일 뿐이다.[51]

CEO사회는 자본주의 시스템의 계급적 모순을 보여준다. 극빈자들은 경멸과 책망의 대상이고 그들은 자신들의 '실패'에 개인적인 책임이 있다. 그들이 CEO의 지식과 라이프스타일을 받아들였더라면 그들의 운명은 개선되었을 것이고, 더 열심히 노력했다면 자수성가할 수 있었을 것이다. 연설가 지그 지글러Zig Ziglar는 "여러분은 승리하기 위해서 태어났습니다. 하지만 승리자가 되려면 계획을 세우고 준비가 되어 있어야 합니다. 그리고 자신이 승리할 수 있다고 믿어야 합니다"라고 말하곤 했다.[52] 이 논리대로 승리하지 못하는 것은 개인의 잘못이다. 승리하기 위해서 해야 할 노력을 하지 않았기 때문에 패배자가 된 것이다. 이와 같이, 불평등은 현 질서의 병폐에서 스스로 더 나아지려고 노력하는 사람이 가질 수 있는 황금 기회가 되었다. 그리고 경제 사다리에서 가장 밑에 있다는 것은 스스로가 승리할 자격이 없는 사람임을 보여주는 것이다. 빈부의 격차와 직업적 성공의 차이는 '가지지 못한 자들'이 앞서나가기 위해서 더 열심히 그리고 더 현명하게 일하고 노력할 필요가 있음을 보여주는 것일 뿐이다.

CEO사회에서 기업은 끊임없이 이윤을 추구한다. 이 해소되지 않는 욕구가 승리를 향한 사람들의 억제할 수 없는 욕구로 변했다. CEO사회에서는 그 어떤 승리도 장담할 수 없고 그 어떤 지위도 안정적이지 않다. 그리고 아무리 지위가 올라가도 만족할 수 없다. 항상 극복해야 하는 새로운 도전이 생길 것이고, 이겨야 하는 경쟁자들이 나타나고, 추구해야 할 새로운 목표가 존재한다. 승리해서 의기양양한 사람도 그보다 더 효과적이고 더 생산적으로 일을 처리할 방법은 없었는지 항상 고민해야 한다. 이런 와중에 실패를 한다면, 그것은 배움의 기회일 뿐이다. 모든 승리는 더 큰 성공으로 가는 출발선이다. CEO사회의 출현을 보여주는 변화는 더 이상 신성시되는 기업의 위계질서에서만 찾을 수 있는 것이 아니다. CEO의 천상의 약속이 지켜지고 도덕적 진가가 발현되면, 일상에서도 CEO사회의 출현을 상징하는 변화를 목격할 수 있다.[53] CEO에 대한 이런 신념은 실패의 경험을 통해 강해질 뿐이다. 패배자는 구원을 바란다. 즉 어렵게 얻은 CEO의 지혜를 이용해 재기하기 위해서 최선을 다한다.[54] 그래서 누군가는 평생 무일푼에서 CEO가 되어 부자가 되는 새천년의 꿈을 실현하기 위해서 필요하지만 헛될 수밖에 없는 노력을 끊임없이 해야 하는 신세가 된다.

CEO경제를 기념하다

본래 자유시장은 개인의 자유를 기념하는 궁극적인 시스템이다. 자유시장은 재능을 개발하고 자신만의 행복을 추구하며 정당한 보상을 얻는 능력을 으뜸으로 여긴다. 그러나 실제로 자유시장은 획일적인 대기업, 사회체제에 대한 대중적 순응과 부당한 경제적 특권의 지배를 받는다. CEO는 이런 현 상태를 분명히 보여주는 증상이자 그 증상의 특효약으로 여겨진다. CEO는 간신히 손에 넣은 풍요로운 세상을 대변하고, 동시에 누구나 이런 부를 얻을 수 있는 능력이 있음을 보여주는 상징이다. 그들은 왜곡되었지만 그럼에도 신자유주의를 도덕적으로 정당화한다. CEO의 문화적 이상은 이런 시스템이 지니는 어떤 의미에 대한 욕구, 일부 사람들이 많은 사람들을 제치고 앞서나가는 이유에 대한 합리적인 설명에 대한 욕구, 그리고 경제적으로 운이 없는 사람들도 '승리자'처럼 성공할 수 있다는 약속에 대한 욕구를 정확히 포착한다.

패권을 차지하기 위한 경쟁자들의 투쟁이 혁신과 진보를 촉진할 것이라는 경쟁에 관한 신념이 신자유주의의 핵심이다. 신자유주의 시스템에서 도덕성은 경쟁력을 극대화하고 경쟁자보다 우위를 획득하는 새로운 방법을 찾는 것이다. 최고의 권한을 가진 자, 즉 CEO를 끊임없이 신비로운 존재로 만드는 것은 CEO사회를 구성하는 핵심 요소다. 보다 정확하게 말하면, 이번 장에서 설명했듯이, 심지어 기업이 연루된 고질적인 스캔들과 세계 금융위기로 인해 CEO가 높은 경제적 지위에서 땅바닥으로 추락한 때에도, 이런 신비화는 대중의 의식 속에 CEO의 입지를 승격시킬 정당한 이유를 요구한다.

현대사회에서는 CEO와 기업이 사회와 경제의 아주 많은 부분을 지배하고 있다고 느껴진다. 그러나 기업 모델은 활용할 수 있는 유일한 조직 형태가 아니다. 기업의 상의하달식 패러다임은 직장과 일상에서의 협업에 대한 강한 욕구의 심각한 도전을 받고 있다. 물론 직장에서 자신의 상사를 싫어하는 것은 노동만큼 오래된 것이다. 그러나 이런 감정은 직장에서 '상사를 완전히 몰아내려는' 사람들의 염원이 커지면서 일종의 저항으로 이어졌다. 협동조합의 부활은 CEO를 몰아내고 민주적 가치와 관행으로 빈자리를 채우려는 급진적인 욕구를 자극한다. 공동체가 참여하여 예산을 편성하고 정보를 대중에게 모두 공개하여 함께 사회 문제를 해결해나가는 움직임도 증가하고 있다. 이것은 사회 비주류를 중심으로 일어나고 있는 움직임이지만, 이런 움직임으로 구성된 조직은 CEO 사회의 편협하고 파괴적인 한계를 극복할 잠재력을 가지고 있다.

경제 영역에서 사람들이 협동하기 위해서는 인간으로서 경쟁 우위를 지닌 CEO의 구심점이 되어야 한다는 주장이 있다. 위에서 살펴본 새로운 유형의 조직은 이런 주장에도 반기를 든다. CEO를 가득 채운 신비로운 기업가정신은 그 깊이에 상관없이 도전을 받을 수 있다. 그러나 그 무엇보다도 CEO는 갈수록 희망이 사라지는 절망적인 경제상황에서 희망을 상징한다. 그러므로 CEO사회에 저항하기 위해서는 새로운 공동체의 희망에 기대야 한다. 리더십이 무엇이냐는 질문에 대해서 아메리칸 익스프레스American Express의 CEO 켄 체놀트Ken Chenault는 나폴레옹Napoleon을 언급하며 "리더의 역할은 현실을 정의하고 희망을 주는 것"이라고 말했다. 그래서 켄 체놀트는 "사람들이 도전적인 목적을 달성할 수 있도록 그들에게 희망을 주고 동기를 부여하는 비전을 어떻게 만들까?"를 스스로에게 끊임없이 물었다.[55] 엘리트 이외의 인물들에서 희망을 찾아낸다면 CEO를 패배하게 만들 수 있을지도 모른다.

4

CEO 정치인

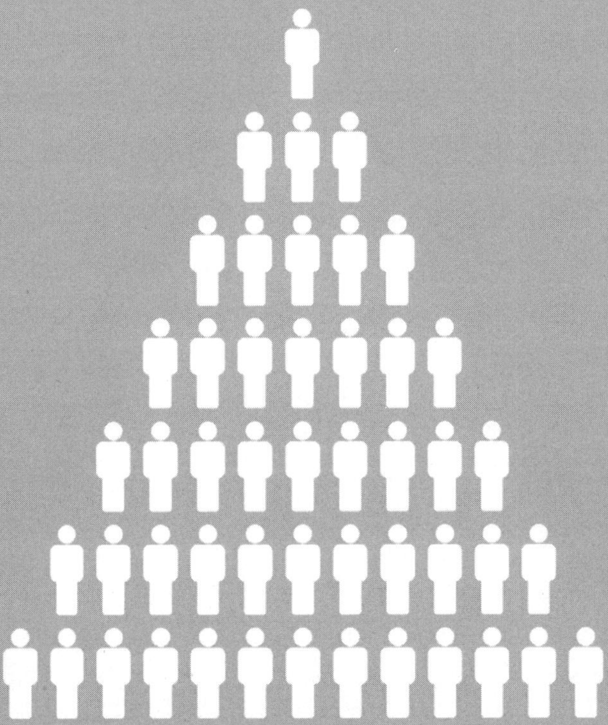

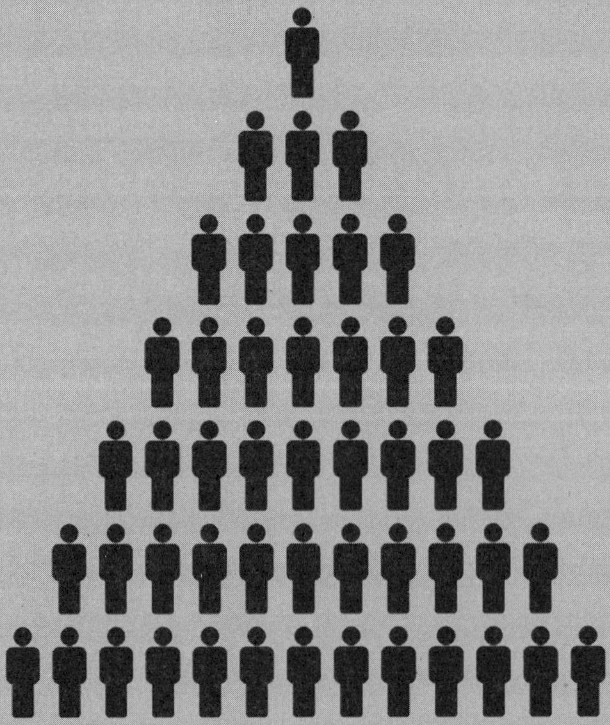

4

CEO 정치인

CEO사회에서 CEO는 기업의 실질적인 지도자일 뿐만 아니라, 성공할 능력이 있고 바람직한 정치 리더가 될 자질을 갖춘 사람이라고 여겨진다. 도널드 트럼프가 미국 대통령으로 선출된 사건이 이런 사고를 보여주는 대표적인 사례다. 도널드 트럼프의 당선은 정치 경험이 전혀 없는 사업가가 미국의 대통령이 된 아주 극단적인 사례라 볼 수 있다. 도널드 트럼프는 스스로를 천재 사업가라고 불렀고 자신은 대통령에게 필요한 모든 자질을 갖추고 있다고 주장했다. 도널드 트럼프는 정계의 가장 높은 자리에 오른 대표적인 CEO 정치인이다. 그러나 이 'CEO 정치인'이란 개념이 그에게서 시작된 것은 아니다. 도널드 트럼프가 2016년 대통령 선거에서 공화당의 유력한 대통령 후보로 떠오르기 전부터, CEO 정치인은 분명히 존재했다. 우리는 앞에서 CEO 정치인의 한 사례로 도널드 트럼프를 꽤 자세히 살펴봤다. 이번 장에서는 도널드 트럼프 이전의 CEO 정치인의 등장 과정을 살펴볼 것이다. 그리고 그것을 통해 CEO 정치인이 CEO사회의 대표적인 특징임을 이해하게 될 것이다. 이번 장의 목표는 도널드 트럼프와 같은 CEO 정치인이 '찬사를 받던 CEO라는 파도'에서 어떻게 '정계의 거대한 조류'로 변했는지를 알아보는 것이다.

도널드 트럼프가 2015~2016년 선거무대에 등장한 유일한 CEO는 아니었다. 2015년 5월 4일 월요일, 휴렛팩커드Hewlett-Packard의 전 CEO 칼리 피오리나Carly Fiorina는 아주 잠깐 미국 대통령 후보로 정치무대에 데뷔했다. 이것은 최초의 여성 공화당 대선 후보의 등장이었다. 그녀의 선거캠프는 다른 무엇보다도 비즈니스 리더로서 그녀의 경험을 강조했다. 2월의 어느 날, 그녀는 "HP는 저에게 CEO로서 중대한 결정을 내릴 것을 항상 요구했다. 대통령의 핵심 역할은 CEO처럼 중요한 의사결정을 내리는 것이다"라고 말했다.[1] 또한 그녀는 한 연설에서 "내가 HP를 위해서 한 일을 이번에는 미국을 위해서 해낼 것이다"라고 말하며 유권자들의 마음을 사로잡았다.[2] 이렇게 자기 자랑을 늘어놓았지만 사실 칼리 피오리나의 CEO 성적표는 완벽하지 않았다. CEO 임기를 끝낸 후 그녀가 받은 성적표는 대량해고, 외주, 갈등과 같은 논란으로 점철됐다. 이처럼 CEO로서 그녀가 받은 성적표는 아주 형편없었다. HP 임원진뿐만 아니라 과거 HP에서 그녀와 함께 일했던 동료들조차 그녀가 다시 조직을 이끈다는 생각만으로도 몸서리쳤다.[3] 그녀에게 이런 비판이 쏟아졌지만, 정작 근본적인 질문은 나오지 않았다. 그 질문은 트럼프가 당선되며 수면 위로 떠올랐다. (성공한) CEO였다는 사실만으로 그/그녀가 정치 리더로서 훌륭한 자질을 갖추었다고 할 수 있을까? 이번 장에서 다루게 되겠지만, 이 질문에 대한 답은 CEO사회가 리더십, 기업 그리고 민주주의 사이의 관계 변화를 어떻게 구현하는지에 대한 직접적인 설명이 될 것이다. 누군가는 이런 관계의 변화를 위험하다고 말할지도 모른다.

정치적 리더십과 비즈니스 리더십의 융합

리더십은 21세기를 살아가는 우리에게 가장 큰 관심사다. 새로운 세기와 함께 참된 리더와 리더십에 요구되는 사회적 가치가 무엇인가에 대하여 열띤 논쟁이 새롭게 시작됐다. 정치적 책임감이나 사회적 책임감에 관한 생각이 변하고 있다. 이로 인해 리더와 리더십이 새로운 논쟁에 휩싸이게 되었다. 국가의 영향력이 신자유주의와 세계화의 강화로 약해지면서, 공공과 민간에 대한 관습적인 생각들이 빠르게 사라지고 있다. 비상업적인 영역에 시장의 가치를 도입하고 일상의 많은 부분을 경제화하는 데 대해 정치적 합의가 이뤄졌다. 그 결과 경제학이 정부의 핵심 담론으로서 정치학을 무색하게 만들었다. 이제 교육부터 헬스케어, 수감제도 그리고 심지어 개인의 사회적 인간관계에 이르기까지 모든 것이 경쟁, 교환, 금전적 이득과 사사로운 이익으로 대변된다.[4] 기업은, 적어도 수사적으로, 사회복지와 공익을 제공하는 데 적극적인 역할을 맡았고 세계 정치에 직접적인 참여자가 되었다.[5] 이런 변화된 관행을 고려하여 공공기관과 민간기관을 이끄는 것 모두 의미하는 바가 완전히 바뀌었다.

신자유주의는 리더십에 변화를 가져왔다. 기업 관리자의 이미지와 비교해서 선출직 정치인의 이미지에서 이런 변화를 찾아볼 수 있다. 이상적인 정치인은 효율성, 민첩성 그리고 수익성이라는 비즈니스 가치를 구현하는 인물이다. 때때로 'CEO 대통령'으로 언급되는 정치인은 정치적 권한의 전형으로, 불안한 세계시장에서 국가의 경제적 경쟁력을 극대화하는 데 정부가 어떤 역할을 해야 하는지 보여준다. 또 한 가지 이상한 현상이 있는데, 정치인들이 고집 센 재계의 거물처럼 행동하는 동안 CEO들은 급진적으로 자신들의 사회적 책임을 알리고, 정치인들에게 국가이자 경제기구인 거대 조직의 통치 방법에 대해서 자유롭게 조언한다. CEO들은 자신이 이끄는 기업을 이익만 추구하는 조직으로 내세우지 않는다. 그들은 기업을 환경적 지속가능성, 다양성과 연결된 사회정의 그리고 사람들의 구직활동을 돕는 보다 큰 공익을 실현하는 조직으로 포장한다. 2015년 폭스바겐은 자동차 수백만 대의 시스템을 조작하여 거짓으로 배기가스 배출 테스트를 통과하게 만든 스캔들로 엄청난 타격을 받았다. 그러나 그런 폭스바겐조차도 "사회적 책임은 우리 기업문화의 오랜 핵심"이라고 자랑스럽게 주장했다.[6]

비즈니스 리더십과 정치적 리더십의 융합은 역설적인 현상이다. 이것은 현재의 사회정치적 현실을 보여준다. 대중담론도 이런 이데올로기의 변화를 야기하고 강화시키고 있다. 이런 역동적인 변화 속에서 CEO사회의 비즈니스 리더십이 정치적 리더십의 의미와 관행을 받아들이게 되었다. CEO사회는 정치인들이 CEO의 관리 스타일을 받아들여야 한다고 주장하고, 이렇게 탄생한 새로운 리더십은 신자유주의에서 정의하는 국가의 기능과 역할에 대한 대중의 인식을 강화시킨다. 공공분야를 관리하는 새로운 방식은 공공 서비스와 비영리기구를 기업처럼 관리하게 만들고[7] 어디에서

나 찾아볼 수 있는 지배적인 기업의 관리모델이 국가를 관리하는 수단으로까지 확대되고 있다.

개략적으로 살펴본 이런 변화들은 종양으로 따지면 빠르게 성장하는 악성 종양이다. CEO사회는 민주주의를 상대로 승리를 거둔 신자유주의를 더욱 깊이 받아들인다. CEO 정치인의 부상은 기업을 본뜬, 그리고 기업에 도움이 되는 존재로서 정부의 사회적 역할에서 나타난 보다 넓은 문화적 변화의 일부분일 뿐이다. CEO 사회는 정치인이 유권자의 책임감 있는 하인이 아닌, 효율성과 경쟁력을 추구하는 데 적극적인 의사결정자가 될 것을 기대한다. 여기서 공공 리더십의 기능에서 나타나는 더 심각한 변화가 목격된다. 사람들은 정치인들이 경쟁이 치열한 자본주의 경제체제에서 국가의 경제 주권을 계속해서 지켜낼 것이라고 기대한다. 그러므로 기업의 리더십 모델이 정치영역으로 확대되는 것이 어떻게 이념적으로 신자유주의를 강화시키는 데 도움이 되고 있는지를 이해하는 것은 아주 중요하다. 게다가, 이런 리더십 담화에 의문을 제기함으로써 떠오르는 신자유주의적 현실에 도전할 수 있는 기회를 잡을 수 있다.

요즘은 정치인들이 CEO를 모방하느라 바쁘지만, 그 시작은 반대였다. 역사적으로 대중들이 CEO가 가져야 할 미덕으로 여겼던 것들은 이전에 정치인들과 연관된 카리스마적인 권한이었다. 정치인의 미덕이 재계로 확산된 것이다. 사회학자 막스 베버는 오래전 '카리스마'를 다음과 같이 정의했다.

'카리스마'는 한 사람의 성격에서 확실히 나타나는 특성을 지칭하는

> 용어다. 카리스마가 있는 사람은 다른 평범한 사람들과 완전히 구분된다. 그리고 초자연적 힘이나 자질 또는 적어도 아주 특출난 힘이나 자질을 지니고 있는 인물로 대우받는다. 평범한 사람들은 이런 특성을 가질 수 없다. 그래서 이런 특성은 신성시하거나 모범적인 것으로 간주된다. 이런 특성을 지니고 있는 개인은 영웅 대접을 받는다.[8]

통상적으로, 적어도 자유주의 민주국가에서, 정치 리더들은 합의와 정책적 감각 등 정치적 가치에 따라서 평가를 받았다. 이상적인 리더는 효과적인 정책을 만들어서 실행하고 시민들로부터 지지를 받는 사람이었다. 포괄적인 정책을 만들어낼 수 있느냐뿐만 아니라 여당연합을 유지해내느냐가 그들의 성공과 실패를 결정했다. 그들은 막스 베버가 정의한 '카리스마'를 이용해서 대중에게 영감을 불어넣었다. 그리고 구체적인 이념과 정책 목표를 추구하기 위해서 대중의 마음을 녹이는 웅변가였다.[9] 게다가 정치 리더는 모든 유권자들과 정치적 입장을 공유했고 동시에 자신은 다른 정치인과는 완전히 다른 '정치적 대안'이란 인상을 줘야 했다. 이 아슬아슬한 줄타기가 그들의 정치적 성공과 실패를 결정했다.[10]

정치인의 성공은 당선 가능성에 의해 결정됐다. 어떤 이데올로기를 추구하는지 또는 얼마나 유능한지를 떠나서, 대중은 정치 리더는 자신이 가진 권력만큼 강력한 존재라고 생각했다. 정치 리더가 항상 도덕적으로 존경받는 것은 아니었지만, 치열한 현대 민주주의 정치판을 능숙하게 잘 헤쳐나가는 정치인에게 사람들은 특별히 존경을 표했다. 여기서 정치 리더를 '위대한 사람'이라고 생각하는 전통적인 사고가 드러난다. 그래서 정치인들은 대중적으로 '영웅'이라 여겨지고 사람들에게 존경심과 경외심을 갖고 자신을 따라오라고 영감을 불어넣는다.[11] 현대 CEO의 이미지는 이런 대서사시 같은 전통에 의지해서 비즈니스 관리자를 유능한 행정가에서 혁신적인 비즈니스 영웅으로 만든다.

카리스마 리더십은 1980년대와 1990년대의 기업 관리에 있어 캐치프레이즈가 되었고 '새로운' 정치에 영향을 미쳤다. 이 시기 동안, 대부분의 서구사회, 특히 미국과 영국에서 영감을 주는 합의에 관한 전통적인 정치적 가치의 수명이 연장되었다. 미국 대통령 빌 클린턴Bill Clinton과 영국 총리 토니 블레어Tony Blair는 카리스마, 효과적인 정책 입안과 당선 가능성이 강력하게 결합된 전형적인 정치인이었다. 빌 클린턴의 리더십 스타일은 카리스마를 발휘하여 유권자들이 자신과 개인적인 관계를 맺고 있다고 느끼도록 만드는 것이었다. 정치 평론가 마이크 맥아들Mike McArdle은 빌 클린턴의 리더십 스타일에 대하여 다음과 같이 평했다.

> 빌 클린턴은 여러모로 정치 천재였다. 그러나 그의 천재성은 이슈의 틀을 잡거나 통치를 하거나 정책을 만드는 데서 나타나지 않았다. 그에게는 이런 일에 조언을 해줄 고문이 있었다. 빌 클린턴의 천재성은 대중에게 나설 때 나타났다. 뛰어난 대인기술 덕분에 그는 청중이 누구라도 자신의 편으로 만들 수 있었다. 청중은 빌 클린턴이 자신들에게 직접 이야기한다고 느꼈고, 그는 청중으로 하여금 자신과 같은 부류라고 믿도록 만들었다.[12]

'제3의 길' 이념은 정치적으로 참신하고 중도적인 이념으로 자리매김했지만 그 원동력은 정치 리더십의 이상들을 시험하고 검증하는 것이었다.[13] 이런 이상들은 승리에 대한 욕구와 사회적으로 가시적인 결과를 얻고자 하는 욕구를 보여줬고, 포용적이며 포괄적인 연합정치와 연결됐다. 이런 이상들이 다소 온건한 시장 친화적 어젠다를 개인과 공동체의 삶을 향상시키고자 하는 기존 정치적 어젠다와 연결시켰다. 정치 리더십의 연대기를 기록한 프레드 그린스타인Fred Greenstein은 빌 클린턴이 자신의 중도적 어젠다를 지지하는 흑인들에게 열정적으로 어필하는 모습을 보고 다음과 같은 기록을 남겼다.

> 어느 3월, 나는 우연히 흑인 교회에서 연설을 하는 빌 클린턴의 모습을 TV에서 봤다. 마틴 루터 킹이 연단에서 연설하지 않는 이상 흑인들은 그 어떤 연설자에게도 호응을 해주지 않았다. 빌 클린턴은 편안하고 자신감 있게 연설을 하면서 시민들이 정부 보조금에 의지하지 않고 자신의 힘으로 성공할 수 있도록 만드는 정책을 주장했다. 그는 백인 유권자들에게도 똑같은 제안을 했다고 말하면서, 모든 미국인들이 서로의 차이는 제쳐두고 공동유대할 것을 요청했다.[14]

이와 같이 정치계급은 경제적 관리와 발전에 깊이 헌신하지만, 정치적 권한은 여전히 카리스마 있고 유능한 '정치 리더'의 확실한 패러다임만을 고집했다. 비즈니스 리더들도 이 패러다임을 따르도록 설득당하고 있었다.

CEO 정치 리더

21세기 들어 정치 리더에 대한 대중의 인식에는 깊은 변화가 생겼다. 기업 경영자들이 카리스마 있고 혁신적인 인물이 되기 위해서 노력하던 시기에, 정치 리더들은 효율성, 생산성 그리고 수익성이라는 전통적 기업 가치를 모방하기 시작했다. CEO사회에서 정치의 중심축은 카리스마 있는 권한에서 냉철한 경제 관리로 이동했다. 불과 얼마 전까지 CEO들은 카리스마 있는 정치 리더십을 모방하려고 노력했다. 그러나 이제 정치인들이 CEO의 리더십을 닮으려고 애쓴다. 그러나 정치인들이 닮고자 했던 CEO 리더십의 특징에는 카리스마와 대중성은 없었다. 그들은 오직 CEO의 비즈니스 관리 감각만을 닮고자 했다.

드디어 정치 리더십의 CEO 모델이라 불릴 수 있는 것이 등장했다.[15] 인도 방갈로 경영대학원IIM Bangalore의 공공정책센터장인 라지브 고다Rajeev Gowda의 시각은 정치 리더십의 새로운 비즈니스 모델의 전형적인 사례다.

> 민주주의 국가들이 성숙해지면서 새로운 유형의 정치인이 필요해졌다. 이전에는 정치 운동을 이끌고 헌법을 입안할 수 있는 사람이 필요했지만, 이제는 예산을 관리하고 정부 프로그램의 효율성을 개선할 수 있는 사람이 필요하다. 여기서는 MBA 학위를 지닌 사람들이 도움이 된다.[16]

21세기가 시작될 무렵 CEO는 이미 유명인사였다. 이전에

CEO들이 카리스마 있는 정치 리더의 이상적인 이미지를 모방했던 것처럼 이제 정치인들이 CEO를 모방하려고 했다. 정치인들은 'CEO의 숭배'를 지켜보며 사람들의 잠재력을 깨우는 매혹적인 페르소나를 지닌 리더의 이미지 대신 단호한 결단력으로 일을 매듭짓는 유능한 관리자로서의 CEO를 닮고자 했다.[17] 대부분의 경우, 사람들은 정치인들이 상업적이고 재정적인 성공을 위해 국가를 경영하는 '사업가'가 되기를 기대했다.

뚜렷한 정치적 특징, 정치적 의미 그리고 민주주의 구성요소의 운영을 경제적 구성요소로 전환시키기 위해서 신자유주의가 받아들여졌다면, 정치 리더는 민중의 리더가 아닌 경제의 리더가 되었다.[18] 새천년의 시작과 함께 CEO의 이미지를 지닌 정치인이 새롭게 등장했다. 이것은 단지 비유적 변화가 아니었다. 좋든 싫든 현대에는 비즈니스 리더의 정계 진출 사례가 많다. 이탈리아의 실비오 베를루스코니는 피니베스트Finivest 출신이고, 현대Hyundai의 창립자 정주영은 대한민국의 정치인이었다. 전 UN사무총장 코피 아난Kofi Annan은 MIT에서 경영학 석사 과정을 마쳤고, 가나관광개발공사Ghana Tourist Development Company를 이끌었다.[19]

2001년 조지 W. 부시George W. Bush 미국 대통령 당선은 CEO 가치가 미국 대통령에 영향을 미치고 있음을 보여주는 가장 큰 신호였다. 초기 선거유세에서 조지 W. 부시는 자신의 경영학 학위와 재계의 경험을 전면으로 내세웠다. 특히 하버드경영대학원Harvard Business School에서 딴 MBA를 강조했다. 당시 많은 사람들과 같은 주장을 하면서, 부시의 하버드경영대학원 동문은 날카롭게 "변호사와 장군도 충분한 기회를 가졌어. MBA 출신이라고 못 할 거 뭐

있어?"라고 말했다.[20] 조지 W. 부시는 자신의 리더십 스타일이 기업의 총수와 유사하다고 말했다. 그는 대통령으로서 "나의 역할은 어젠다를 정하고 논조와 틀을 잡는 것이다. 그리고 국정 운영과 의사결정에 필요한 원칙을 세우고, 이 프로세스의 상당 부분을 다른 사람들에게 위임하는 것이다"라고 말했다.[21] 많은 재계 출신 인사들이 부시 행정부를 이끌었다. 부통령 딕 체니Dick Cheney, 국방부 장관 도널드 럼스펠드Donald Rumsfeld, 노동부 장관 일레인 차오Elaine Chao, 비서실장 앤드류 카드 주니어Andrew Card Jr. 그리고 재무부 장관 존 스노우John Snow는 모두 CEO 출신이다.[22]

대통령 임기 동안 조지 W. 부시는 결단력, 효율성 그리고 생산성의 가치에 우선순위를 부여했다. (부시 행정부가 이런 가치를 전달하지 못하기는 했지만 말이다.) 그는 MBA 대통령의 전형적인 모델로 여겨졌다.[23] 그리고 참신한 CEO 대통령의 전형을 보여주는 인물로 뽑히기도 했다.[24] 이런 자질들은 조지 W. 부시의 대통령 임기에 국한되지 않았다. 실제로 2012년 대선기간 동안 미트 롬니는 조지 W. 부시의 뒤를 따랐고, 그의 선거 운동원들은 그의 재계 경험이 정치에 잘 스며들 것이라며 과하게 칭찬했다. 공공정책 전문가 제임스 피프너James Pfiffner는 다음과 같은 의견을 제시했다.

> 유권자들은 사업가(또는 기업가)는 유능하고 정부에 훌륭한 관행을 도입할 것이라고 생각한다. 유권자들은 최고의 기업과 최악의 공공기관만 생각했고 매년 도산하는 수천 개의 스타트업은 생각하지 못했다.[25]

CEO 대통령의 등장은 대중들이 생각하는 대통령의 역할에 큰 변화가 생겼음을 의미했다. 과거에는 정치적 리더십 측면에서 CEO 경력의 장단점을 평가하면서, 비즈니스 마인드로 국정운영에 접근하는 것에 대하여 비판적인 평가가 내려졌다. 그러나 2000년대 초반에 들자 정치 리더십의 새로운 CEO 스타일에 대한 비판적인 평가가 줄기 시작했다. 그 결과 정치 리더십의 특성과 비즈니스 리더십의 특성이 하나로 합쳐지기 시작했다.

일부에서는 정치인과 CEO가 리더십 스타일에서 비전, 지지세력, 실행력, 감성지능(공감능력), 경청 그리고 자신감 등 유사한 특징을 보여줄 필요가 있다는 주장이 나오기도 했다.[26] 그렇지만 새로운 CEO 스타일의 정치 리더십은 지금까지 주장했던 바와 같이 이런 카리스마 있는 특징에는 덜 집중하고, 경제 관리에 실질적으로 활용할 수 있는 특징에 더 집중하는 모습을 보인다. 나라에서 추방된 전 태국 총리 탁신 친나왓Thaksin Shinawatra은 자신의 리더십을 기업 총수의 리더십 스타일과 동일시한 가장 극명한 사례다. 정계에 입문하기 전 탁신 친나왓은 통신업에 몸담았고, 태국에서 가장 부유한 사람이었다. 탁신 친나왓은 자신의 성공 경험을 직접 정치적 통치에 적용하려고 했다. 2001년 당선 연설에서 그는 다음과 같이 말했다.

> 기업이 곧 국가이고 국가가 곧 기업이다. 국가와 기업은 같다. 관리도 같다. 경제학에 근거한 관리다. 지금부터는 다른 수단이 아닌 경제학으로 국정을 운영하는 시대가 될 것이다.[27]

탁신 친나왓은 자신의 생각대로 국정을 운영했다. 국가와 기업이 유사하다는 생각은, 시민은 직원이고 다른 국가는 시장의 경쟁자라는 생각으로 이어졌다. 정부의 리더는 CEO 리더십을 지녀야 할 존재로 여겨졌고 그의 최대 목표는 경제성장이 되었다.[28] 탁신 친나왓은 유명 정치인이었고 압도적인 지지를 받으며 선거에서 승리했다. 이 압승에는 문제 해결능력을 지닌 그의 CEO형 이미지가 큰 역할을 했다.[29] 여기서 쟁점은 CEO의 리더십 스킬과 특징이 정계에 미치는 영향이 아니라 사회 전체의 경제화다. 사회 전체가 하나의 비즈니스로 여겨지게 되었다.

경제를 이끌다

탁신 친나왓은 노골적으로 기업의 리더십이 전통적인 정치 리더십보다 단호하고 일방적이고 효과적인 통치 수단이라고 주장했다. 이 주장은 CEO사회에서 정치 담론이 어떻게 변하고 있는지를 단적으로 보여준다. CEO는 정치 담론이 변하고 있음을 보여주는 상징적인 존재다. 그리고 CEO는 이렇게 변화하는 정치 담론에서 경제 운영에 필요한 리더십을 보유한 인물로 환영받는다. 이런 시각은 2008년 금융위기 이후에 특히 깊은 공감을 얻었다. 미국에서 2010년은 선거 후보로 CEO가 각광받던 절정기였다. 40명 이상의 재계 거물인사들이 그해 선거에 출마했고 그중 다수가 당선됐다.[30] 여기서 정치인에 대한 대중의 기대에 깊은 변화가 생겼음을 알 수 있다. 사람들은 CEO가 성공적인 사업가의 특징을 모두 보유한 인물이라 여겼다. 정치학자 수잔 맥매누스Susan MacManus에 따르면, "당시 유권자들은 금융 감각이 있는 후보를 원했다. 그리고 CEO가 이런 금융 감각이 있다고 생각했다. CEO가 실제로 금융 문제에 대해서 이야기하면 유권자들은 그들이 진실을 말하고 있다고 생각하고 신뢰했다."[31]

전 오스트레일리아 총리 토니 애벗Tony Abbott에게도 이와 유사한 징후가 발견된다. 2013년 당선된 토니 애벗은 현대판 신자유주의 정치인의 캐리커처와 같은—특징이 부각된—인물이었다. 토니 애벗은 당선되자마자 재빨리 기업 친화적인 정책을 펼치기 시작했다. 탄소세를 폐지하고, 무역협정을 두고 협상하였다. 근로자 보호법을 폐지하고, 마지막 남은 공공기업을 민영화했다. 당선된 날 밤에 토니 애벗은 총리로서 이런 정책을 펼칠 것임을 미리 알리려는 듯, "오스트레일리아는 새로운 방식으로 운영될 것이고 기업에 더 개방적인 국가가 될 것이다."라고 선언했다.[32] 이 발언을 통해 상업적 이슈와 경제적 이슈를 처리하는 것이 정부의 우선순위가 되면서, 정치 리더십이 기업 관리의 형태로 재구성되는 모습을 다시 확인할 수 있다. 이런 변화는 정치적 발언에만 나타나는 것이 아니라, 정치 또는 정치인에 대한 유권자의 기대에서도 나타난다. 바로 유권자들이 CEO 출신의 후보자를 선택했던 것이다.

2015년 토니 애벗의 대중적 인기가 떨어지면서 언론은 그의 정치 이해력에 의문을 제기하기 시작했다. 뿐만 아니라 언론은 "토니 애벗이 CEO였다면, 저조한 실적에 책임지고 파면되지 않았을까?"라는 날카로운 질문을 쏟아냈다. 이것에 대해 곰곰이 생각하면서, 좌파성향의 싱크 탱크인 오스트레일리아 인스티튜트Australia Institute의 회장 리처드 데니스Richard Dennis는 "우리가 정부를 비즈니스 조직으로 생각했는지도 모른다."고 말했다. 다시 말해 총리는 CEO로, 정당은 이사회로 그리고 유권자는 주주로 생각했는지도 모른다는 것이다. 리처드 데니스는 넌지시 다음과 같은 의견을 밝혔다.

> 이사회에 모든 사안을 제대로 알리지 않고 자신의 안건과 이사회의 안건을 조절하지 못하는 CEO는 조직을 위험한 물속으로 끌어들이고 있는 것과 다름없다. 토니 애벗은 '선장의 판정captain's calls'을 적극 활용하여 주요 사안에 대하여 결정을 내렸다. 그러나 총리는 집권 여당이 당과 뜻을 함께하지 않는 총리를 끌어내리고 새로운 총리를 세울 권한을 가지고 있다는 점을 잊어서는 안 된다.[33]

리처드 데니스는 토니 애벗이 내각 의원들과 상의 없이 독단적으로 내린 결정을 두고 '선장의 판정'이라고 말했다. 토니 애벗의 일방적인 의사결정 사례는 다양하다. 그는 태즈메이니아 숲을 세계유산 리스트에서 제외시키고 벌목을 허가했다. 그리고 영국 엘리자베스 2세Elizabeth II 여왕의 남편인 필립공Prince Philip에게 기사 작위를 수여했다.* 이처럼 토니 애벗은 한 기업의 간부인 양 국정을 운영했다. 여기에서 민주적 정치 리더십보다 경영자주의적 정치 리더십이 드러난다. 즉 CEO 정치인의 출현은 실상 민주주의가

* 편집자 주: 토니 애벗은 필립공에게 기사작위를 수여했다가 여론의 집중 포화를 받았다.

독단적인 의사결정 방식으로 후퇴하는 것을 의미한다. 이것은 권위주의를 강조하며 리더를 중심으로 권력이 집중되어야 한다고 주장하는 'CEO 스타일'의 태국 정치인 탁신 친나왓에게 쏟아졌던 비난과 유사하다.

2015년 후반, 토니 애벗은 전격적으로 실시된 당 대표 선거에서 말콤 턴불Malcolm Turnbull에 밀려 총리직을 내려놓게 됐다. 이로써 말콤 턴불은 오스트레일리아 총리이자 오스트레일리아 자유당의 대표가 됐다. 토니 애벗이 기업 친화적 성향이 두드러지는 신자유주의자였다면, 말콤 턴불의 이력도 그에 못지않게 화려했다. 말콤 턴불 또한 재계에서 뛰어난 인물이었다. 말콤 턴불은 1990년대 후반부터 불기 시작한 닷컴 붐을 타고 백만장자가 됐으며 골드만삭스Goldman Sachs의 오스트레일리아 지사 임원이었다. 게다가 "오스트레일리아에서 가장 부유한 정치인 중 한 명"으로 『포춘』에 특집기사가 실렸다.[34] 말콤 턴불은 임기 초반부터 재계에서 쌓은 자신의 경험을 적극 활용했다. 2016년 첫 기자회견에서 그는 "오스트레일리아 총리로서 국가 예산을 책임감 있게 관리하고, 세수로 최대한의 효과를 내고, 정부를 효율적으로 이끌겠다."라고 명백히 말했다. 그는 교육 지출이 무분별하다고 비난했고 산업구조 개선과 세제 개혁에 국정 운영의 우선순위를 뒀다.[35]

국가의 리더는 분명히 책임감 있게 국가재정을 운영해야 한다. 말콤 턴불은 처음부터 책임감 있는 재정 운영이 자신의 최우선 순위라고 밝혔다. 2015년 국가의 최고 권력을 둘러싼 다툼이 시작되자 말콤 턴불은 토니 애벗을 "오스트레일리아가 필요로 하는 경제적 리더십이 없는" 인물로 혹평했다. 총리로 선출된 뒤, 토니 애벗을 정부 요직에 기용하겠냐는 질문에 말콤 턴불은 "새로운 시작은 비즈니스와 마찬가지로 정부에도 중요하다."[36]라고 답했다. 이 비유는 분명했다. 말콤 턴불은 비즈니스 용어를 이용해 정치를 설명했다. 그의 말에 따르면, 민첩함, 혁신, 창의성 그리고 파괴적인 변화가 오스트레일리아의 미래였다. 평등, 자유 또는 사회정의에 관한 언급은 없었다. 이런 가치는 비즈니스에 하등의 도움이 안 될 것이다. 이런 '리더십'에 관한 논의는 진지한 정강政綱보다 공항 서점에서 파는 경영서적에 바탕을 두고 있는 듯했다. 표면적으로는 진보를 부르짖었지만, 그 이면에는 비용 절감의 논리가 숨어 있었다. 정부 지출 중에서 사회 평등과 가장 밀접한 관련이 있는 교육과 보건 두 분야는 말콤 턴불이 처음 제시한 예산 삭감의 대상이 되었다.[37] 시작부터 과징금과 초과근무 수당 삭감도 말콤 턴불의 경제 안건 중 하나였다.[38]

앞서 살펴봤듯이, CEO사회에서 정치는 정책의 우선순위를 결정하는 것뿐만 아니라, 인사조직에 영향을 미치는 등 점차 기업화되어갔다. 이상적인 정치인은 냉철한 CEO를 갈수록 닮아갔고 비즈니스와 경제가 CEO 정치인의 안건에서 제일 높은 곳을 차지했다. 다른 사례만큼 우악스럽지는 않지만, 이런 경향은 버락 오바마Barack Obama 대통령의 임기에서도 나타난다. 정치 이론가 웬디 브라운이 설명한 대로, 버락 오바마는 2008년 '희망과 변화'를 강조하는 선거운동을 펼쳤고 결국 미국의 대통령으로 당선됐다. 그는 미국 국민을 단결시킬 수 있는 변혁적인 리더가 될 것이고 전쟁으로 얼룩진 과거로부터 정의, 기회 그리고 진보의 새로운 시대로 나아가겠다고 약속했다.[39]

그러나 버락 오바마가 대통령으로 두 번째 집권할 무렵, 상황이 변했다. 2013년 연두 교서에서 버락 오바마는 조세개혁, 헬스케어, 청정에너지, 주택, 교육, 최저임금 인상 그리고 다양한 사회정의와 연관된 정치 변화를 요구했다. 그러나 이번에는 "각각의 이슈에서 경제성장에 대한 기여와 미국 경쟁력이 핵심어가 되었다."[40] 버락 오바마는 "어떤 방향으로 노력을 해야 할지 알려주는 우리의 북극성은 양질의 중산층 일자리를 만들어내는 경제성장"이라고 주장했다.[41] 연두 교서는 경제에 방점을 찍었다. 그는 외국인 투자를 통한 일자리 창출, 직업 훈련 그리고 노동에 대한 적절한 보상을 강조했다. 웬디 브라운이 설명했듯이, '외국인투자 유치와 적절한 보수체계 구축'은 21세기에 사회 정의를 중요하게 생각하는 리더가 이끄는 세계에서 가장 오래된 민주국가의 목표"가 되었다.[42] 경제성장을 견인하는 변화는 모두 정치적으로 정당화됐다. 대통령은 자유, 평등 그리고 정의를 보장하기 위해 선출된 사람이 아니라 "정부의 경영과 기업의 경영이 본질적으로 같다는 생각으로 사회정의, 정부투자 그리고 환경보호를 경제성장과 (…) 국가 경쟁력 강화 그리고 자본 확충의 동력으로 삼을 정책을 만들어내기 위해서" 선출된 사람이었다.[43]

CEO 정치인과 민주적 리더십의 기업화

CEO사회에서 정치 리더십과 비즈니스 리더십은 서로 밀접하게 연관되어 있다. 이것은 민주주의의 대변인에게 보다 근본적인 변화가 일어나고 있음을 보여준다. 전통적으로 선출직 정치인들은 선거구민을 섬기고 그들의 니즈에 응답하는 존재였다. 정치인은 자신이 대변하는 사람들, 즉 유권자의 현재와 미래의 웰빙을 보장하는 데 우선순위를 뒀다. 민주주의 리더십은 대중의 의견과 욕구에 맞춰 유권자의 장기적인 이익을 보장하기 위해서 기꺼이 단기적인 정치적 이익을 포기하는, 용기 있고 진보적인 사고로 여겨진다. 이런 이상들이 실제로 완전히 현실화된 적은 없지만, 정치인들은 '좋은' 민주주의 리더십이 어떠했고, 또한 어떠해야 하는지에 대하여 좌표를 설정했다. 그러나 CEO 정치인이 정계를 장악하면서 이런 이상들은 재구성되었고 유권자보다 시장의 수요를 파악하고 충족하는 데 우선순위가 주어졌다.

이런 변화는 '민주주의 리더십의 신자유주의화'라고 일컬어진다. 그리고 이것은 CEO사회의 핵심적인 특징이다. 일반적으로 신자유주의의 주요 관점은 공공영역에서 민간영역으로 권력을 이양하는 것이었다. 이런 권력 이양 과정에서 정부의 기능은 "시민들에게 특정 유형의 기업가적이고 경쟁력 있고 상업적인 행동을 권장하기 위해서 (…) 의도적으로 개입하는 것"이었다.[44] 이런 변화가 잠재적으로 민주적 규범과 관행에 극적인 영향을 미칠 수 있다는 것은 놀랄 일이 아니다. 웬디 브라운은 신자유주의의 정치적 변화 속에서 "개인의 이미지가 기업가로" 특정되고 있다고 말했다.[45] '경제적 인간'이란 개념은 이상적인 정치 리더에 영향을 미쳤고 기업가정신과 좋은 비즈니스 감각을 갖춘 정치인이 이상적인 정치 리더로 여겨졌다.

이런 정치의 신자유주의화는 재정적 책임과 정치적 책임이 융합되는 과정의 전형적인 예로 거론된다. 여기서 시장과 경제의 건전한 성장을 보장하기 위해 결단력 있게 행동할 수 있는 책임감 있는 민주적 리더가 대중의 지지를 받는다. 이러한 책임감은 신자유주의의 긴축정책 금융화의 확장과 직접적으로 그리고 전략적으로 연관된다. 그러나 이러한 이념들의 효과는 균일하지 않다.[46] 블라이드Blythe에 따르면, 다음의 특성 때문에 이런 이념들은 위험할 수 있다.

> 긴축은 자신이 가지고 있는 범위 내에서 소비하는 것을 의미한다. 긴축은 매력적인 개념이다. 국가가 재정적으로 위기에 처하면 자유주의 경제학자들은 긴축정책을 지지한다. 그들이 긴축정책을 지지하는 이유를 알면, 긴축이 얼마나 위험하고 매혹적인 개념인지 이해할 수 있을 것이다.[47]

이와 유사하게 확실한 기업가치에 따라서 국가를 이끌겠다고 약속하는 CEO 리더는 현대의 유권자에게 위험하고도 매혹적인 존재다.

CEO 정치인은 무엇보다도 시민이 아닌 시장을 섬기는 데 목적을 둔다. 그래서 대중에 대한 그들의 책무는 대체로 간접적이다. 시장을 관리하고 시장의 니즈를 충족시켜서 유권자의 니즈를 충족시킨다. 이런 이유로 국가 재정과 관련한 신자유주의적 규정은 '반정치'의 형태로 나타난다.[48] 이것은 새로운 유형의 이상적인 민주주의 리더의 출현을 알린다. 바로 시장개혁을 원하지 않는 사람들에게 시장을 개혁하는 일이 그들에게 좋은 일이라고 설득하여 시장개혁을 진행할 수 있게 하는 민주주의 리더 말이다.

여기서 정치인은 많은 사람들이 지지하지만 '무책임한' 시민의 요구에 용맹스럽게 저항할 수 있어야 했다. 특히 그들은 개혁을 정당화하기 위해서 정치적으로 탄력적이고 전략적이어야 했다. 신자유주의 시대에 통치 전문가 폴 포스너Paul Posner과 존 브론달Jón Blöndal은 다음을 제안했다.

> 예리한 정치 리더는 적자감축을 경제성장의 수단으로 표현하는 데 능숙하다. 그들은 높은 금리와 인플레이션 같은 경제 문제를 높은 재정적자와 연관시킬 수 있다. 긴축적 재정정책에 수반되는 희생은 신용대출을 줄이거나 외인성 채무위기의 발생 가능성을 없애는 등 곧 발생할 경제적 이익으로 정당화되어야 한다.[49]

정치 리더는 가치와 정책에 대하여 민주적으로 심의를 하느냐보다 책임감 있게 경제를 관리할 수 있을 정도로 강하고 자기 통제력이 있느냐를 두고 인기 경쟁을 벌이고 있다. 그 결과 신자유주의를 보존하기 위해서 경제적으로 필요한 일을 기꺼이 해낼 의지가 있는 새로운 정치 '영웅'이 등장했다.[50] 미국에서는 재정보수주의를 기준으로 정치인에게 실제로 '영웅상'을 수여하는 '정부에 저항하는 시민위원회Council for Citizens Against Government'와 '부채해결위원회Fix the Debt' 같은 조직이 생겨났다. 그러나 2008년 금융위기의 여파로 이런 관행에 대하여 문제가 제기되었다. 긴축정책이 문제를 해결하기보다 더 거대한 경제 문제를 야기한 것처럼 보였기 때문이다. 그럼에도 민주주의적 담론에서는 여전히 자본주의를 '치유하고' 건강한 상태로 회복시킬 '책임감 있는 개혁'을 실행할 강한 리더의 능력이 중심이 된다. 이런 식으로 CEO사회는 경영진 교체와 유사한 방식으로 경기침체의 위기를 넘어설 수 있는 리더에 대한 욕구를 옹호한다.

리더십의 신자유주의화는 유권자에 대한 시각에도 영향을 준다. CEO 정치인의 인기는 '주주 시민shareholder citizen'을 만들어냈다. 이 유형의 시민은 "국가 통치에 대해 직접적인 발언권은 없지만 밀접하게 영향을 받는" 소위 "시민 주주citizen shareholders"의 정반대 개념이다. 그래서 시민 주주는 "기업 행동의 경제적 이익과 사회의 구성원/시민으로서 투자자의 사회적, 정치적 이익의 관계"를 강조한다.[51] 이와 대조적으로 주주 시민은 자신들의 정치적 결정이 시장에 미치는 영향을 이해하고 그에 따라서 투표를 할 것으로 기대된다. 이것은 신자유주의가 개인에게 스스로 절제하고 (…) 시장을 잘 이해할 것을 요구하는 시스템이라고 설명한 사회학자 린 필립스Lynne Philips와 수잔 일칸Suzan Ilcan의 이론을 보여준다.[52] 이 새로운 시대에 CEO 정치인은 민주적으로 바람직한 존재이다. 또한 기업 경영자와 같은 리더십을 지닌 정치인에게 투표하는 것이 주주 시민의 민주적 의무다.

정치 리더십의 새로운 비즈니스

이번 장에서는 공공분야의 리더십과 민간분야의 리더십의 관계를 중점적으로 살펴봤다. 20세기 후반부터 오늘날까지 신자유주의의 발전을 통해 둘의 관계는 변화했다. 이것은 정치 리더십이 갈수록 효율성, 효과성, 수익성, 생산성 그리고 경쟁에서의 승리와 같은 전통적인 비즈니스 가치와 연관되는 모습을 보여준다. 초반에 시사했듯이, CEO 정치인을 선호하는 경향은 대선 후보로서 도널드 트럼프의 대중적 매력에서 큰 부분을 차지했다. 과장을 두려워하지 않는 도널드 트럼프는 경쟁심이 강한 CEO의 특성을 전형적으로 보여줬다. 한 선거유세장에서 도널드 트럼프는 다음과 같은 선언을 했다.

> 우리는 승리할 것입니다. 우리는 완전히 승리할 것입니다. 우리는 교역에서 승리할 것입니다. 우리는 국경에서 승리할 것입니다. 진저리가 날 정도로 승리할 것입니다. 저에게 와서 "이제 더 이상 승리할 게 없어요"라고 이야기하게 될 것입니다. 기억하세요. "대통령님, 간청하는데 우리는 더 이상의 승리를 원하지 않습니다. 이미 너무나 많은 것에서 승리를 했습니다. 우리만 계속 승리하는 것은 다른 사람들에게 공평하지 못한 일입니다"라고 여러분들은 말하게 될 것입니다. (…) 그러면 저는 이렇게 말할 것입니다. "미안합니다. 하지만 우리는 계속 승리해나갈 것입니다. 우리는 이 미국을 다시 위대한 국가로 만들 것입니다."[53]

이토록 경쟁적인 승리를 강조하는 모습은 시장가치들에 관한 특정한 신자유주의적 관점, 시장가치들을 모든 영역에 적용할 수 있는 가능성과 시장가치들 사이에 나타나는 경쟁관계를 여실히 보여준다. 이것은 CEO 정치인으로 인해 변하고 있는 리더십 이미지와 자본주의와 관련된 가치들이 민주주의와 관련된 가치들보다 우선시되면서 생겨난 21세기 사회정치적 권력구조의 광범위한 변화의 본질적인 부분이다. CEO사회에서 민주주의는 기껏해야 경제적이고 경쟁적인 목표를 달성하기 위한 도구일 뿐이다. 이런 맥락에서 정치인들은 여전히 대중의 상상 속에 적어도 어느 정도는 사회 변화의 주요 동력으로 자리하고 있다. CEO사회가 요구하는 사회 변화는 대체로 금융, 경제 그리고 시장과 관련된 것들이다.

물론 통치와 비즈니스 가치의 연관성이 완전히 새로운 것은 아니다. 1920년대 초반, 학자들은 자신의 친구들에게 호의를 베풀고 영향력을 나눠주는 재계 거물과 흡사한 '인사 관리자'로서 정치인이 가진 위험요인에 대해 비판했다.[54] 심지어 앞을 내다보기라도 한 듯, 정치학자 유진 루이스Eugene Lewis의 '정치 리더는 기업가'라는 주장이 이론화되고 대중과 학계의 지지를 받았다.[55] 여기서 이상적인 정치 리더는 "공공조직을 만들거나 세부적으로 조직해서 희소한 자원을 할당하는 기존의 패턴을 완전히 바꾸는" 인물이다.[56] 신자유주의는 이런 사상에 '이데올로기 비계飛階'를 제공해서 정치 경제 담론의 핵심 사상으로 확장되고 그런 사상이 단단히 자리 잡을 수 있도록 한다. 구조적 단계에서 정치인은 CEO의 성격적 특성과 행동을 모방하여 정치에서 민간 시장의 효율성과 수익성을 주장한다.[57]

CEO사회에서는 CEO와 대통령을 구별하는 것이 거의 불가능한 것처럼 보인다. 이런 CEO사회에서, 웬디 브라운처럼 "신자유주의적 합리성이 정치적 삶을 가득 채울 때, 문화, 주체, 원칙 그리고 제도 등 민주주의의 구성요소에는 어떤 일이 생길지"가 궁금해진다.[58] 민간분야와 공공분야에서 리더십의 관행과 리더십에 대한 문화적 기대가 모두 변했다. 이것은 민주주의를 희생시키고 그 대가로 신자유주의를 강화시켰다. 실제로 이것은 CEO사회의 본질적인 특징에 속한다. 그러나 정치 리더십의 변화는 단지 신자유주의적 도그마를 반영하는 데 그치지 않고, 신자유주의적 도그마를 촉진하고 구성하는 데도 도움을 준다. 정치학자 닐 브레너Neil Brenner는 세계화에 관한 담론이 국제정치의 '규범적인 질서 재정립'을 촉진시켜 국제정치가 신자유주의적 이념을 반영하게 되었다고 주장한다.[59] 이와 유사하게 시장 가치의 촉진과 확대가 리더십의 대중적인 대표성이 나타나는 현상 속에서 목격된다.

CEO사회가 만들어지면서 정치적 그리고 경제적 독트린으로서 신자유주의는 리더십과 관련된 문화적 질서를 규범적으로 재정립했다. 정치인은 사업가처럼 행동해야 한다는 관점이 지배적이다. 이 관점은 이러한 권력의 재구성을 강화시킨다. 도널드 트럼프의 당선은 기업친화적인 특별 이익 집단을 대변하는 행정권한이 강력하게 결합된 기업 민주주의가 성숙했음을 보여주는 사례다. 그러나 정치의 기업화가 완성되려면 아직 멀었다. 최근에는 그에 대한 저항세력이 커지고 있다. 이 저항세력은 진정한 민주적 정치를 지지한다. 도널드 트럼프의 대통령 임기에 대한 반응은 이것을 확실히 보여준다. 정치의식이 있는 시민들은 대규모로 그의 대통령직에 반대한다. 2017년 1월 미국에서 있었던 '여성들의 행진Women's Marches'은 도널드 트럼프의 대통령 당선에 저항의 뜻을 보여주기 위한 행사였다. 도널드 트럼프에게는 유감스러웠겠지만 이것은 미국 역사상 최대 규모의 반대집회였고 전 세계적으로 지지를 받았다.[60] 워싱턴에서 개최된 여성들의 행진에 참여한 사람은

어림잡아 도널드 트럼프의 취임식에 참석한 사람들보다 3배나 많았다.[61]

미국의 버니 샌더스와 영국의 제레미 코빈Jeremy Corbyn의 급진적인 선거운동은 CEO 정치를 반대하는 급진적인 세력이 증가하고 있음을 보여준다. 영국의 '모멘텀Momentum'과 버니 샌더스에게 고무되어 조직된 '우리의 혁명Our Revolution'이 이러한 정신을 그대로 보여준다. 두 조직 모두 탈CEO정치와 탈CEO사회가 앞으로 나아갈 방향을 제시한다. 2015년 제레미 코빈을 지지하기 위해 설립된 모멘텀은 20만의 지지자들과 함께 시민의 정치 참여 강화, "철도, 에너지 그리고 공공 서비스의 민영화" 반대 그리고 "부와 권력을 소수로부터 다수로 재분배"할 것을 주장했다.[62] 모멘텀과 유사하게, 우리의 혁명의 임무는 기업이 미디어를 통제하고 부패한 정치자금이 정계를 지배하는 시대에 미국 정치의 부활을 통해 "미국 중산층을 위한 민주주의를 되찾는 것"이다.[63] 이 급진적인 단체의 기업의 정치 장악을 막겠다는 의지에는 신자유주의로 심화된 역겨운 불평등을 끝내고 국민의 뜻을 중요하게 여기며 집단의 이익을 강조하고 사회관계의 민주화에 헌신하는 정치로 현재 정치를 대체하겠다는 헌신이 존재한다.

대체로 이런 움직임은 정치 리더십이 기업의 이익에 점점 얽매이는 상황에 적극적으로 반대하기 위해서 생겨났다. '모멘텀'과 '우리의 혁명'은 기업친화적인 정책에 우선순위를 부여하는 자유민주주의의 모습을 폭로하고 신자유주의 시대에 자신들의 정치적 운신의 폭을 넓히고 있다. 그들의 존재감이 두드러지면서 정치의 시장화에 이의를 제기하고 이상적인 민주주의 정치지도자는 특정

부분에서 CEO와 유사하다는 CEO사회를 지배하는 사고를 변화시킬 기반이 마련되었다. 이를 발판 삼아 민주주의와 민중통치가 CEO사회의 핵심인 개인 통제로 더 이상 대체되지 않도록 막을 수 있을지도 모른다.

5

라이프스타일 모델로서의 CEO

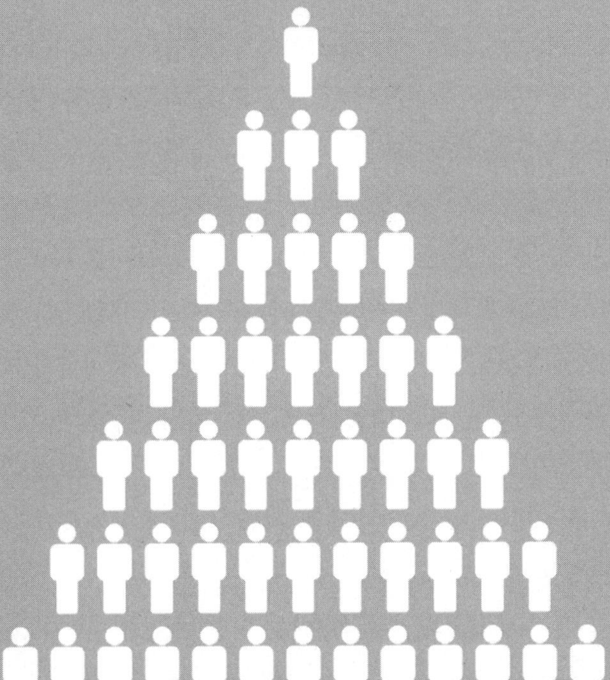

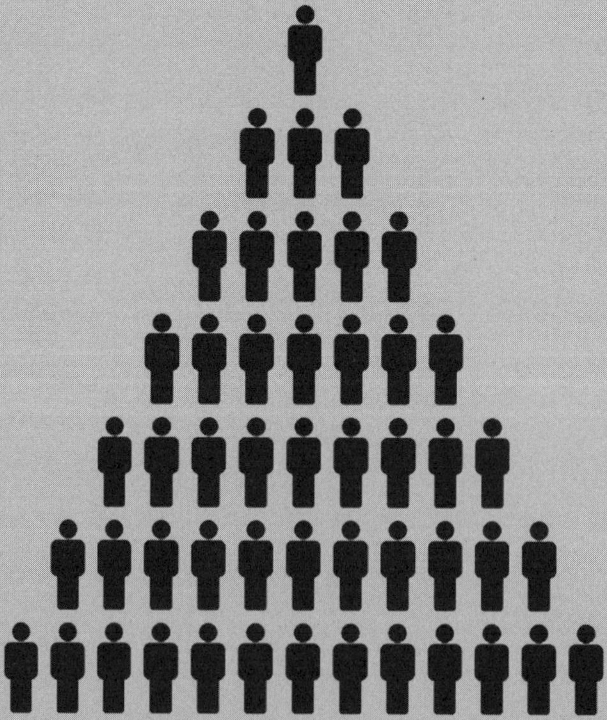

5

라이프스타일 모델로서의 CEO

CEO들은 경제와 정치에서 권력을 휘두른다. CEO사회에서 그들의 권력은 이 두 영역을 넘어 '문화'에까지 도달했다. 그래서 CEO사회는 개인과 공동체의 라이프스타일에도 영향을 미친다. 여기서 경제인 가설homo economicus이 진화했다. 경제인 가설 또는 경제적 인간은 경제 이론의 기본 단위가 무엇인지 보여준다. 경제적 인간은 자신의 경제적 이익을 완벽하게 인식하고 그 이익을 꾸준히 추구하는 합리적인 인간이다. 그렇다고 경제적 행동이 항상 편협하고 이기적인 관심사를 추구하는 과정에서 나타나는 것은 아니다.[1] 그러나 경제적 인간은 사익을 추구하는 경제적인 존재이고 신자유주의 등 자유주의의 근간이다. 신자유주의와 경제적 인간을 살펴보면, 현재의 라이프스타일보다 규범적으로 선호되는 라이프스타일을 더 잘 이해할 수 있다.[2] 현대사회에서 경제적 인간은 무자비하게 생산성과 효율성을 추구하고 경제적 이익을 극대화하며 손실을 최소화하는 존재다.

이번 장에서는 경제적 인간으로서의 CEO뿐만 아니라 경제 영역을 넘어 타인의 롤모델로 엄청난 영향력을 행사하는 문화인사로서의 CEO에 대해서 살펴볼 것이다. 이 과정에서 2008년 금융위기로 바닥으로 곤두박질쳤던 CEO가 가치 있고 생산적인 삶의 전형으로 불사조처럼 부활하기까지의 여정도 살펴볼 것이다. CEO의 이미지와 밀접하게 얽혀 있는 경제적 인간이란 개념에는 적어도 표면적으로 문화적 모순이 존재한다. 여기서 누군가는 경제 가치의 극대화가 근간인 삶이 훌륭한 삶을 강조하는 현대 문화와 모순되는 것은 당연한 것 아니냐고 말할지도 모른다. 오늘날 현대인들은 건강하고 건전하고 균형 잡힌 삶에 굉장히 집착한다.[3] 여기에는 자신의 삶을 최대한 충실하게 살고, 직업이나 경력의 노예는 절대 되지 않겠다는 문화적 욕구가 분명히 존재한다. 사람들은 일 중독에 이윤만을 추구하는 CEO의 이미지를 일상에 직접적으로 투영한다. 여기서 CEO 이상과 역설과 모순을 억누르는 CEO의 능력에 존재하는 복잡성이 드러난다. 좀 더 깊이 파고들면, CEO는 열심히 일하고 노는 능력을 지니고 있는 존재임이 드러난다. 그들은 경제적 인간이 의미하는 바와 '좋은 삶'이 의미하는 두 개념의 가치를 훼손하지 않고 통합시킨다.

유명 CEO들은 천재적인 사업 감각만큼 스릴을 즐기고 호화로운 라이프스타일로도 유명하다. 버진 그룹의 리처드 브랜슨은 열기구를 타고 대서양과 태평양을 횡단했고 오라클Oracle의 래리 앨리슨Larry Ellison은 래가타 챔피언십에 참가했다. 시스코 시스템스CISCO Systems의 공동 설립자 샌디 러너Sandy Lerner가 가장 흥미로운 사례다. 그는 중세시대 갑옷을 입고 마상시합을 벌였다.[4] 이 CEO들은 정상적인 일과 삶의 규칙에 구애받지 않는 현대 제계 거물의 이미지를 보여준다. 물론 샌디 러너는 조금 우스꽝스러운 방식으로 이런 이미지를 보여줬지만 말이다. CEO에게 불가능이란 없다. 그는 아침에 스카이다이빙을 하고 오후에 수십억 달러의 사업을 논하고 저녁에는 유명 영화배우와 칵테일을 즐기거나 주말에 다보스에서 세계 문제의 해결책을 논할 수도 있다.

이번 장에서 깊이 살펴보겠지만, CEO의 우상화는 현대 사회에 깊이 뿌리내린 현상이다. CEO는 우리에게 충실하게 자신의 잠재력을 실현해나가는 삶을 청사진으로 제시한다. CEO가 보여주는 가치는 자신의 희망과 꿈이 무엇인지 찾고 이를 실현하기 위해 필요한 지혜를 사람들에게 제공한다. 이런 CEO의 삶이 이 세상이 강조하는 '좋은 삶'이다. 우리 모두는 자기 삶의 성공한 CEO가 되어야 한다. 그 과정에서 우리는 행복과 웰빙이라는 투자수익을 얻게 될 것이다.[5]

CEO의 라이프스타일

현대사회에서 CEO는 단순히 기업의 위계질서에서 가장 높은 직위만을 의미하지 않는다. CEO에는 이보다 더 많은 의미가 담겨 있다. CEO는 무엇이 최고의 라이프스타일인지를 몸소 보여준다. CEO는 최대한 충실한 삶을 산다. 나아가 자신의 권력, 부 그리고 인간관계를 이용해서 자신이 원하는 삶을 산다. 이것이 그들의 라이프스타일로, 일개 사원(그리고 실업자)은 상상도 하지 못하는 삶이다. 우리의 영웅들은 최첨단 기술을 개발할 뿐만 아니라 최첨단 기술에 둘러싸여서 산다. 모험심이 강한 CEO들은 흥미로운 라이프스타일을 가지고 있다. 그들의 라이프스타일은 사람들로 하여금 CEO를 고루한 사장이 아니라 액션영화에 나오는 영웅 같은 존재로 생각하게 만든다. 이사회 회의장을 박차고 나온 현대의 CEO들은 그 누구보다도 빨리 최신 기술을 받아들인다. 1980년대 CEO는 그 누구보다 빨리 투박한 휴대폰을 사용했다. 이제는 홈 오토메이션 시스템과 로봇을 가장 먼저 사용하는 사람들이 바로 CEO다.[6]

많은 CEO가 스릴 있는 라이프스타일로 사람들의 감탄을 자아낸다. 그들은 양복을 입고 넥타이를 매는 대신 경비행기를 조종하거나 마라톤에 참가한다. 심지어 세계신기록을 수립하기도 한다. 리처드 브랜슨은 열기구를 타고 세계를 일주하는 최초의 인간이 되기 위해서 많은 시도를 했다. 그는 "모험가의 삶과 기업가의 삶은 비슷하다. 둘 다 대다수의 사람들이 가려고 하지 않는 곳을 향해 나아간다"고 말했다.[7] 리처드 브랜슨은 여기에 만족하지 않고 2014년 63세의 나이에 '카이트 서핑보드 위에 가장 많은 사람들이 올라탄 것'으로 기네스 세계신기록을 세웠다. 당시 리처드 브랜슨과 3명의 비키니 차림 여성들이 영국령 버진제도에서 카이트 서핑을 했다.[8] '감각적인 경험을 추구하는 사람들'에 관한 최근 연구에 따르면, 평범하지 않은 경험을 좇아 적극적으로 위험을 감수하는 CEO가 안정을 추구하는 CEO보다 더 훌륭하다고 한다.[9] 이런 유형의 사람들은 특히 혁신을 통해 기업을 성공으로 이끌 가능성이 더 크다.

CEO사회에서 CEO들은 비즈니스뿐만 아니라 전반적인 삶의 영역에서 롤모델로 떠올랐다. 위험을 감수하고 모험을 즐기는 혁신가로서 CEO는 CEO사회의 핵심 인물이다. 실제로 그들의 이런 남성적인 페르소나가 CEO를 사회적, 경제적 승리자뿐만 아니라 비즈니스 영역을 넘어 여러모로 닮고 싶은 존재로 만든다. 사람들은 CEO들이 일반 사람들이 따르는 규범에 얽매이지 않고, 자신만의 규칙을 따르기 때문에 매력적이라고 생각한다. CEO라고 하면 사람들은 서구사회의 남성적이고 개인주의적인 인물을 떠올린다. 그들의 한계는 오직 자기 자신의 능력과 의지다. 마크 저커버그는 청바지와 티셔츠 차림으로 수십억 달러의 페이스북 제국을 만들었고 스티브 잡스는 환각제를 흡입하며 자신의 의식을 팽창시켜 획기적인 아이디어를 제안했다. 그들이 이렇게 행동할 수 있는 것은 단지 엄청난 부를 가지고 있기 때문이 아니다. 사회의 간섭이나 규제로부터 자유롭게 자신의 길을 나아갈 수 있는 능력 때문이다.

고프로GoPro의 CEO 닉 우드만Nick Woodman이 가장 확실한 사례다. 우드만의 동창은 닉 우드만에 대해서 다음과 같이 기억했다.

> 닉 우드만은 몇 시간 동안 모형 글라이더를 조립하는 데 몰두했다. 하지만 그 모형 글라이더는 첫 비행에서 땅바닥으로 곤두박질쳤다. 그러나 닉 우드만은 전혀 당황하지 않고 다른 모형 글라이드를 만들었다. 이런 그를 보면서 나는 그가 실패의 위협을 두려워하지 않는 사람인 것을 알았다. 고프로 투자자들은 닉 우드만이 CEO로서 이런 열정, 결단력 그리고 혁신을 가지고 그 역할을 해내리라 믿는다.[10]

신자유주의는 개인의 자유가 영웅적인 개인가치로 구현될 것이라고 약속한다. 이 일화는 이런 신자유주의의 약속이 CEO라는 인간의 모습으로 어떻게 나타나는지를 보여준다. 대다수의 사람들은 노동자와 피고용인으로서 여전히 기업의 통제를 받으며 살아간다. 그러나 이 경제적 엘리트들은 자신들이 원하는 대로 행동하고 자신의 잠재력을 항상 실현시켜나가는 것처럼 보인다. 성공은 CEO에게 문화적 제약 또는 심지어 물리적 제약에 순응할 필요 없는 유일무이한 자유에 대한 권리를 부여했다. 이것은 기업 임원에 관한 소위 '최고 경영진 이론'에 나타난다. 이 이론은 조직이 성과를 내는 동력이 최고 경영진의 특성, 가치 그리고 능력이라고 주장한다.[11] 직원과 중간 관리자의 복잡한 상호작용과 의사소통은 잊어라. 최고 경영진은 집단의 성과에 책임을 질 수 있는 조직의 유일한 주체다. CEO는 기업의 임원이 지녀야 할 재능과 자질을 갖추고 있다. 그래서 CEO는 답답한 관료주의를 타파하고 성과를 낼 수 있다. 21세기 기업의 위계 시스템에서 CEO는 자신들이 이끄는 기업에서뿐만 아니라 전 세계적으로 현대판 왕족처럼 대우받는다. 그들이 원하는 것을 손에 넣는 것은 비즈니스 세계의 정점에 오르기 위한 그들의 노력에 대한 보상이다. CEO는 이런 보상을 받을 자격이 있다. 그래서 나머지 사람들은 그들을 경외심과 질투심으로 우러러볼 수밖에 없다.

이런 개인의 자유는 일반 사람들에게는 허용되지 않는 엘리트만의 특권으로 보인다. 그러나 CEO가 여전히 매력적인 인물일 수밖에 없는 기본적인 이유가 있다. 바로 갈수록 복잡하고 경쟁이 치열해지는 이 세상에서 성공적으로 자신이 나아갈 길을 찾는 그들의 뛰어난 능력이다. 모험적인 행동으로 유명하지 않은 CEO도 자신의 인생을 완전히 책임질 수 있는 능력으로 존경받는다. CEO는 새로운 길을 트는 개척자로 여겨진다. 그들은 자신이 선택하지도 않은 원치 않는 삶을 받아들이지 않는다. CEO는 자신의 운명을 스스로 결정할 수 있는 비밀을 알고 있다. 그래서 CEO는 현대인의 스승이다. 기업 정신은 효과적이고 성공적으로 사는 방법을 알려준다. CEO는 모두가 자신의 삶에서 '승리자'가 될 수 있도록 가르침을 주는 스승이다. 그리고 다른 사람들이 보다 효율적이고 생산적인 삶을 살 수 있도록 돕는다. CEO는 다른 사람들이 염원하는 매력적인 삶의 기준을 제공한다는 점에서 '모범적'이다.[12] 라이프스타일의 모범인 CEO는 모두가 최고가 될 수 있는 지혜를 제시한다. 그래서 사람들은 CEO의 완벽함을 모방하고 자신이 항상 되고 싶었던 사람이 되고자 한다.

CEO의 라이프스타일은 단연 최고다. 그들의 라이프스타일에는 일반인도 따라 할 수 있는 요소들이 있다. 수익을 창출하고 엄청난 연봉을 받는 방법만을 말하는 것은 아니다. 현대의 CEO는 개인의 욕구를 극대화하고 개인적 목표 달성 방법뿐만 아니라 직장 안팎에서 자신의 꿈을 실현하는 방법도 보여준다. 자기계발서는 CEO에 대한 이런 사고가 지니는 문화적 힘을 보여주는 확실한 바로미터다. 『홈리스에서 CEO가 되기까지: 핑계 금지Going from Homeless to CEO: The No Excuse Handbook』는 이런 CEO 정신을 가장 잘 보여준다.[13] 이 책에서 무엇을 배울 수 있을까? "역경, 분노 그리고 질투심을 극복하여 성공적이고 행복한 삶을 사는 방법"이다.[14] 이것은 CEO의 가장 큰 장점 가운데 하나가 말과 행동으로 다른 사람들에게 잘사는 방법을 가르치는 것이라고 가정한다. 이것으로 충분하지 않다면, 로빈 샤르마Robin Sharma의 『성인, 서퍼 그리고 CEO: 마음이 시키는 대로 사는 삶에 관한 놀라운 이야기The Saint, the Surfer, and the CEO: A Remarkable Story about Living Your Heart's Desires』를 읽어보라.[15] 이 책은 당신의 최고의 자아가 당신이 마땅히 살아야 하는 기적과도 같은 삶에 눈뜨게 도울 것이다. CEO는 바로 그 기적을 이루어낸 존재다!

21세기 CEO의 엄청난 부와 권력은 새로운 도금시대가 도래했음을 보여준다.[16] CEO의 영향력은 단순히 경제와 정치에만 국한되지 않고 앞으로 나아갈 방향을 제시하는 현대의 지식과 정체성으로 확대된다. CEO는 장기 비전과 단기 합리성이 결합된 강력한 롤모델이다. 이런 맥락에서 CEO는 기업가에 대한 대중의 상상 속에서도 유사한 역할을 한다. 기업가는 자본주의 미덕의 모범이다. 그리고 CEO는 창의성, 파괴와 혁신의 화신이고 독창적인 아이디어를 가지고 열심히 일하면 경제가 발전할 수 있다는 문화적 환상을 자극한다. 분명한 것은 CEO의 영향력이 이제 막 사업을 시작한 사람들에게만 미치는 것은 아니란 사실이다.

기업가정신은 현대인에게 동기를 부여하고 그들의 행동을 판단하는 다목적 이상이다. 모든 기업가가 좋은 CEO가 되는 것은 아니지만, 모든 CEO는 기업가정신이 투철하고 새로운 기회를 자신에게 유리하게 이용할 수 있다. 2005년부터 영국 BBC에서 방영 중인 〈드래곤즈 덴Dragon's Den〉과 2009년부터 미국 ABC에서 방영 중인 〈샤크 탱크Shark Tank〉 같은 유명 리얼리티 TV쇼에서는 기업가가 되고 싶은 사람들이 출연해서 자신의 아이디어를 지지해달라고 투자자들을 설득한다. 이런 리얼리티 TV쇼는 앞서 말한 신화를 과장한다. 이 경우에 무엇이 가치 있고 어떻게 그 가치를 극대화할지를 판단하는 최종 심판자는 바로 성공한 기업가 겸 투자자들이다. 샤크 탱크의 '상어떼'는 투자자가 아니라 착취자인 셈이다. 그들은 최신 트렌드를 포착하고 자신의 선견지명을 이용해 경제적 이익을 극대화시키고자 한다. 또한 조직의 번영에 필수적인, 감정이나 전통적인 믿음이 결여된, 합리성도 이용한다.

애플의 성공에는 뛰어난 창의력을 지닌 천재가 있었다. 그가 바로 스티브 잡스다. 성공한 사업가를 떠올려보라고 이야기하면, 거의 대부분의 사람들이 스티브 잡스를 떠올릴 것이다. 2015년 개봉한 그의 자전적 영화 〈스티브 잡스〉에서 가장 유명한 대사는 기술 혁신가인 스티브 워즈니악Steve Wozniak을 연기한 배우의 것이다. 그는 스티브 잡스에게 다음과 같은 신랄한 질문을 했다.

> 뭐하는 거야? 넌 엔지니어가 아니야. 디자이너가 아니라고. 망치질도 못하잖아. 내가 그 회로판을 만들었어! 그래픽 인터페이스는 도난당했고! 그런데 어째서 하루 종일 '스티브 잡스는 천재다'란 기사를 열 번이나 읽어야 하느냐 말이야? 도대체 뭘 한 거야?[17]

여기서 기업가정신의 다소 미스터리하고 실체 없는 본질에 대해 생각해봐야 한다. 기업가정신은 눈에 보이는 무언가를 만들어내는 것이 아니라 다른 사람들이 이미 만들어놓은 현실을 활용하는 것이다. CEO는 이런 형태의 기업가정신을 발휘하여 다른 사람들의 창의적인 능력을 적절히 이용한다. 기업가적인 CEO는 이미 성공해서 자리를 잡은 기업을 이끌지만, 그들은 다른 사람들의 꿈을 실현시킬 기회를 찾으려고 애쓰고, 그 각각의 기회에서 얻는 수익을 극대화시키는 기업가적인 면모를 지니고 있다. 사회에서 모든 순간이 당신의 삶을 책임지고 전반적인 가치를 극대화할 또 다른 기회를 보여주는 동시에, 모든 경험은 새로운 비즈니스의 가능성을 보여준다.

위기에 처한 CEO

지금껏 살펴봤듯이, 현대 CEO는 단순히 기업의 경영자를 상징하는 직위가 아니다. 이보다 훨씬 깊고 중요한 무언가를 상징한다. CEO는 자신의 운명과 자아를 통제하는 능력을 상징한다. 이 영웅들은 단순히 시장을 형성하는 일만 하지 않는다. 그들은 자신의 삶을 스스로 만들어나간다. 사회가 자신의 인생을 결정짓도록 내버려두지 않는다. 이 점을 고려하면 단지 이상화된 CEO의 표면적 특징만을 살펴볼 것이 아니라, 사회가 CEO를 이상적인 존재로 계속 그리면서 새로운 이미지를 부여해온 방법과 그 이유도 살펴봐야 한다. 이를 위해 문화적 이상인 CEO가 2008년 금융위기를 어떻게 넘겼는지 살펴보자. 2008년 금융위기는 CEO의 영웅 이미지를 정면으로 반박했다. 2008년 12월 미국의 대형 자동차 회사를 이끌던 CEO들이 구제금융을 요청하기 위해 각자 전세기를 타고 워싱턴으로 달려왔다. 이때 버락 오바마 대통령은 그런 그들을 호되게 꾸짖었다. 한 민주당 하원의원은 "퍼스트클래스를 타거나 전세기 한 대를 같이 타고 올 수는 없었나요? 그렇게 했다면 최소한 당신들이 현 상황의 심각성을 이해하고 있다고 생각했을 겁니

다"라고 말했다.[18]

이 일화는 금융위기가 터지자마자, 기업에서 최고의 자리를 차지하고 있는 자들이 가장 아래에 있는 사람들만큼 무력한 존재란 사실을 보여준다. 금융 위기는 시장의 움직임을 이해하거나 시장을 통제하는 데 있어서 CEO와 금융 전문가도 일반 사람들과 별반 차이가 없음을 보여줬다. 많은 사람들은 금융시장이 완전히 붕괴될까 봐 두려워했다. 그리고 '장님이 장님에게 길안내를 맡기는 것'처럼 자신들과 마찬가지로 지식과 경험이 거의 없는 사람들에게 21세기 경제를 맡겼다고 느꼈다. 당시 상황을 두고 골드만삭스의 사장이자 최고운영책임자인 게리 콘Gary Cohn은 다음과 같은 말을 했다.

> 이런 상황에 처하면, 할 수 있는 일은 두 가지이다. 사건의 한가운데 뛰어들어 하루 24시간, 일주일 내내 모든 것을 해결하려고 시도하거나, 뒤로 물러나 생각만 하면서 무슨 일이 벌어지고 있는지를 이해하는 것뿐이다.[19]

어디로 나아가야 할지 알 수 없었고, 더 좋은 미래로 이끌 수 있는 선지자도 없었다. 아마추어들만 잔뜩 있었다. 그들은 태어나서 처음으로 상황을 이해하고 문제를 해결하려고 허둥댈 뿐이었다. 사람들이 할 수 있는 일은 고삐 풀린 세계 자유시장이 '절벽'에서 추락하는 일에 스스로 대비하는 것뿐이었다. 그때까지 영웅으로 칭송받던 CEO는 갑자기 금융위기의 희생양으로 전락했다. 심지어 JP 모건 체이스의 CEO는 다음과 같이 애통해했다.

경영진이 회사를 망쳤다면, 이사회와 경영진이 해고되었어야 한다. (…) 소위 CEO라 불리는 사람들이 5,000만 달러, 1억 달러, 1억 5,000만 달러를 착복하고 회사가 도산하는 것을 지켜보면서 어떤 생각을 하느냐고? 소름이 끼칠 지경이다. 너무나 충격적이다. 나는 그들의 의견에 동의한다. 모두가 나쁘다고 말한다. 회사가 도산하면, 우리 CEO들은 지난 5년 이상의 세월 동안 받은 돈 전부를 되돌려줘야 한다. 이런 질문은 애당초 나에게 할 필요가 없다.[20]

자본주의 시스템이 존재의 위기에 직면했고 CEO사회로 가는 길이 어긋났다. '시장의 목적은 무엇이었나? 너도나도 땅바닥을 향해 경쟁하듯이 내달리는 것 말고 자본주의의 정체성은 무엇이었나? 종말론적이지 않은 자본주의의 미래가 있었나?' 전 세계적으로 팽배한 이런 위기의식은 CEO에게도 전염되었다. 신화 속에서 위선을 떨던 자들이 현실을 마주하면서 겸손해진 것이다. 금융위기는 CEO를 전 세계를 두려움에 떨게 하는 귀신으로 만들었다. 그들이 모든 것을 망쳐놨다. 한때 칭송받던 그들의 자유는 과도함과 착취를 일삼는 특권으로 매도됐다.

CEO의 위기는 세계 금융위기가 끝이 아니었다. 그들에게 본격적인 위기가 닥쳤다. 우주의 주인이자 최후의 승리자인 CEO가 아주 보잘것없는 존재로 취급받게 되었다. 그들은 자신들에게 유리하게 조작된 게임에서 패배했고 심지어, 아이러니하게도 자기 자신을 포함해서, 전 세계를 신자유주의가 가장 싫어하는 것, 바로 패배자로 만들었다. 주택 압류, 부채와 실직 등 위험 징후가 전 세계적으로 나타났고 자살률이 급증했다. 게다가 '경제적 자살'이란 용어가 생겼다.[21] 경제학자 앤드류 팔로우Andrew Farlow는 저서 『금융위기 그리고 그 이후: 대 금융위기의 원인과 결과Crash and Beyond: Causes and Consequences of the Great Financial Crisis』에 다음과 같은 비판적인 의견을 썼다.

> 이런 폭발적인 사건들의 원인과 결과를 살펴보면서, 보다 심오하고 심란한 의문이 마음속에 떠올랐다. 왜 공공정책은 이런 위험요소들이 커지고 있는 동안 입을 꾹 다물고 있었을까? 이로 인한 비용은 가히 천문학적이다. (…) 아마도 본질적인 질문은 왜 금융위기가 일어났느냐가 아니라 왜 금융위기가 일어나도록 내버려두었느냐다.[22]

사람들은 CEO에게 금융위기에 책임을 지고 법의 심판을 받으라고 아우성쳤다. 그러는 동안 현재와 미래에 관한 심각한 문제가 대두되었다. 사람들의 생계와 직접 관련된 완전히 현실적인 문제였다. 사람들은 실직했고, 가게는 문을 닫았으며, 정치인들은 긴축정책을 울부짖었다. 이런 상황에서 사람들이 가장 원했던 것은 경제 회복이었다. 그러나 세계의 CEO들이 바닥으로 곤두박질친 상황에서, 누가 그런 극적인 경제 부활을 이끌 수 있었을까?

이 순간 CEO가 이끄는 경제 회복에 대한 새로운 환상이 생겨났다. 이것은 산산이 부서진 CEO의 명성을 기적적으로 되살렸다. 그리고 그들에게 이전보다 더 큰 영향력을 허용했다. 이 환상은 사람들의 감성에 호소했다. 이 경제적 격변이 일어나기 전에 존재했던 찬란한 과거를 되살리는 데 모두의 마음을 모아야 한다는 인식이 생겨났다.[23] 전 세계 금융위기가 닥치기 전 번영이 보장되고 시장은 관리가 가능했던 시기로 돌아가고자 하는 강한 열망이 사람들 사이에서 생겨났다. 이를 위해서 기업의 위태로운 행동을 통제하고 비즈니스를 정상화시킬 '상식적인' 규제가 필요했다. 버락 오바마 대통령은 2009년 자신 있게 다음과 같이 선포했다.

> 시장이 정상적인 기능을 못할 수 있음에도 거짓된 현 상태에 안주하며 지난 20년을 보냈습니다. 이번 금융위기는 상식적인 수준의 규제가 필요하다는 사실을 다시금 상기시켜주었습니다. 생활수준을 개선하고 재화의 가격을 낮추고 모든 나라들을 더 가깝게 만든 세계화의 엄청난 혜택을 훼손하지 않고 상식적인 규제를 도입해야 합니다.[24]

물론 경제 회복에 대한 이러한 욕구는 충분히 이해할 수 있다. 이런 욕구는 자유시장의 이데올로기가 금융위기를 견디고, 심지어 번창할 수까지 있었던 이유다. 그러나 이것은 왜 그토록 많은 사람들이 CEO를 계속 우상으로 숭배하는지를 정확하게 설명해내지 못한다. 개인으로서 CEO가 탐욕과 부패로 입에 담지도 목할 심한 욕을 들었지만, 이상으로서의 그들은 여전히 황금처럼 빛나는 매력적인 존재였다. 금융위기는 '인간이 경제 시스템에 영향력을 행사해 봤자 부질없다'는 두려움에 근거한 깊은 불안감을 정확하게 보여줬다. 그리고 금융위기는, 일반인들은 행위주체성이 아주 부족하다는 보다 일반적인 두려움으로 파문을 일으켰다. 사람들은 자신들의 삶이 초자연적인 시장의 변덕과 예측할 수 없는 운명에 무방비 상태로 노출되어 있고 어느 순간 완전히 사라질 수도 있음을 목격했다. 20세기가 시작된 이래, "돈은 이 세상의 세속적인 신"이라는 규탄의 목소리가 들려왔다.[25] 그리고 금융위기로 인해 사람들은 돈이 더욱더 무모하고 난폭한 신이 되었다고 두려워했다. 이 신은 황금 제단 앞에서 머리를 조아리는 인간을 전혀 보살피지 않았다. 이것은 새천년의 시작부터 인간을 괴롭혀온 깊은 존재론적 불안감이었다. 다시 말해 그것은 인류가 통제할 수 없고 인간의 능력을 넘어선 시스템 안에 갇혀 있다는 사실을 깨달으면서 생겨난 공포심이었다.

버락 오바마 대통령이 시사했듯, 단지 신자유주의가 제공한 물질적 혜택을 지켜내기 위해서 CEO의 대중적 이미지를 회복시킨 것은 아니었다. 사람들은 제멋대로인 프랑켄슈타인 같은 경제의 손아귀에서 인간성이 말살되는 공포에 대응하기 위해 필요한 초자연적인 존재를 원했다. 다시 말해, 설령 모든 사실과 증거가 아니라고 말하지만, 사람들은 누군가가 이 경제 시스템을 완전히 통제하고 있다고 믿고 싶었다. 삶을 스스로 개척하고 운명을 통제하는 개인의 힘이 되살아나야 CEO의 신화가 다시 부활할 수 있었다. CEO가 다시 영웅으로 부활하면 나머지 사람들도 자신의 삶에 대한 통제권을 되찾을 수 있을지 모른다. 이를 위해서 사람들이 CEO를 인간성을 말살하는 시장의 힘을 길들일 수 있는 유일한 존재로 다시 받아들여야만 했다. CEO에 대한 신뢰회복은 경험적 사실보다 고된 하루 끝에 믿음을 가질 수 있는 어떤 대상을 찾고자 하는 인간의 본능이다. 현실이 견딜 수 없을 정도로 힘겹다면, 마음을 의지할 환상이 되살아나야 했다. 사람들은 현대

CEO의 복음을 받아들이기만 한다면 모두가 은총을 받을 수 있다는 약속을 굳게 믿었다.

CEO와 삶의 가치

경제를 거의 붕괴 직전까지 몰고 갔던 2008년 금융위기 이후 거의 10년이 지났다. 그 기간 동안 자본주의의 사회적, 도덕적 혜택을 두고 의견이 갈렸다. 옹호자들에게 자본주의는 여전히 부를 창출하는 유일무이한 시스템이고 자유민주주의의 당연한 파트너다. 반면, 많은 비판가들에게 자본주의는 불평등, 빈곤 그리고 억압의 동력일 뿐이다. CEO를 평가하는 기준과 항목은 상충된다. 누군가에게 CEO는 현 질서의 부당하고 잘못된 모든 것의 화신이다. 다른 누군가에게 CEO는 자주성의 전형이고 모두가 달성하기 위해서 애써야 하는 개인의 자결권을 대표한다.

여기서 모순이 생긴다. 과연 자본주의가 인간을 해방시킬까 아니면 착취할까? 이 질문이 모순의 핵심이다. 대체로 거시적인 문제를 중심으로 자유시장에 대한 비난이 쏟아진다. 점령 운동에서 언급된 '99%'나 영국 노동당 당수 제레미 코빈의 2016년 선거 슬로건인 '소수가 아닌 다수를 위한for the many, not the few'도 자유시장의 거시적인 문제를 겨냥했다. 많은 사람들에게 자유시장경제 속 일상은 아쉬운 점이 많다. 자유시장경제가 자랑하는 자유는 대부분의 사람들에게 엄청난 압박 속에서 힘겹게 살아가는 고단한 일상일 뿐이다. 이런 일상은 불안과 공포에 의해 지배된다. 그리고 상사가 우리의 웰빙에 대하여 최종 결정을 내린다.

사회학자 데이비드 비어David Beer는 이런 불안감에 대해서 다음과 같이 부연 설명했다.

> 신자유주의는 통치술만큼 강력하다. 신자유주의는 불확실성을 조장하고 감정과 신체의 경험을 조작한다. 그리고 무엇이 가치 있느냐의 기준을 정한다. 신자유주의는 각종 지표에 의해 야기된 불확실성과 불안감 위에 세워졌다. (…) 일상의 모든 것을 계속 평가하고 지표로 나타내려 한다면, 이런 불안감은 갈수록 심해질 것이다. 삶에 대한 지나친 평가는 우리의 불확실성과 불안감을 악화시킬 것이다.[26]

CEO들은 아무 노력도 하지 않고 호화로운 삶을 사는 것 같다. 그리고 그들의 성공과 부는 시민들의 소비를 부추겨 얻은 이익과 먹고살기 위해 몸부림치는 노동자의 고통에서 생긴 부산물인 것 같다. 물론 옹호자들은 자본주의에 대해서 완전히 다른 이야기를 할 것이다. 그들의 장밋빛 세계에서 CEO들은 조직과 사회의 존속과 성장을 위해 필수적인 존재다. CEO들은 혁신과 부흥을 이끄는 선장처럼 행동한다. 그러므로 그들에게 엄청난 보상이 주어져야 한다. 그러나 이를 위해서는 엄청난 노동이 필요하다. 어쨌든 시장이 가격을 결정하도록 놔두는 것이 최고의 가격 결정 방법이니, 그런 시장이 CEO의 급여를 결정해야 한다고 주장하는 이들이 있다.[27] CEO의 노력은 대단하기 때문에 그들에게 그에 마땅한 대가를 줘야 한다는 것이다! 이 논리를 믿는다면, 아마 당신은 CEO가 기업의 이익 때문에 고민하고, 쉬지 않고 기업의 가치를 높이는 일에 매진한다는 이야기도 믿을 것이다. 권고사직을 당한 CEO가 거대한 퇴직금을 챙기는 사례에서는 이런 순교를 찾을 수 없다. 마크 필즈Mark Fields가 포드모터컴퍼니Ford Mortor Company의 CEO로 있었던 3년 동안 회사 주가는 38% 폭락했다. 그러나 2017년 그는 5,400만 달러가 넘는 퇴직금을 받고 회사를 떠났다.[28]

사람들은 CEO가 순교자와 엘리트의 중간 어디쯤에 있다고 생각한다. 아이러니하게도 이런 생각 자체가 무시할 수 없는 의문을 제기한다. 승리자들조차도 소진되고 착취당한다면, 과연 자본주의는 정말 가치가 있는 것일까? 자본주의가 막대한 수익을 창출하고 경제성장을 이끌지는 모르지만, 실제로 자본주의를 즐기는 사람이 있나? 이어서 이 의문들은 자유시장의 강력한 셀링 포인트로 향한다. 착취는 사실상 개인의 역량을 강화하고 행복하고 충만한 삶을 성취하는 핵심 비결이라는 해괴망측한 명제다. 이 명제의 논리는, 착취는 개인의 능력을 최대한 활용하고 열심히 일하는 것이고 한 사람의 성장에 있어서 아주 중요하다는 것이다. 비판적인 이론가 콜린 크레민Colin Cremin은 이를 두고 "임금과 사회적 지위를 얻기 위해서 스스로를 교환의 대상으로 생각하고 자유자본주의의 지시와 양립할 수 있는 삶을 선택하는" '반사적 착취reflexive exploitation'라고 하였다.[29] 이것은 현대인의 스펙 쌓기에 대한 집착으로까지 이어진다. 예를 들어 사람들은 자신의 이력서에 엄청난 투자를 한다. 이력서가 자신에게 경제적 안정과 구원을 가져다줄 궁극적 힘이라고 생각하기 때문이다. 이런 모습으로 반사적 착취가 나타난다. 이것이 자본주의로 인해 착취가 역량강화로 둔갑하는 가장 완벽한 사례일 것이다.

CEO 정신을 일상생활에 쏟아내는 것도 이런 역량강화의 핵심적인 부분이다. 열심히 일하는 게 다가 아니라 일상에 기업가적 윤리의식을 받아들여야 한다. 이것은 사회학자 막스 베버가 초기 자본주의 발전의 핵심으로 지목했던 프로테스탄트 윤리의식의 현대적인 확장이자 재구성이다.[30] 그러나 현재는 막스 베버가 찾아낸 금주, 근검 그리고 근면과 같은 전통적인 윤리의식 이상의 무언가가 필요하다. CEO의 직업윤리를 지키려면, 기회를 놓치지 않고 교활하고 무자비하게 신이 주신 부와 행복에 대한 권리를 추구해야 한다.

CEO사회의 정신에 따라 CEO의 사고방식을 받아들이는 것이 자신의 가치를 발견하는 데 가장 중요하다. 이것은 끊임없이 타인과 비교하고 경쟁하면서 자신의 장단점을 찾아내는 것이다. 자칭 '데이트 코치'인 니리 스테인버그Neely Steinberg는 저서 『관심: 마음속 기업가를 해방시켜 사랑을 찾다Skin in the Game: Unleashing Your Inner Entrepreneur to Find Love』에서 직장 밖의 삶에 대해 언급한다.[31] 이 책의 주요 독자층은 여성이고 표지는 핑크색이다. 이 책은 사랑을 찾아 여기저기 헤매는 여성들에게 "좌절과 실망 속에서 가능성을 찾아내는 능력" 그리고 "지식 격차를 줄이는 능력" 등 CEO의 테크닉을 익히라고 조언한다. 그리고 뻔뻔하게 로맨스를 추구하라고 조언한다. 어떻게? "당신은 사랑을 찾기 위해 기업가처럼 모험을 한다. 이 모험을 스타트업을 세우는 일이라고 생각해보라. 당신이 바로 그 스타트업의 CEO다."[32]

이런 책은 성숙함은 자신의 도덕적 가치를 발견하는 것이 아니라 일상에서 자신의 시장 가치를 발견하는 것이라고 주장한다.

그래서 인생을 가치 있게 만들고 싶다면, 내면의 CEO를 기르고 밖으로 끄집어내야 한다. 이렇게 하지 못하면, 정체, 파산 그리고 사랑 없는 인생만 남는다. 결정적으로 CEO사회의 가치를 받아들이기 위해서는 자신의 가치를 높이는 새로운 방법을 끊임없이 찾고 목표 달성과 기회 활용에 가장 효율적이고 비용 면에서 효과적인 방법을 발견해야만 한다. 그것도 다른 사람들이 먼저 해내기 전에 말이다. 결국 모두가 자신의 성공에 책임을 져야 한다. 스타벅스의 CEO 하워드 슐츠는 "계속 시도할 의지만 있다면 대부분의 사람들은 자신의 꿈과 그 이상의 것을 얻을 수 있다"고 말했다.[33] 결론적으로 당신이 꿈을 실현하지 못했다면 CEO사회의 정신에 따라 충분히 노력하지 않았기 때문이다.

일과 삶의 균형을 달성한 CEO

CEO가 단지 기업의 이익을 창출하기 때문에 중요한 것은 아니다. CEO는 한낱 개인이기 전에 삶의 완전한 모델이다. CEO처럼 산다는 것은 자신의 진정한 가치를 발견하고 거기서 이익을 얻는 것이다. 이것은 비즈니스 관행이 개인의 일상으로 확장되는 것을 의미한다. 이것은 개인의 세계관과 행동방식을 결정한다. 나아가 건강하고 '균형 잡힌' 삶의 필수요소가 된다. 현대인들은 일과 삶의 균형과 웰빙을 원한다.[34] 이전에 논의했듯이, 이것은 개인적 성취와 직업적 성취를 달성하는 데 아주 중요한 요소다. 그러나 신자유주의에 내재된 경제적 불안정성과 마주한 지금, 이런 꿈은 현실적인 목표라기보다 신기루에 가깝다. 우리는 자본주의가 절대 잠들지 않는 세상에 살고 있다. 이런 세상에서 자신의 직업과 미래 소득을 걱정하면서 웰빙을 추구하는 것은 어려운 일이다. 취직(또는 실직)으로 인한 극도의 신체적 피로와 불안감은 끊임없이 우리를 위협한다. 노동은 충만한 삶의 근본적인 부분이 될 수 있고 되어야 한다. 이것이 이상적인 '일과 삶의 균형'이다. 그러나 현실에서 우리는 노동을 통해 자본주의가 우리의 건강에 얼마나 나쁜지를 깨닫는다.

CEO가 일과 삶의 균형을 달성했다고 주장하기에는 설득력이 없다. 물론 CEO는 훌륭한 자질을 많이 갖추고 있다. 그러나 CEO에게는 직장 밖의 삶에 대한 강한 열정은 없는 것 같다. 그들은 직장에서의 경쟁적인 개인주의를 골프를 치거나 레이싱카를 모는 등 일상생활에서도 발휘한다. 이런 이유로 실제 CEO는 롤모델이라기보다는 경고에 더 가깝다. 그들은 최고의 자리에 오르기 위해서는 반드시 갖추어야 하는 집념을 여실히 보여준다. 유감스럽게도 이것은 직장에서의 성공을 위해 일을 제외한 모든 일상을 희생시킨다는 의미일 수 있다. 환상은 지루한 현실을 거부한다. 모든 에너지를 직장에 쏟는다면, 직장과 일상에서 동시에 승리자가 될 수 있다는 환상이 존재한다. 이런 환상의 살아 있는 증거가 바로 CEO다. 사람들은 일과 삶이 균형을 이루는 것은 불가능하다며 절망한다. CEO는 직장과 일상에서 행복할 수 있는 '대박의 팁'을 제공한다. 기업 관리자 엘리자베스 듀크스Elizabeth Dukes는 다음과 같은 사례를 소개한다.

버진 그룹의 유명 CEO 리처드 브랜슨은 가족과의 시간을 기타 중요

한 일정으로 생각하라고 제안한다. "회의나 미팅 등 업무와 관련한 약속이 너무 많을 때, 가족과의 시간을 예약하고 업무수첩에 기록하라"고 리처드 브랜슨은 말한다.[35]

이와 유사하게 최근 『월스트리트저널』에는 남성 CEO들이 자신들의 일과 삶의 규칙을 소개하는 글이 실렸다. 경제 기자 레이첼 페인체이그Rachel Feintzeig는 다음의 기사를 썼다.

이 재계 거물들은 섬세하고 불가능해 보이는 '일과 삶의 균형'을 실현한 전형적인 사례다. 그들의 기술과 사고방식은 일과 삶의 균형을 달성하는 데 결정적인 역할을 한다. 직장 안팎에서의 건강한 삶을 달성하는 것은 개인이 책임져야 할 일이다. 명목적으로 기업은 일과 삶의 균형 추구에 도움이 될 문화를 형성하기 위해서 노력해야 한다. 그러나 현실에서는 직원들이 직접 직업적인 의무와 개인적인 욕구를 조율하는 방법을 찾아야 한다.[36]

덕분에 삶은 사는 것이 아니라 관리하는 것이 되었다. 이런 이유로 개인의 건강과 웰빙은 스스로 관리해야 하는 것이 되었다. 음으로 양으로 CEO는 성공적인 개인 관리의 완벽한 사례로 소개되고 있다. 개인은 이익을 내며 일과 여가, 경력과 가족의 균형을 맞추는 가장 효율적이고 생산적인 방법을 찾으면서 시간을 효과적으로 활용해야 한다. CEO사회에서 CEO는 이런 폭넓은 의미의 성공을 달성하는 비결을 가지고 있다.

개인적이고 직업적인 스트레스를 이겨내고 자신의 삶을 가장 효과적으로 관리해내는 사람의 삶이 이런 이상적인 삶이다. 엘런 코섹Ellen Kossek과 바바라 로크Barbara Lautch의 유명한 자기계발서 『내 인생의 CEO가 되자CEO of Me』는[37] 이런 시각을 전형적으로 보여준다. '일과 삶의 균형을 유지하려고 시도'하는 사람들을 돕기 위해서, 이 책은 일상생활과 직장생활의 균형을 맞출 수 있는 본질적인 방법에 대해서 탐구한다. 이 책은 그것을 다음과 같이 설명한다.

> 당신은 CEO가 하는 것처럼 일상생활을 적극적으로 주도하고 관리해야 한다고 생각한 적이 단 한 번도 없을 것이다. 그러나 커다란 삶의 변화를 위해서 당신은 그렇게 해야 한다! 비즈니스 세계에서 CEO는 기업 전체를 관리하는 책임을 가지고 있는 최고 경영책임자다. CEO는 조직의 현재와 미래에 큰 영향을 주는 전략적인 선택을 한다. 당신의 인생의 CEO로서, 끊임없이 직장생활과 일상생활을 어떻게 관리할지를 선택해야 한다. (…) 스스로가 직장생활과 일상생활의 주인임을 받아들이면, 당신은 보다 훌륭한 선택을 할 수 있을 것이다.[38]

이 책은 분명히 행복한 직장생활과 일상생활을 원한다면, CEO들의 선례를 따르라고 말한다. 바로 행위주체성과 통제력을 받아들이는 것이다. 잘 살려면 CEO의 사고방식을 받아들이는 것이 아주 중요하다. 우리는 직장생활과 일상생활을 효과적으로 관리해야 한다. 그리고 자신의 삶에 효과가 있는 규칙과 방법을 찾으려 애써야 한다. 마지막으로 무슨 수를 쓰더라도 CEO처럼 일과 삶의 균형을 추구해야 한다. 보스처럼 말이다!

내면의 CEO

지금껏 살펴봤듯이, CEO사회에서 CEO는 더 이상 경제적인 관점에서만 중요한 존재가 아니다. CEO는 일과 관련이 없는 영역에서도 중요한 존재다. 직업적인 목표와 개인적인 목표를 달성하려면 CEO의 사고방식을 받아들이는 것이 필수다. 그리고 이렇게 해야 충만한 삶을 살 수 있다. CEO처럼 생각하고 행동할 때, 행복과 성취가 따라온다. 자칭 베스트셀러 작가이자 CEO 코치인 알랜 콕스Allan Cox의 말처럼, 이제 우리는 "내면의 CEO가 깨어날 때" 생기는 황홀감을 경험하기만 하면 된다.[39]

자본주의는 수많은 이념과 역사적 사건이 복잡하게 얽혀있는 사상이다. 그럼에도 불구하고 자본주의는 아주 간단한 거래관계에 기반을 둔다. 노동자는 적어도 최저생계를 보장하는 임금을 받는다. 노동자가 생산한 가치 중 임금을 제외한 나머지 모든 가치는 고용주의 이익이 된다. 이런 거래관계는 21세기에도 여전히 유효하다. 노동자는 임금으로 의식주를 해결한다. 어떤 경우는 의식주를 해결하고 기타 생활필수품을 구입하고 나면 돈이 한 푼도 안 남기도 한다. 이처럼 CEO사회의 자본주의의 역할이 단순히 물질적인 재생산에서 끝나지는 않는다. 이제 삶의 재생산에도 막대한 영향을 미친다. 또한 CEO사회는 현대 노동자에게 "신체적 그리고 정신적 건강을 증진"하는 곳이다. 여기에는 "개인의 정신적 성장과 자존감 강화"도 포함된다.[40] CEO사회에서 인간은 일하기 위해서 살거나 살기 위해서 일하지 않는다. 원하는 삶을 살기 위해서 일을 한다.

CEO사회에서 노사관계는 삶을 위한 투쟁에서 라이프스타일을 위한 투쟁으로 발전했다. 특히 선진국에서 일부 경제적 특권층은 자신의 시간을 어떻게 그리고 어디에 쓸지를 결정하는 더 큰 권한이 보장된 곳에서 일할 권리를 요구하고 있다. 결과적으로 "업무의 경계를 넘어선 '개인적인 성취'에 대한 욕구가 커지면서, 갈수록 직업도 개인의 웰빙에 기여할 것을 요구받는다."[41] 구체적으로 이것은 좋은 부모가 되고 싶다거나 좋은 몸매를 갖고 싶은 것처럼 사람들이 비업무적 열망을 충족하고 비업무적인 의무를 이행할 수 있도록 지지하는 것을 의미한다.

CEO사회의 특징은 삶과 일의 융합이다. 이제 기업은 직원의 직업적인 성장뿐만 아니라 개인적인 성장도 돕는 문화를 조성하고 장려한다. 피트니스센터, 스포츠 시설, 마사지실, 스파, 건강관리실 그리고 수면실은 요즘 사람들이 기대하는 복지혜택에 포함된다. 직원의 개인적인 웰빙도 이제 관리 대상으로 간주된다. 이것은 흔히 역량 강화로 보인다. 그러나 실제로는 업무 안팎의 목표를 위해 노동자의 몸과 마음을 건강하게 유지하려는 기업의 규율이다. 이런 추세는 사람들에게 새로운 압박을 가한다. 전반적으로 충만한 삶을 살고 일과 삶의 균형뿐만 아니라 기업의 가치 극대화를 위한 도약대로 직업을 이용해야 한다고 노동자를 압박한다.

'린인leaning-in'이란 신조어가 이 새로운 정신을 전형적으로 보여준다. 페이스북의 최고운영책임자 셰릴 샌드버그Sheryl Sandberg의 페미니즘 색채가 강한 책에 이 '린인'의 개념이 등장한다.[42] 이 책은 여성들에게 아내 혹은 어머니와 같은 역할을 위해서 자신의 커리어를 희생시키지 말고, 자신 있게 기회를 활용하라고 말한다. 또한 셰릴 샌드버그는 여성에게 위험을 감수하고 성장 잠재력이 있는 분야에 뛰어들고 자기주장을 당당히 펼치는 등 CEO 라이프스타일을 적극 받아들이라고 말한다.

특정 성별을 지칭하지는 않지만 유사한 어조로 2014년 경제지 『타임Time』에 일과 개인생활의 우선순위를 정하는 자신만의 노하우를 소개하는 남성 CEO들의 이야기가 실렸다.[43] CEO들은 가족들이 당신의 부재에서 금방 회복할 수 있는 '고무 같은 순간rubber moments'과 당신의 커리어를 위해 결코 희생시킬 수 없는 '크리스털 같은 순간crystal moments'을 구별하라고 말한다. 예를 들어 축구시합이나 학부모 모임이 고무 같은 순간이라면, 졸업식, 결혼식 그리고 출산은 크리스털 같은 순간이다. 이 두 순간을 구별하고 관리한다는 것은 크리스털 같은 순간에 투자를 하고 고무 같은 순간에는 되도록 사무실에 남아서 일하는 것이다. 너무 많은 고무 같은 순간에 참여하는 것을 피하라는 의미다. 그러나 CEO사회는 당신에게 두 순간 모두를 누릴 수 있다고 말한다. 단, 올바른 방식으로 관리를 한다면 말이다. 여기서 핵심 교훈은 여성과 남성 모두 가정과 직장에서 모든 목표를 달성할 수 있다는 약속이다. 이것은 단지 가정생활과 직장생활의 균형을 유지하는 것이 아니다. 가정과 직장을 양립시켜 그 무엇도 희생시키지 않는 것이다. 비즈니스 세계에서 이것은 윈-윈이라 불린다.

CEO사회는 직업적인 행복과 개인적인 행복을 동시에 약속한다. 이것은 CEO사회의 중대한 약속이다. 이 약속을 지키려면, 일상을 사업상의 모험으로 여길 수 있어야 한다. 일상을 사업상의 모험으로 여긴다는 것은 일상에서 CEO의 수완과 지혜를 발휘한다는 의미다. 이런 태도에는 삶이라는 대규모 사업의 보상과 위험에 대한 끊임없는 평가가 따른다. 우리는 일상에 존재하는 기회뿐만 아니라 그 기회의 비용도 알아야 한다. 일과 삶의 손익분기점을 분석해서 최적의 결과를 도출할 수 있어야 한다. 이런 이유로 행동을 할 때는 항상 그 행동이 '그만한 가치가 있는지' 따져봐야 한다. CEO 코치이자 모 기업에서 이사를 지낸 게리 코헨Gary Cohen은 『워싱턴포스트The Washington Post』에서 이를 다음과 같이 요약했다.

> 그렇다. 당신은 당신 인생의 CEO다. 최고경영자는 자신이 경영하고 관리하는 기업을 위해 전략과 비전을 제시한다. 그러므로 스스로의 인생을 위해 전략과 비전을 세우고 제시하는 것은 자기 자신의 몫이다. 탄탄한 전략이나 비전 없이 기업은 성공할 수 없다. 이처럼 미래에 대해 충분히 고민해서 만든 전략과 비전 없이 개인은 자신의 잠재력을 최대한 발휘할 수 없다. 그러나 흥미롭게도 아주 많은 사람들이 자기 인생을 위해서 전략과 비전을 구상하기보다는 결혼식이나 여름휴가 계획을 세우는 데 더 많은 시간을 투자한다.[44]

CEO사회에서 가치 있는 시민이 되려면 기업가로서 자신의 삶에 접근해야 한다. CEO사회는 개개인에게 인생의 기회를 최대한 활용하기 위해 CEO 스킬을 개발하고 연마하라고 애원한다. 아주 새로운 자본주의 시장과 가능성을 이용하려고 노력해야 하듯이, 인생이 제시하는 새로운 가능성에서 이익을 얻기 위해서는 교활하게 행동해야 한다. 이를 위해서 개인은 반드시 자신의 리더십을 극대화하는 수단으로 자신만의 'CEO 브랜드'를 발견해야 한다.[45] 이를 위해서 '전문 하이-파이버' 숀 켈리Sean Kelly에 따르면 "오늘 아침부터 당장 인생을 최대한 활용하는 확실한 방법을 찾아야 한다." 그렇다면 어떻게 그 확실한 방법을 찾을 수 있을까? "졸지 않고" "자신의 다짐을 읽고" "건강하기 위해 운동하고" "최상의 상태를 유지하기 위해 연료를 다시 채우라고" 조언한다.[46]

한때 기업은 충만하고 행복한 삶의 적으로 비난받았다. 이런 비난은 한순간에 완전히 뒤집혔다. 이제 사람들에게 직장 안팎에서 목적을 찾고 번창하는 방법을 보여줄 수 있는 사람은 CEO다. 지금까지 우리는 CEO의 사고방식을 받아들이면 일과 삶의 균형을 찾는 것보다 더 많은 일을 할 수 있다고 들어왔다. 간단히 말해 책임감을 갖고 자기 인생의 CEO가 되면, 스스로의 인생을 최대한 활용할 수 있게 된다.

CEO처럼 행동하고 생각할 의무

현재 우리는 기업가정신이 충만한 시대에 살고 있다. 이 시대는 스스로 CEO가 되어 인생을 최대한 활용할 것을 요구한다. 이런 요구를 낙관적으로만 받아들여서는 안 된다. 이것은 전혀 악의 없는 요구로 들린다. 인생의 방향과 이정표를 찾는 사람들을 위한 간단명료한 조언이다. 그런데도 이런 CEO의 지식은 직장생활과 일상생활의 체계를 잡는 새로운 도덕적 규율에 해당된다. 이것은 규범적 요구다. 이 규범적 요구가 울부짖던 역량 강화는 죄책감과 자책을 수반한다. 이것은 노골적으로 스스로가 자신의 개인적인 성공과 실패에 대하여 완전한 책임을 져야 한다고 선언한다. 예를 들면 현대사회에 존재하는 가부장제와 성차별에도 불구하고 여성이 자신의 의지만으로 이런 구조적 장애물을 극복하고 보스처럼 '린인'해서 자신이 원하는 커리어와 인생을 성취해나가야 한다.[47] 긴축정책과 세계화로 인해 경제적 불안이 심화된다. 이로 인해 많은 사람들이 자신이 진심으로 갈망하는 인생을 살기 위해 필요한 시간이나 자원을 확보할 수가 없다. 하지만 전혀 상관없다! CEO처럼 행동하면, 이 구조적인 장애물은 마법처럼 사라질 것이다. 인종차별과 경제적 불평등도 마찬가지다. 이에 대해 책임을 질 사람은 바로 당신이다!

CEO사회는 '책임화responsibilisation'와 관련된 신자유주의의 지배적인 담론이다. 나아가 이런 담론을 확대시킨다. 사회학자 로넨 샤미르Ronen Shamir의 말에서 책임화가 무엇인지 추측해보자.

> 책임화는 근본적으로 도덕적 행위주체성을 전제로 한다. 여기서 도덕적 행위주체성은 기업가적 기질을 보장하기 위한 존재론적 조건이다. 신자유주의의 책임화는 독특하다. 이것은 합리적 경제인의 기질에 적절한 도덕적 행위주체성을 띤다. 바로 자주적이고 스스로 결정을 내리고 자립하는 주체다.[48]

그래서 개인과 공동체는 자신의 복지를 스스로 책임져야 한다. 이것은 특히나 어려운 자기수양의 형태다. 자신의 처지와 출신 배경에 상관없이, 사람들은 스스로 만들어낸 사회적 결과에 대해 책임을 져야 한다. 그리고 그 사회적 결과가 성공이든 실패든 간에, 마땅히 받아들여야 한다. 그래서 CEO의 사고방식을 받아들이는 것은 자기 인생에 스스로 책임지는 확실한 방법으로 여겨진다.

이러한 CEO의 요구와 약속에도 불구하고, 실제로 CEO가 공식적으로 인정하는 가치들은 사람들에게 힘이 되기보다 오히려 사람들로부터 힘을 앗아간다. CEO사회는 사람들에게 모든 영역에서 아주 효율적이고 생산적이어야 하며 자신감을 가지고 항상 기회를 좇으라고 요구한다. 이것은 받아들일 수 없는 요구다. 그 누구도 취업에 필요한 모든 자격을 갖출 수 없듯이, 그 누구도 모든 영역에서 CEO처럼 생각하고 행동할 수 없다. 바로 이 불가능이 CEO 도덕성의 생존에 대단히 중요하다. 왜냐하면 이것이 끝없는 비난의 고리를 만들어내기 때문이다. 사람들은 개인으로서 또는 노동자로서 자신의 잠재력을 발휘하고 실현하지 못했다고 느끼며 스스로를 탓한다. 이로 인해 사람들은 자기 삶의 이상적인 CEO가 되지 못하거나 자신의 처지는 고려하지 않고 성공했어야 하는데 성공하지 못한 '낙오자'나 '희생자'가 된 것에 죄책감을 느낄 수 있다. 이러한 실망감을 더 이상 경험하지 않기 위해서 일상 속에서 사람들은 계속해서 CEO의 가치를 받아들이려고 점점 더 애쓴다. 그러나 현실에서 느끼는 이런 실망감이 사람들이 보다 더 열정적으로 CEO의 가치를 받아들이고 투자하도록 만든다는 것은 환상일 뿐이다. 실제로는 이 실망감으로 인해 사람들이 스스로 가치 없는 존재로 느끼고, 전지전능한 CEO의 멋진 이상과 가치를 몸소 받아들이고 실천해서 가치 있는 존재가 되려고 애쓰는 것이다.

이렇게 죄책감을 일으키는 관계는 마구 빚을 내는 사회 풍조를 낳았다. 경제적으로 신자유주의는 어마어마한 개인과 집단의 부채 위에 세워졌다. 쉽게 신용대출을 받을 수 있게 되면서 전 세계적으로 부채의 규모가 폭증했다. 실질임금의 가치가 위협받고 있다. 사람들은 고등교육이나 헬스케어와 같은 기본적인 서비스의 비용을 지불하기 위해서 대출을 받을 수 밖에 없다. 보다 근본적으로 이것은 철학자 겸 사회학자인 마우리치오 라자라토Maurizio Lazzarato가 제시한 현대사회의 '부채 인간indebted man'에도 나타난다.[49]

> 일련의 금융위기로 인해 주관적인 존재가 모습을 드러냈다. 이 존재는 이미 존재했고 이제 모든 공공 영역을 장악한다. 바로 '부채 인간'이다. '모두가 주주고 주인이고 기업가'라는 신자유주의가 약속한 주관적인 성과는 우리를 자신의 운명에 대해 책임감과 죄책감을 동시에 느끼는 부채 인간으로 만들었다.[50]

그러므로 사람들은 CEO처럼 생각하고 행동해야 한다. 이렇게 해야 개인 부채를 상환하고 삶 속에서 주어지는 기회를 마음껏 즐길 수 있다. 여기서 참된 CEO의 태도를 받아들이는 것이 대단히 중요하다. 삶에 대한 CEO의 지혜를 받아들이지 않는 것은 자신의 현재, 나아가 미래에까지 몹쓸 짓을 하는 것이다.[51]

CEO사회는 당신의 가족과 친구에게도 CEO와 같은 존재가 될 도덕적 의무를 강요한다. 일 때문에 가족과 함께할 수 없다면, 그 책임은 시간을 더 잘 관리하는 CEO의 테크닉을 활용하지 못한 당신의 무능력에 있다. 우리의 삶을 기업처럼 관리하는 것은 자신뿐만 아니라 타인과 공동체를 위해서도 도덕적으로 당연히 해야 할 일이다. CEO의 이상은 기업의 이사회 회의실에서 벗어나 널리 퍼졌다. 이미 정치부터 사생활에 이르기까지 삶의 모든 영역에 영향을 주고 있다. 모두가 CEO의 탓이라 비난했던 세계 금융위기조차도 이 CEO의 이상이 퍼져나가는 것을 막을 수 없었다. 이제 사람들은 CEO의 이상에서 자신의 삶을 어떻게 관리해야 하는지 배운다. 이제 강력해진 CEO사회는 단지 사람들의 꿈을 결정하는 데 그치지 않는다. 그것은 그 꿈을 추구하고 실현하는 방법도 알려준다. 이제 자신이 무엇을 선호하고 무엇에 열정을 쏟느냐는 중요하지 않다. 현대인들은 유익하고 효율적인 삶을 살기 위해서 CEO처럼 행동하고 생각하게 되었다.

CEO 라이프스타일에서 벗어난 삶

CEO가 기업을 경영하듯 삶도 효율적으로 경영하라는 요구는 논란의 여지가 있고 사회에 미치는 파장도 깊다. 이런 요구는 시장 기술을 환경, 사회 그리고 경제 정의를 실현하는 데도 써야 한다고 주장한다. 그리고 이것은 경제적 이익을 극대화하려는 욕구를 넘어, 사회적 가치를 창출하는 데도 영향을 미친다. 심지어 시장에서 불가지론적 특성이 나타난다. 실체가 없는 시장이 사회적 선이나 사회적 악을 위해 사용될 수 있다는 것이다. 효율성, 진보적 사고 그리고 혁신으로 대변되는 CEO의 가치는 기업의 성공에 절대 없어서는 안 될 필수 요소다. 이런 의미에서 시장의 수단과 자본주의적 목적은 분명히 다르다. CEO의 가치는 어디에나 적용될 수 있는 보편성을 지닌다. 실제로 목적에 상관없이 모든 활동에서 CEO의 가치가 요구된다.

널리 사용되는 '사회적 기업가'는 교화된 CEO의 전형이다.[52] 공공의 이익을 위해 자신의 지혜와 재능을 이용하는 아름다운 사업가가 연상된다. 2017년 도널드 트럼프 대통령의 파리기후변화협정 탈퇴 선언을 비판했던 테슬라의 엘론 머스크, 제너럴 일렉트릭의 제프 이멜트 그리고 애플의 팀 쿡Tim Cook을 포함한 수많은 CEO들을 떠올려보라. 이처럼 환경을 파괴한 자본주의에 비난이 쏟아진다. 그러나 '녹색 자본주의green capitalism'가 이 비난여론을 잠재울 수 있다.[53] 금융 산업이 이끄는 경제의 무모함이 경제에 대한 두려움을 낳았다. 물론 이 두려움은 '윤리적 자본주의ethical capitalism'가 대체할 수 있다.[54] 사람들이 기업가정신을 보다 도덕적이고 지속가능한 방향으로 발산한다면 가능한 일들이다.

사회적 기업가정신에서 음흉하지 않더라도 모순적인 신자유주의의 도덕성이 드러난다. 이 도덕성은 모든 사람들에게 개인적인 책임을 요구한다. 구체적으로 이야기하면, 개인과 공동체는 자신의 삶과 사회 전반에 대해서 책임을 져야 한다.[55] 이 책임화 풍조는 CEO의 삶을 받아들이는 데 직접적으로 영향을 준다. 설령 책임화 풍조를 낳은 자유시장의 가치들을 부분적으로 부정하더라도 말이다. 이런 의미에서 모두는 반드시 이 세상을 더 좋은 곳으로 만들기 위해서 시장에 근거한 CEO의 원칙과 기술을 이용해야 한다.

역설적이게도 기업가의 권위의 사회적 가치를 수용하는 것이 갑자기 사회적 의무가 되었다. 이와 동일한 맥락으로, 홀푸드마켓Whole Foods Markets CEO 존 매키John Mackey와 라지 시소디아Raj Sisodia 교수는 기업의 영웅 정신은 '깨어 있는 자본주의conscious capitalism'를 통해 해방될 수 있다고 약속한다. 깨어 있는 자본주의는 탄탄하고 수익성 있는 기업을 만들 뿐만 아니라 모두를 위해 더 살기 좋은 세상을 만들 것이다.[56] 그렇다면 기업가적 정신에 승복하지 않고 CEO의 지혜를 거부하는 것은 모든 인류의 생존과 진보를 저해하는 것이다. 여기서 자본주의는 모두에게 경제적 웰빙을 약속할 뿐만 아니라 정치, 사회 그리고 환경에 대한 인류의 염원도 보장한다.

이것은 CEO사회에 단단히 박혀 있는 CEO의 덕목을 받아들이고 모방해야 한다는 도덕적 의무다. 이 도덕적 의무는 선진국의 소수 특권층만 지켜야 하는 것은 아니다. 거주 국가, 사회적 환경 또는 개인적인 배경에 상관없이 모든 사람에게 이 도덕적 의무를 다할 것이 요구된다. 마이크로파이낸스microfinance는 경제개발의 수단으로 사용된다. 마이크로파이낸스로부터 소액 대출을 받은 개도국의 빈곤층은 소규모 기업가와 사업가로 변신한다. 여기에는 삐딱한 도덕적 논리가 담겨 있다.[57] 위대한 '토착 기업가정신'이 경제적 병폐를 근절할 수 있다고 믿고 지정학적 불평등과 연관된 구조적 문제는 제쳐둔다. 마이크로파이낸스를 지지하는 샤히드 칸드케Shahid Khandke가 세계은행World Bank 웹사이트에 게재한 글을 살펴보자.

이 혁신적인 금융 프로그램은 (…) 수백만의 빈곤층, 특히 여성들에게 자영업자가 될 수 있는 기회를 줬다. 소액대출은 여성들에게 경제

적으로 자립할 수 있는 힘을 주고 극심한 가난에서 수많은 가족을 구할 수 있는 기회를 제공한다.[58]

이 이니셔티브들은 세계 자본주의와 빈곤의 문제에 직접 대응하지 않아도 된다는 주장에 정당성을 제공한다. 그러나 성과는 보잘것없다. 그것들은 시장이 모든 사회악의 해결책이라는 거짓된 꿈을 영속시킨다. 이 거짓된 꿈속에서 세계 문제를 해결할 지식의 원천으로 CEO의 사고방식과 라이프스타일이 주목받는다. 개인의 힘으로는 통제할 수 없는 경제 시스템이 낳은 전 세계적인 불평등이 빈곤을 야기했다. 이제 이 경제 시스템에 의해 가장 억압당하는 사람들은 마이크로파이낸스와 같은 이니셔티브를 이용해 직접 스스로를 빈곤으로부터 구원해야 할 부담을 짊어지게 되었다. 바닥을 향한 세계적인 경쟁에서 CEO는 노동력의 착취에만 만족하지 않고, 노동과 환경을 보호하는 모든 시스템을 파괴하고 있다. 그리고 그들은 자신의 이미지를 쇄신해서 CEO의 가치가 빈곤층에게 그 절망적인 가난에서 벗어날 수 있는 힘을 준다고 속인다.

이미 살펴봤듯이, CEO의 가치가 일상의 점점 많은 부분에 침투하고 있다. 그러나 아직 CEO의 가치에 영향을 받지 않은 부분도 존재한다. 생태친화적인 라이프스타일이 새롭게 떠오르면서 주목받고 있다. 이 라이프스타일은 항상 무언가를 착취하는 CEO의 가치를 거부한다. 대신 자연과 타인에 대한 배려를 강조한다. 그리고 소위 '슬로우 리빙slow living'이 뜨고 있다.[59] 빠르게 돌아가는 현대 자본주의 사회에서 시간을 내서 자신의 삶 속에서 즐거움을 찾아 만끽하려는 사람들이 많아지고 있다. 경험이 주는 이익이 아닌 즐거움에서 의미 있는 삶의 가치가 발견될 수 있다. 물론 이것들은 몇 안 되는 작은 예일 뿐이지만, CEO처럼 생각하고 행동하는 것에 대한 반감이 커져가고 있음을 보여준다. 이런 삶은 주로 경제적으로 윤택한 사람들에게 허락되지만, CEO와 같은 삶에서 벗어나는 것이 초자본주의 시대에서 누릴 수 있는 특권과 같은 삶임을 보여준다.

6

CEO는 관대한가?

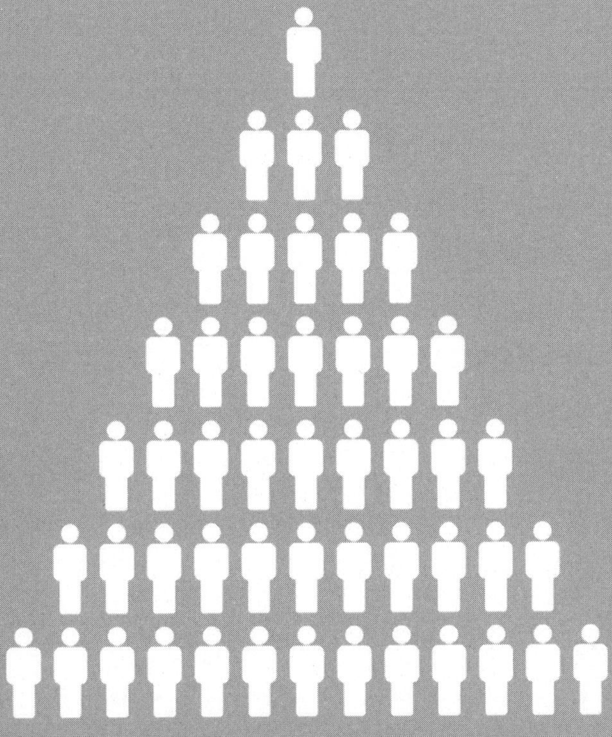

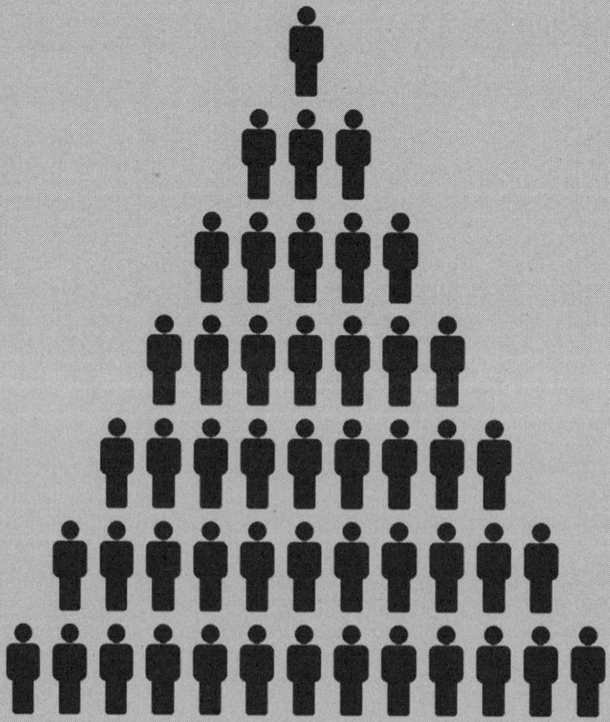

6

CEO는 관대한가?

2017년 2월, 페이스북 설립자 겸 CEO 마크 저커버그는 자선 활동으로 또다시 언론의 헤드라인을 장식했다. 억만장자 마크 저커버그와 그의 아내 프리실라 챈Priscilla Chan 박사가 설립한 챈 저커버그 이니셔티브Chan Zuckerberg Initiative는 실리콘밸리 일대의 주거 문제를 해결하기 위해서 300만 달러가 넘는 돈을 기부했다. 챈 저커버그 이니셔티브의 정책 및 지원 책임자 데이비드 플로프David Plouffe는 "이 지원금은 투트랙으로 활용된다. 지금 당장은 주거 위기에 직면한 가정을 돕고 또한 장기적으로는 주거문제를 해소할 해결책을 찾는 데 쓰일 것이다. 이 투트랙 전략은 앞으로 챈 저커버그 이니셔티브의 정책과 지원 활동의 지침이 될 것"이라고 말했다.[1] 이외에도 챈 저커버그 이니셔티브는 사회 문제를 해결하는 자선 프로젝트에 수십억 달러를 기부하는 등 다양한 자선 활동을 한다. 특히 과학과 의학 연구 및 교육을 통해 사회적 문제의 해결책을 찾는 데 집중한다. 이 이니셔티브는 2015년 12월 저커버그 부부가 아들 맥스의 탄생을 기리면서 공개한 편지로부터 시작되었다. 이 편지에서 두 사람은 살아 있는 동안 당시 가치로 환산했을 때 450억 달러에 달하는 페이스북 주식의 99%를 '인류의 잠재력 증대와 평등 촉진'을 위해 쓰겠다고 약속했다.[2]

페이스북 본사가 위치한 멘로파크 인근 지역의 주택난은 심각했다. 멘로파크의 평균 주택 가격은 190만 달러에 육박한다. 2012년부터 2017년까지 두 배가 오른 것이다.[3] 샌프란시스코는 임금 평등 지수가 가장 높은 도시지만 미국 전역에서 집값이 높기로도 유명하다. 수십만 달러의 임금을 받는 실리콘밸리 주요 IT기업의 직원들도 회사 근처에서 집을 구하지 못할 정도였다. 이렇게 천정부지로 치솟은 임대료와 집값은 사회적 문제와 경제적 문제를 야기했다. 평균 임금을 받는 사람들은 가족과 함께 살 집은 고사하고 혼자 살 집을 찾는 것도 거의 불가능했다.

테크붐이 이 지역의 주택난을 더욱 심화시켰다. 아이러니하게도 페이스북도 이 테크붐을 이끌었던 주요 IT기업 중 하나다. 공동체 주거위원회 소속 피터 코헨Peter Cohen은 이를 다음과 같이 설명했다.

> 테크붐이 실리콘밸리 일대에 주택난을 야기했다. (…) 부의 집중과 부동산 투기를 해소하고자 할 때, 주택은 증가하는 인구를 수용할 장소가 아닌 투기의 대상으로 접근될 뿐이다.[4]

마크 저커버그의 행보가 기술산업의 성공이 야기한 심각한 주택난을 해결하려는 작은 노력으로 보일 수 있다. 여기서 CEO사회가 관대함이나 기부를 어떻게 정의하는지 알 수 있다. 그동안 페이스북 등 주요 IT기업은 이 일대의 주택난을 방조했다. 그러나 주요 IT기업은 직원에게 주거 지원금을 지급하기 시작했다. 이 지원금은 멘로밸리 일대의 집 한 채와 그 절반을 사기에 충분한 액수다. 그러나 주거 지원금은 페이스북 등 베이 지역의 주택난을 완전히 해소하지 못한다. 마크 저커버그는 신자유주의적 기술자본주의의 전리품으로 막대한 부를 얻었다. 그는 관용이라는 이름으로 이 전리품의 극히 일부를 사용하면 부의 불평등을 해소할 수 있다고 생각하는 것 같다. 그러나 부의 불평등의 근본적인 원인은 그에게 부라는 전리품을 가져다준 사회 경제적 시스템이다.

그럼에도 마크 저커버그는 영웅이라 불린다. 평범한 소년이었던 그는 천재성만으로 막대한 부를 얻었다. 이제 그는 세계에서 손꼽히는 부자다. 그런 그가 타인을 위해 자신의 부를 이용하기로 결심한 것이다. 그가 만든 이미지는 사익으로 더렵혀지지 않은 이타주의이다. 기업은 이를 순수한 마음을 지닌 CEO의 관대함이라고 그럴듯하게 포장한다. 그러나 깊이 들여다보지 않아도 그가 순수하게 이타심만으로 챈 저커버그 이니셔티브를 시작하지 않았음을 알 수 있다. 현재 많은 사람들이 마크 저커버그의 관대함을 칭송하지만, 그의 동기를 처음부터 의심하는 사람들이 있었다.

2015년에 공개된 편지에서 저커버그 부부는 450억 달러를 자선활동에 쓰겠다고 다짐한다. 그러나 탐사 보도 전문기자 제스 에젠거Jesse Eisenger는 당시 챈 저커버그 이니셔티브가 비영리자선재단이 아닌 유한책임회사임을 보도했다.[5] 유한책임회사는 세금 혜택을 받을 수 있다. 유한책임회사인 챈 저커버그 이니셔티브는 자선 이외에 다양한 활동에 참여할 수 있다. 다른 회사에 투자도 하고 정치 기부금도 낼 수 있다. 실제로 이 유한책임회사는 마크 저커버그가 원하는 대로 자금을 쓰도록 내버려둔다. 그는 챈 저커버그 이니셔티브의 CEO나 다름없다. 제스 에젠거가 지적했듯, 그의 대담한 행보는 일종의 기업 홍보였다. 그의 자선활동은 페이스북의 이미지를 긍정적으로 만들었고 큰 투자수익을 가져왔다. 마크 저커버그가 "세금은 단 한 푼도 내지 않고, 단지 돈을 이 주머니에서 저 주머니로 옮겼을" 뿐인데도 말이다.[6]

『포브스』에서 로버트 우드Robert Wood가 말했듯, 마크 저커버그의 관대함은 "세금 측면에서도 유리한" 것이다. "가치가 오른 주식을 기부하는 것은 그 주식을 팔고 판매수익을 기부하는 것보다 세금과 관련해서 더욱더 현명한 행동"이고 "마크 저커버그는 기부금에 대해서 소득공제를 받을 것이다. 그래서 수십억의 다른 소득에 대한 세금 부담을 줄일 수 있다."[7] 챈 저커버그 이니셔티브가 자선단체가 아닌 유한책임회사로 설립되었다는 것은 상업, 세금 그리고 정치에서 상당한 혜택을 누리면서 마크 저커버그가 재단의 투자를 통제할 수 있다는 의미다. 그렇다고 마크 저커버그가 챈 저커버그 이니셔티브를 시작한 동기에 관대함이나 인류의 웰빙과 평등을 증진하고자 하는 열망이 전혀 없었다는 것은 아니다. 챈 저커버그 이니셔티브 웹사이트를 보면 마크 저커버그는 "강한 공동체를 만드는 데 깊이 헌신하는 인물"인 것 같다.[8] 챈 저커버그 이니셔티브의 사례를 통해 CEO의 베풂에는 기부금에 대한 통제력을 유지하면서 관대한 것과 관대한 행위의 대가에 대한 기대가 양립하고 있음을 알 수 있다. 이로써 '관대함'이 새롭게 태어난다.

관대함은 더 이상 통제권이나 사익과 양립할 수 없는 개념이 아니며, CEO사회의 전형적인 특징이 된다.

CEO의 사회적 위상 증가

현대의 CEO는 정계와 언론에서 큰 주목을 받는다. 이 관심과 주목은 CEO를 포장이 많이 된 유명인사로 만들었다. 이로 인해 그들은 자주 크고 작은 경제적 불의의 희생양이 된다. CEO는 조직의 얼굴이다. 그래서 조직이 스캔들에 휘말리면 CEO가 가장 먼저 비난을 받는다. 실제로 누구의 잘못이냐는 중요하지 않다. 그가 조직을 관리하는 동안 일어난 일이기 때문에, 그 조직의 최고 관리자가 여론의 뭇매를 맞는 것이다. 자유시장은 다수를 희생시켜 소수에게 이익을 제공한다. 이런 자유시장을 형성하는 데 일조했다는 이유로 CEO는 큰 비난을 받아왔다.[9] CEO, 나아가 CEO사회가 번성하기 위해서는 이런 비난은 반드시 피해야 했다.

기업이 점점 많은 분야에서 사회적 책임에 관심을 가지면서, CEO의 공적 책임도 커졌다. 이제 기업은, 적어도 말이라도, 이윤 창출과 그것의 사회적 결과의 균형을 맞추려고 노력한다. 이것은 새롭게 강조되고 있는 '트리플 바텀 라인triple bottom line'에 잘 나타난다. 트리플 바텀 라인은 기업 실적을 평가할 때 사회적, 재무적 그리고 환경적 요인을 우선적으로 고려하는 풍조를 나타내는 신조어로, 기업 이익, 환경 지속성, 사회적 책임이라는 세 가지 기준으로 기업 실적을 평가하는 새로운 경영 원칙이다.[10] CEO에게는 기업의 사회적 책임에 대한 대중적 관심은 별개의 문제다. 기업은 사회적 평판을 위해서 기꺼이 단기 수익을 희생할 준비가 되어 있다. 하지만 분기별 실적보고와 주주의 이익에 얼마나 기여했는지를 기준으로 평가를 받는 CEO에게는 이런 합의가 통하지 않았다. 사회적 책임을 다하는 것이 대중의 마음을 사는 데 최고의 전략일지는 모르지만, 특히 기업 예산을 면밀히 따져볼 때, 이사회 회의실에서는 기업의 사회적 책임은 중요하지 않다.

CEO가 사회정의라는 이름으로 경영방식을 개혁하지 못 하도록 하는 추가적인 경제적 요인이 있다. CEO는 보수의 상당한 부분을 주식과 옵션으로 받는다. 공정거래 정책을 수용하고 노동착취 공장을 폐쇄하는 것은 세계에는 좋을지 모르지만, 잠재적으로 기업의 단기 수익에는 재앙일 수 있다. 유권자와 소비자에게 도덕적으로 가치 있는 것이 굳이 기업이 추구해야 할 덕목이거나 최고경영자에게 개인적으로 이로운 것은 아니다. 많은 기업이 세간의 이목을 끄는 자선활동을 통해 이 모순을 해결하려고 노력해왔다. 기업이 세금 측면에서도 유리한 기부활동을 하는 동안, 노동착취의 관행이나 기업의 위법행위는 은폐된다. 기업의 근본 가치와 관행을 바꾸는 것에 비하면 기부금은 '껌 값'이다. 이와 마찬가지로 CEO에게 기부활동은 어떤 사회적 비용을 감수하더라도 수익을 창출하겠다는 그 무엇보다 중요한 약속을 어기지 않고 선행을 실천할 최적의 기회가 된다. 심지어 이런 기부활동을 통해 더 많은 수익을 창출할 수도 있다. CEO는 개인적으로 좋은 사람이 될 수 있고 자신의 공익에 대한 대단히 부정적인 영향을 해결하지 않아도 된다. 자선활동은 마크 저커버그부터 빌 게이츠에 이르기까지 현재와 과거의 CEO들이 경제적으로 진보적인 인물이냐 정치적으로 민주적인 인물이냐가 아닌, 보다 인정 많은 사람으로 대중 앞에 나설 기회를 준다.

일부 자선활동에서는 아주 솔직하게 재정적 요소가 고려되기도 한다. 자선활동은 자본축적에 요긴하다. 저명한 경제학자 윌리엄 라조닉William Lazonick은 CEO의 급여체계가 회사주식을 기반으로 할 때, CEO는 장기투자보다 단기수익에 주안점을 둔다고 말한다.

> 대공황이 공식적으로 끝나고 5년 뒤, 기업은 높은 수익을 내고 주식시장은 호황이었다. 그러나 대부분의 미국인들은 이 경제회복을 함께 누리지 못했다. 상위 0.1%의 소득을 받는 기업 임원이 거의 모든 소득을 가져갔다. 좋은 일자리는 계속 사라지고 새로운 고용 기회는 불안정하거나 낮은 급여를 지급했다. 기업의 수익성은 더 많은 사람들을 위한 경제적 번영으로 이어지지 않는다. 기업 이익을 자기 주식 취득에 할당하는 것은 비난받아 마땅하다. 2003년부터 2012년까지 주식시장에 상장된 S&P 500 지수의 449개의 기업들을 생각해보자. 이 시기에 이 기업들은 총 2조 4,000억 달러에 달하는 영업이익의 54%를 자기 주식을 되사는 데 썼다. 거의 모든 주식거래가 공개시장에서 이뤄졌다. 배당금은 추가적으로 영업이익의 37%를 흡수했다. 그 결과 생산설비를 증설하거나 직원의 임금을 인상하는 데 투자할 돈이 거의 남지 않았다.[11]

주식시장 분석가들도 기업의 자선활동을 긍정적으로 받아들여왔다.[12] 이런 점 때문에 CEO에게 자선활동은 특히 매력적인 경영전략이다. 보수의 상당 부분을 회사 주식과 옵션으로 받는 CEO

에게는 주식시장 분석가들에게 좋은 평가를 받는 자선활동이 개인적인 부를 축적하는 측면에서도 매력적이다. 기업의 자선활동은 신자유주의의 시스템적 문제에 대한 즉효약으로 사용될 수 있다. 기업의 자선활동은 시장화, 민영화, 금융화 그리고 기업화가 야기한 사회적 병폐에 붙이는 반창고 같다. 기업에게 자선활동은 세간의 주목을 한 번에 받을 수 있는 전략이다. 그리고 CEO는 자선활동에서 나온 자본 이익을 개인적으로 활용할 수 있다.

기업의 사회적 책임

CEO사회에서 다시 정립된 관대함의 의미를 완전히 이해하려면, CEO의 자선활동이 지난 수년 동안 어떻게 변해왔는지를 살펴봐야 한다. 기업의 경영자와 자선사업의 관계는 역사가 깊다. 미국의 카네기Carnegie, 록펠러Rockefeller 그리고 포드Ford 재단을 살펴보자. 현대 CEO의 자선활동은 토의의 단골 주제이고 20세기 중반부터 발전한 기업의 사회적 책임corporate social responsibility, CSR과 밀접한 관련이 있다. 아치 캐롤Archie Carroll은 기업의 사회적 책임을 4단계로 나누면서, '기업의 사회적 책임은 다른 기업의 책임의 기반이 되는 경제적 책임을 완수하는 것'이라고 말했다.[13] 기업이 완수해야 할 첫 번째 책임은 사업적 입지를 탄탄하게 다지고 재정 상태를 안정적으로 만들고 성공하는 것이다. 이 경제적 책임을 완수하지 못한 기업은 여타 책임을 맡을 처지가 못 된다. 아치 캐롤은 일단 기업이 상업적으로 성공하면, 반드시 다른 법적 책임을 완수하여 규칙에 따라 사업을 해야 한다고 주장한다. 이뿐만 아니라, '옳고 공정한' 일을 할 도덕적 책임도 완수해야 한다. 아치 캐롤의 이론에 따르면 기업 책임의 정점에 박애주의적 책임이 있다. 박애주의적 책임은 모든 사회 구성원의 삶의 질을 개선하기 위해 기업이 직접 지역사회에 기여하는 것이다. 마크 저커버그가 샌프란시스코의 주택난을 해소하기 위해서 기부금을 낸 것은 이런 박애주의에 기반한 기업의 사회적 책임 이니셔티브의 사례다.

기업의 사회적 책임은 박애주의적 관대함으로 완성된다. 이렇게 완성된 기업의 사회적 책임은 기업과 그 기업이 속한 공동체와의 관계에서 기업 윤리를 관리하는 강력한 방법으로 널리 간주된다. 역사적으로 1950년대부터 기업의 사회적 책임은 큰 관심을 받기 시작했고 논의의 단골 주제가 되었다. '사회적 책임'이란 용어를 기업에 제일 먼저 적용한 사람은 경제학자 하워드 R. 보웬Howard R. Bowen이다. 1953년에 출간한 저서 『기업의 사회적 책임The Social Responsibilities of the Businessman』에서 하워드 R. 보웬은 "사업가들이 사회에 무슨 책임을 지는 것이 합리적일까?"라고 직설적인 질문을 던졌다.[14] 하워드 R. 보웬은 수익증가와 자본성장 등 재정적 목표보다 훨씬 폭넓은 책임이어야 한다고 답했다. 그는 기업이 반드시 해야 하는 것은 "사회의 목표와 가치를 고려할 때 바람직한 정책을 추구하거나, 의사결정을 내리거나, 행동을 하는 것"이라고 피력했다.[15] 하워드 R. 보웬은 기업의 책임을 온전히 경제적인 문제가 아니라 사회적 가치뿐만 아니라 사회적 비용이나 혜택과 비교하여 이해했다.

오늘날 기업의 사회적 책임은 대체로 기업 활동에 당연히 포함된다. 그러나 당시 경제학자들은 하워드 R. 보웬의 주장에 대하여 물과 기름 같은 기업의 책임과 사회적 책임이 섞여서는 절대 안 된다고 반박했다. 노벨 경제학상을 수상한 경제학자 밀턴 프리드먼Milton Friedman이 가장 대표적인 인물이다. 밀턴 프리드먼은 당당하게 '기업의 사회적 책임은 수익을 높이는 것'이라고 주장했다. 이것은 1970년 『뉴욕 타임스The New York Times』에 발표한 에세이의 제목이다.[16] 하워드 R. 보웬의 주장을 지지하는 경제학자들은 '사업가'의 사회적 책임에 관심이 있었다. 그러나 밀턴 프리드먼은 기업의 오너십과 통제권이 서로 분리될 때 기업의 사회적 활동이 경제에 미치는 영향을 탐구했다. 이것은 주주들이 회사를 소유하지만 전문 경영인이 회사를 경영하는 경우다. 밀턴 프리드먼은 분명히 기업 자체가 도덕적 책임을 가진다고 말할 수는 없다고 주장했다. 즉 그런 책임을 지는 존재는 개인이라는 것이다. 한 개인에 집중하면서 밀턴 프리드먼은 상장기업 경영자의 책임에 관심을 돌렸다. 밀턴 프리드먼은 이 경영자들의 책임이 다음과 같이 이해되어야 된다고 주장했다.

> 자유기업과 사유재산이 허용되는 시스템에서 경영자는 기업 오너들이 고용한 직원이다. 경영자는 자신의 고용주들에 대해 직접적인 책임을 진다. 이 책임은 고용주들의 욕구에 따라 기업을 운영하는 것이다. 일반적으로 고용주들의 욕구는 사회의 기본적인 규칙을 준수하면서 최대한 많은 돈을 버는 것이다.[17]

이처럼 밀턴 프리드먼은, 경영자는 일을 하고 임금을 받는 직원이라 생각했다. 따라서 예를 들어 CEO에게는 그 조직이 추구해야 할 목표가 무엇인지를 결정할 책임이 아니라 자신을 고용한 기업 오너들이 정한 목표를 달성할 책임이 있다. 만약 경영자가 사회적으로 가치 있는 목표를 추구하고 오너들이 정한 목표를 달성하지 않는다면, 그의 동기는 상업적이라기보다 정치적이므로 적절치 않다고 밀턴 프리드먼은 주장했다.

비록 밀턴 프리드먼이 기업 활동의 주요 동력인 자유시장체제를 옹호했지만, 그가 사회적 가치의 문제가 중요하지 않다고 주장했던 것은 아니다. 밀턴 프리드먼은 자유방임적 자본주의가 이런 사회적 가치를 실현하는 방법이라고 주장했다. 밀턴 프리드먼에 따르면, 경영자들에게는 사회적 책임이 반드시 따른다. "기업의 유일한 사회적 책임이 있는데, 그것은 기만이나 사기 없이 열린 자유경쟁 속에서 기업의 수익을 높이는 활동에 자원을 투자하고 참여하는 것"이다.[18] 밀턴 프리드먼은 탐욕을 찬양한 부도덕한 사람이 아니다. 그는 사회적 가치와 기업적 가치를 구분된 두 개의 영역으로 생각했을 뿐이다. 이런 관점에서 기업의 경영자들은 "법과 도덕적 관습의 테두리 내에서" 기업을 운영하여 조직의 투자수익을 극대화할 책임을 진다.[19]

이처럼 밀턴 프리드먼과 기업의 사회적 책임의 초기 옹호자들은 서로 논쟁을 벌였다. 그러나 이 논쟁이 경제 시스템으로서의 자본주의에 이의를 제기하지는 않았다. 단지 그들은 경제 시스템으로서 자본주의가 어떻게 운영되어야 하는지에 대해서 서로 다른 생각을 했던 것뿐이다. 이제 이 논쟁은 역사적 문제가 되었지만, 오늘날에도 여전히 중요하다. 단 CEO사회에서 이 논쟁은 다르게 흘러가고 있다. 현대 조직의 운영방식을 생각하면서 경영학자 티모시 데비니Timothy Devinney는 기업의 책임이 다음 가치를 넘어 확대되어야 하느냐에 대한 문제에 대해 자신의 생각을 분명히 밝혔다.

> 기업의 책임은 소비자가 원하는 재화를 생산하고 서비스를 제공하고 일자리를 창출하고 공급자에게 시장을 제공하고 정부에 세금을 내고 주주와 기업이 임대한 자산의 주인에게 보상하는 것이다. 기업이 이 책임을 완수하면 사회가 발전한다.[20]

티모시 데비니는 오늘날의 비즈니스 세계에서 기업의 사회적 책임은 두 가지 의미를 지닌다고 말했다. 첫 번째는 밀턴 프리드먼이 주장했던 것과 마찬가지로 기업이 상업적인 목표를 추구하여 달성되는 협의의 사회적 책임이다. 두 번째는 기업이 직접 보다 폭넓은 사회적 니즈를 충족시키는 광의의 사회적 책임이다.

자선자본주의

CEO사회에서는 기업의 사회적 책임에 변화가 목격된다. 기업의 사회적 책임은 티모시 데비니가 말한 이분법으로 설명되는 수준을 넘어섰다. 마크 저커버그의 자선활동이 아주 적절한 예다. 그의 사례는 기업의 사회적 책임에 대한 밀턴 프리드먼의 비평을 강화하는 동시에 부정한다. 직원으로서 기업가는 기업과 아주 친밀한 관계이며 기업의 자금은 사회 프로젝트에 쓰여서는 안 된다. 마크 저커버그는 페이스북의 공동 소유자이기 때문에 이 부분에서 자유롭다. 그는 기업 자금이 아니라 개인 소유의 주식을 챈 저커버그 이니셔티브에 투자한다. 그럼에도 그 분리가 분명하지 않다. 그 자신과 회사의 떼려야 뗄 수 없는 관계를 고려하면, 마크 저커버그의 활동은 기업의 사회적 책임으로 여겨진다. 마크 저커버그는 누구나 다 아는 유명 CEO다. 사람들은 '마크 저커버그가 곧 페이스북'이라 생각한다. 그래서 마크 저커버그와 페이스북의 경우, 기업과 오너 CEO의 법적 차이를 고민하기보다 이 둘의 사회적 통합에 좀 더 집중할 필요가 있다. 기업과 오너 CEO의 사회적 통합이 유명 CEO인 마크 저커버그의 경영 전략의 핵심이다.

마크 저커버그는 억만장자 CEO의 자선활동의 새로운 유형을 보여준다. 바로 이것이 CEO사회의 독특한 특징이다. 마크 저커버그 전에도 자신의 막대한 재산을 좋은 취지의 자선사업에 기부하겠다고 선언한 현대 CEO들이 있다. CEO사회에서 세계의 가장 부유한 사업가들이 재산을 사회에 환원할 수 있는 기회를 만드는 것은 명예로운 일이다. 이것이 제도화된 것이 '기부서약The Giving Pledge'이다. 이것은 재계 큰손 워런 버핏과 빌 게이츠가 2010년에 시작한 새로운 자선사업이다.

기부서약은 세계 부자들이 살아 있는 동안 또는 사후에 재산의 절반 이상을 자선활동이나 자선단체에 기부한다는 맹세를 하게 만들어서 사회의 가장 시급한 문제를 해결하고자 하는 노력이다.[21]

기부서약은 전 세계 억만장자들을 대상으로 재산의 대부분을 사회에 환원하라고 독려한다. 이 기부금의 목적은 구체적으로 명시되어 있지 않다. 심지어 지금 기부를 해야 하는지 아니면 죽은 뒤 유언으로 기부를 해야 하는지도 명확하지 않다. 이 자선사업은 표면상 공익을 위해서 개인 재산을 이용하겠다는 일반적인 맹세일 뿐이다. 이 맹세는 법적 구속력도 없다. 대신 맹세를 한 사람의 도덕적 책임만 있을 뿐이다.

리처드 브랜슨과 조앤 브랜슨Joan Branson, 마이클 블룸버그Michael Bloomberg, 배런 힐턴Barron Hilton, 데이비드 록펠러David Rockefeller 등 156명에 달하는 많은 억만장자들이 기부서약에 동참했다. 그 중에는 마크 저커버그와 프리실라 챈도 있다. 마치 수많은 억만장자들이 자신의 재산을 좋은 일에 쓰고 싶어서 안달 난 것 같다. 인문 지리학자 이안 헤이Iain Hay와 사만다 뮬러Samantha Muller가 이것을 보고 '자선활동의 황금시대golden age of philanthropy'라고 했을 정도다. 1990년대 후반 이후 슈퍼리치가 자선활동에 쓰는 기부금액이 수천억 달러로 증가했다.[22] 이 새로운 독지가들은 자선에 "기업가적 성향"을 가미했다.[23] 그러나 이것은 "자본주의의 결함을 해결하는 데 쏟아지던 관심과 자원을 다른 데로 돌린다"는 비난을 받았다.[24] 뿐만 아니라 국가가 중단한 공공지출을 대신하고 있을 뿐이라는 비난도 받았다.

근본적으로 공익에 대한 책임이 민주 제도에서 부자에게로 이전되고 있다. 그리고 CEO가 그 책임을 지게 되었다. 이것은 CEO 사회에서 기업이 자신의 이익보다 폭넓은 사회적 책임을 져야 하느냐 마느냐는 더 이상 토론의 주제가 아님을 보여준다. 대신 처음부터 소수의 사람들이 막대한 부를 축적할 수 있도록 허용한 정치 사회적 시스템을 강화하는 데 자선활동이 어떻게 사용될 수 있느냐가 중요하다. 베이 지역의 주택난을 해소하기 위한 마크 저커버그의 기부가 이런 트렌드를 집약적으로 보여준다.

자선활동을 위해 억만장자에게 의지하는 것이 '자선자본주의philanthrocapitalism'다. 자선자본주의는 전통적으로 기부에 집중하는 자선활동과 경제적 사익추구에 기반을 둔 자본주의의 결합이다. 사학자 미켈 쏘럽Mikkel Thorup이 설명했던 대로 자선자본주의는 다음을 주장한다.

> 경제 발전뿐만 아니라 인류 진보에 있어서 자본주의 메커니즘이 그 무엇보다, 특히 국가보다 우수하다. 시장과 시장 행위자들은 좋은 사회를 만드는 장본인이거나 장본인이 되어야 한다. 자본주의는 이 세계에 존재하는 모든 주요 문제의 원인이 아니라 해결책이다. 그래서 현재의 민간 또는 공공 프로세스로 시장을 확대시키는 것이 가장 좋다. 마지막으로, 부유한 자와 가난한 자의 사이에 갈등은 없고 부유한 자는 가난한 자의 최고 그리고 유일한 친구다.[25]

분명 자선활동의 황금시대에서 개인 기부자들에게 누적된 혜택이 핵심은 아니다. 이 새로운 유형의 자선활동은 자본주의를 정당화하고 나아가 인간의 모든 활동으로 확장되고 있다. 자선자본주의는 기업자본주의의 문화의 영향을 많이 받은 기업의 논리와 관행이 어떻게 수익창출 등의 상업적 목표 너머까지 영향력을 발휘하게 되었는지를 보여준다. 이것이 새로운 자선활동과 CEO사회의 관계를 분명하게 만든다. 자선자본주의는 단지 베푸는 것만을 말하는 것이 아니다. 자선자본주의는 자선활동을 이끄는 억만장자 CEO로 의인화된 신자유주의적 가치를 사회에 주입시킨다. 이것의 핵심은 CEO가 자선활동을 신규 사업과 동일하게 생각한다는 것이다.

자선 기부는 효율성과 수량화된 비용/효익으로 특징지어진 시장 기반 솔루션을 이용하는 비즈니스 모델로 변형된다.[26]

법학교수 게리 젠킨스Garry Jenkins는 자선자본주의에는 두 가지의 주요한 특징이 있다고 요약했다.[27] 첫 번째는 기업의 경영방식과 사업관행이 자선활동에 적용되는 것이다. 자선자본주의에서는 기업가 정신, 시장 중심의 접근법 그리고 성과지표가 핵심이 된다. 두 번째는 엄청나게 부유한 사업가들이 필요한 자금을 대고 비즈니스 경험이 있는 사람이 리더가 된다는 것이다. 그래서 실제로 CEO가 기업을 관리하던 방식으로 자선자본주의가 실천된다. 동시에 자선자본주의는 자본주의적 교환방식과 조직구성을 모두에게 자연스럽고 바람직한 것처럼 강화한다. 자선자본주의의 영향으로 자선재단이 최근 몇 년 사이 변했다. “자선재단은 점점 기부금을 받는 공공 자선단체에 지시를 내리고 통제하기 시작했다. 그리고 각종 지표에 집중하고 자선사업의 사업성을 검토한다. 자선사업이 ‘전략적이고 책임 있게’ 추진되고 있다는 것을 보여주기 위해서 이런 변화가 나타난다.”[28] 이것은 “비즈니스 사고와 시장이론을 활용하여 세상을 구할 수 있다”는 주장에 기반을 둔 CEO 스타일로 자선사업이 추진되는 온건한 변화가 아니다.[29] 이렇게 되면 자선자본주의에서 자선사업의 이익이 자선 자체보다 중요해질 수 있다. 다시 말해, 타인에 대한 관용이 사회와 기업의 CEO 모델의 지배로 이해될 수 있다.

책임감 있는 CEO, 책임감 없는 기업

위에서 말했듯이, 기업의 사회적 책임은 노동력을 착취하고 사회적으로 피해를 끼치는 기업의 행동을 덮는 '도덕적 속임수'라며 비난을 받아왔다. CEO의 개인 특성으로 묘사되는 사회적 책임 덕분에 오늘날 기업은 아주 무책임하게 운영되고 있다. 이것은 정확하게 CEO의 역할이 무엇이고 CEO가 무슨 역할을 해야 하는지에 대한 질문으로 이어진다. CEO에게는 상당한 책임이 따른다. 그리고 그들은 사실상 모호하고 복잡한 기업을 대표하는 공식적인 얼굴이다. 이런 이유로, CEO는 기업의 평판을 관리하고 공개적으로 지지하고 옹호한다. 다음은 CEO를 주제로 진행된 한 연구다.

> [그들은] 자신들만이 기업의 평판을 관리할 수 있다고 믿는다. 평판은 기업이 가지고 있는 자산 중에서 가장 중요한 자산임을 모두가 인정한다. 그리고 많은 사람들은 CEO가 재직하는 동안 이 평판의 관리자라고 말한다.[30]

CEO는 아주 공개적으로 자선자본주의를 실천한다. 그 목적이 기업의 평판을 관리하기 위함일 수 있다. 리더들의 선행은 그들이 이끄는 조직도 선하다는 방증이다. 그래서 기업이 공개적으로 자선자본주의를 실천하는 것은 일종의 마케팅이라 할 수 있다.

아이러니하게도 자선자본주의도 기업에게 사회적으로 무책임하게 행동할 수 있는 도덕적 권리를 부여한다. 기업은 CEO가 개인적으로 행한 선행을 대대적으로 홍보한다. 이것은 기업이 무자비하게 행동해도 되고, 기업 활동의 사회적 영향을 거의 고려하지 않아도 된다는 암묵적인 승인이 될 수 있다. 이것은 현대 기업의 사회적 책임에서 야기되는 긴장감을 보여준다. 이론적으로 CEO가 도덕적일수록 그/그녀가 이끄는 조직은 더 비도덕적으로 행동할 수 있다. 중요한 것은 기업의 얼굴인 CEO의 행동이다. CEO의 행동은 공식적으로 그들이 이끄는 조직이 저지른 폐해를 은폐한다. 게이츠 재단Gates Foundation이 CEO의 윤리의식과 그들이 운영하는 기업의 역설적인 관계를 잘 보여준다. 400억 달러가 넘는 기부금을 보유한 게이츠 재단은 기부와 자선도 벤처처럼 한다는 일명 '벤처 기부venture philanthropy'의 전형적인 예다.[31] 참고로, 빌 게이츠는 무려 280억 달러를 기부했다. 재단은 웹사이트에서 다음과 같은 사명을 밝히고 있다.

> 우리는 모든 사람들의 내면에 잠재된 가능성을 찾아내고자 합니다. 우리는 모든 삶이 동등하게 가치 있다고 생각합니다. 그래서 우리는 전 세계 모든 인류의 삶의 질을 개선하고자 합니다. 시카고에 사는 학생의 교육부터 나이지리아의 어린 어머니의 건강에 이르기까지 우리는 인간의 가능성을 깨우는 촉매입니다.[32]

이러한 마이크로소프트의 자선사업 때문에 책임 있는 기업이라기에는 아주 의심스러운 기록들이 덜 주목받는다. 2001년 미국 정부는 마이크로소프트를 상대로 독점 소송을 제기했다. 마이크로소프트는 이 소송에서 패소했지만 항소 후에 합의했다. 여기서 마이크로소프트가 독점 행위를 했느냐 하지 않았느냐는 중요하지 않다. 중요한 것은 마이크로소프트의 창립자이자 CEO인 빌 게이츠의 도덕적인 행보가 소송과 같은 위협을 대수롭지 않은 것으로 만들 수 있다는 사실이다. 이것은 현대 기업책임의 모순을 보여준다. 즉, 경영자가 기부하는 한 그 기업은 사회를 희생시켜 이익을 극대화하려고 해도 괜찮다는 것이다.

마이크로소프트는 제조과정에서 인권침해가 일어났다는 이유로 엄청난 비난을 받았다. 이처럼 인권침해의 관점에서 살펴보면 앞서 언급한 긴장감은 더 극명해진다. 2016년 국제사면위원회Amnesty International는 마이크로소프트의 아동 노동 착취 행태를 고발했다. 스마트 제품의 핵심 자재인 코발트를 채굴하는 데 어린이를 동원한 것이다. 국제사면위원회의 인권 연구원 마크 더멧Mark Durmett은 다음과 같은 말을 했다.

> 기업은 최신기술이 적용된 제품을 화려하게 진열하고 대대적으로 마케팅한다. 이것은 폐기능에 영구적인 손상을 입을 수 있는 위험을 무릅쓰고 사람이 만든 좁은 갱도에서 돌이 가득 든 가방을 어깨에 짊어지고 나르는 어린이나 광부들의 모습과는 아주 대조적이다. (…) 거대 기업이 잘 팔리는 제품의 재료인 광물 채굴에 책임을 질 때다. 건강과 안전에 대한 위험은 최악의 아동 노동 착취다. 세계적으로 총 수익이 1,250억 달러인 기업이, 제품의 주재료인 천연 광물이 어떻게 생산되고 어디서 오는지 확인할 수 없다고 주장하는 것은 얼토당토않다.[33]

게이츠 재단이 세계 빈곤을 없애는 데 헌신하는 것은 참으로 아이러니한 일이다. 마이크로소프트가 이런 문제를 영속시키는 데 크게 일조하고 있는데 말이다.

이 사례는 CEO의 책임이 세계 자본주의의 구조적이고 정치적인 문제를 확실히 무시하고 있음을 보여준다. 기업의 사회적 책임과 유사하게 CEO의 책임은 게이츠 재단의 공식 웹사이트에 게재된 미션과 기업의 지속적인 확장이나 수익성에 필수적인 착취행위 사이에 존재하는 불편한 긴장감을 덮어버린다. 이것을 가장 확실하게 보여주는 사례가 검열에 대한 마이크로소프트의 공식적인 입장이다. 마이크로소프트는 기술을 이용해 중국과 태국에서 반체제 인사들을 함정에 빠뜨리고 반대의견을 억압하여 두 나라의 독재 정권을 도왔다는 비난을 받았다.[34] 빌 게이츠가 진심으로 이 세상을 구하고 싶다면 자신이 설립한 기업을 찬찬히 살펴보는 일부터 시작했어야 한다.

CEO 독재자

사회적 책임과 자선활동에 헌신한다고 주장하는 CEO들이 위선을 드러냈다. 그들의 위선은 독재적인 도덕성을 폭로했다. CEO사회에는 CEO의 독재적인 도덕성이 팽배하다. CEO사회에서 자선자본주의는 도덕관념이 없는 자유시장의 사회정의를 구성하는 요소다. 물론 비판가들은 자선자본주의의 관대함을 부정적으로 평가하고 그것이 기업의 전반적인 어젠다 실행에 이용된다고 주장한다. 기업의 자선활동은 경제적으로 궁핍하고 불평등한 세상을 만드는 데 일조했다는 이유로 상위 1%에 속한 사람들이 자진해서 납부하는 세금일 뿐이라는 게 그들의 주장이다. 이 '베풂' 문화도 독재형 경제발전을 지지하고 널리 퍼트리는 데 일조한다. 이 독재형 경제발전은 여기에 대부분의 자금을 대고 있는 경영자의 독재적인 리더십 스타일을 그대로 보여준다.

CEO의 자선활동은 개발의 가치와 관행을 신규 사업에 더 잘 맞도록 변화시키고자 한다. 게이츠 재단의 사례로 되돌아가자. 이 재단이 추구하는 목표의 이면에는 시장의 가치를 맹신하는 시장 편향이 존재한다. 게이츠 재단은 "매년 수백만 명의 사람들이 새로운 농업 기술을 받아들이고 새로운 사업에 투자하거나 새로운 직업을 찾아서 가난에서 벗어난다"라고 주장한다.[35] 여기서 개발 어젠다를 결정하는 자본주의적 신조가 발견된다. 앞 장의 말미에서 논의했던 마이크로파이낸스의 정책에도 분명히 나와 있다. 바로 CEO가 비즈니스에 대한 지혜를 이용하여 가난한 사람들이 자립할 수 있는 힘을 가지도록 도울 수 있다는 생각이다.

세계 자선활동과 역량 강화의 시장화는 경제적 영역을 초월해서 모든 영역에 위험한 영향을 미친다. 이것은 새롭게 떠오르는 정치적 유산으로, CEO 방식으로 모든 사람들의 개인 역량을 강화하기 위해서 민주주의를 희생시킨다. 그래서 이 정치적 유산은 마음을 심란하게 만든다. 정치적으로 자유시장은 자유민주주의의 기본적인 요소다. 그러나 최근 여러 분석을 통해 시장화와 권위주의의 보다 깊은 연관성이 드러났다. 특히 강한 정부는 이 달갑지 않은 시장 변화를 실행하도록 요구받는다.[36] 이런 이유로, 강력한 독재자의 이미지는 시장경제에서 '비합리적인' 반대에 맞서 국가를 옳은 길로 이끌 수 있는 진보적인 사고를 지닌 정치 리더로 평가받는다.

CEO는 소위 '좋은' 독재자들에게 자금을 지원하기 위해 자선활동을 이용한다. 여기에는 경영자와 시장경제를 중요하게 생각하는 '좋은' 독재자를 직간접적으로 이어줄 엘리트 네트워크가 필요하다. '인권 신장'과 '개발'이 목표인 클린턴 재단Clinton Foundation은 경제적 독재자와 정치적 독재자가 연결된 가장 확실하고 악명 높은 사례일 것이다. 클린턴 재단은 시장경제를 중요하게 여기는 독재자들에게 기업이 접근할 수 있는 기회를 제공하는 일종의 비영리 산업체다. 그래서 비판가들이 클린턴 재단이 돈을 주고 영향력을 사는 압제정권을 단순 폭로하는 일에만 집중하고 있다고 비난하는 것은 이해가 간다. 위키리크스WikiLeaks는 클린턴 재단이 카타르로부터 기부금을 받은 정황을 보여주는 이메일을 공개했다. 당시 카타르는 최악의 노동환경으로 비난받고 수상쩍은 방법으로 2020년 월드컵을 개최할 자격을 얻었다는 의심을 받고 있었다. 클린턴 재단의 대변인 크레이그 미나시안Craig Minassian은 다음과 같이 말했다.

> 2002년 이후, 카타르는 전 세계 70개가 넘는 국가의 수백만 명이 HIV/AIDS 치료를 받도록 돕고, 미국의 아동 비만을 퇴치하고, 전 세계 소녀와 여성의 권리 신장 노력에 함께하는 수십만 명의 기부자 중 하나였다.[37]

그러나 클린턴 재단은 카타르의 고위급 정부인사에게 '축구경기장 냉방기술로 농업 생산성을 개선하고 굶주린 사람들에게

식량을 제공하는 방안에 대해서 빌 클린턴과 무대에서 논의할 기회'도 제공했다.[38] 이것이 카타르 정부가 국제사회로부터 정부로서 인정을 받고 호의를 얻는 기회를 줬다.

클린턴 재단과 카타르 정부의 사례는 권위주의와 자선이 서로의 입지를 강화시킬 수 있음을 보여준다. 그러나 이것이 그 유일한 방법은 아니다. 자유시장 중심의 역량강화 프로젝트를 지지하는 국가에서 역량강화 프로젝트의 추진과 이런 국가에 대한 기부활동을 장려하는 것도 중요하다. 여기에는 악명 높은 인권 침해자를 좋은 통치의 귀감으로 홍보하는 노력도 포함된다. 이런 노력의 핵심은 악명 높은 인권 침해자들을 국가의 경제 성장과 발전을 위해 무엇이든지 하는 정치적 CEO에 필적하는 인물로 재조명하는 것이다. 클린턴 재단은 이 우려스러운 추세를 전형적으로 보여준다. 클린턴 재단은 르완다의 다양한 개발 프로젝트에 자금을 지원하고 홍보를 도왔다. 르완다는 가장 가난한 시민들의 건강 증진을 위해 다양한 공중보건 프로젝트를 진행했다. 그러나 이 프로젝트는 대개 시장의 논리로 운영되었고, 자선단체의 투자는 시민들의 권익을 강화하고 자본주의적 사고를 함양하는 데 쓰였다. 1990년대 대학살 이후 지난 수십 년 동안 르완다는 경제적으로 상당히 성장했다. 그러나 세계은행에 따르면 인구의 45%가 여전히 가난하다. 이들 중 대다수가 극빈층이고, 르완다의 경제는 여전히 지나칠 정도로 해외 원조에 의존하고 있다. 그러나 아이러니하게도 세계경제포럼World Economic Forum에 따르면 "장기적으로 르완다 정부는 르완다를 2020년까지 저소득의 농업 경제에서 중간소득의 지식기반 서비스중심의 경제로" 바꾸는 것

이 목표다.[39]

르완다의 정치적 지도자는 독재자 폴 카가메Paul Kagame 대통령이다. 그는 빌 클린턴 전 대통령과 개인적으로 친밀한 관계를 맺고 있다. 『뉴욕 타임스』는 폴 카가메를 "세계 엘리트가 가장 좋아하는 독재자"라 불렀다.[40] 그와의 관계가 비난을 받자 빌 클린턴은 폴 카가메를 "일을 매듭지을 수 있는" 사람이라며 개인적으로 추켜세웠다.[41] 경영과 리더십 연구소Institute of Management and Leadership의 책임자인 제럴드 음퓌시Gerald Mpyisi는 다음과 같이 폴 카가메를 옹호했다.

> 대통령은 한 기업의 CEO로서 국가를 운영하고 있다. 그는 장차관들이 자신의 부서를 책임지고 이끌도록 한다. 이것이 자원이 부족한 르완다가 건재한 이유다. 제3세계가 발전하려면 인구 체계를 조직적으로 정리하는 특정 요소가 있어야 한다고 생각한다. 서구세계는 자신의 기준으로 개발도상국을 평가하려고 하는데, 이것은 부당하다.[42]

이렇게 나라를 이끄는 정치 리더십을 CEO의 관점에서 평가하고 판단하면, 민주주의와 인권은 쉽게 희생된다. CEO사회의 논리에 따르면 이 시장 친화적인 독재자들은 자선의 도움을 받을 자격이 있다. 왜냐하면 그들은 근본적으로 자신의 철권통치 속에서 살아가는 궁핍한 국민들을 돕는 목표에 헌신하기 때문이다. 이런 관계는 독재자 같은 CEO와 CEO 같은 독재자 모두에게 이득이다. 전자는 기업 친화적인 정치인을 '책임지고' 지지할 수 있고 후자는 무자비하게 권력을 유지하면서 자신의 통치를 정당한 것으로 보여줄 수 있다. 게다가 이 경제적, 정치적 리더들은 뜻밖에도 서로 호흡이 잘 맞는 동료다. 그들은 심사숙고나 공동의 의사결정보다 효율성, 생산성 그리고 유용성을 강조하는 시장 리더십의 권위주의적인 면에 의지한다.

정치적 기업의 사회적 책임

최근 자선자본주의가 발달하면서 민간이 점점 공공 영역을 잠식해나가고 있다. 이런 현상은 개인 재산을 들여가면서 자선에 힘쓰는 CEO 개인에게만 국한된 것이 아니다. 기업은 기업의 사회적 책임이라는 미명하에 공공 영역을 침해하고 있다. 거대 다국적 기업이 이런 추세에 딱 들어맞는다. 다국적기업의 활동이 부와 권력과 결합되면 상당한 정치적 권력이 생긴다. 기업의 사회적 책임과 정치의 이런 관계는 '정치적 기업의 사회적 책임'이라 불린다. '정치적 기업의 사회적 책임'은 기업윤리 교수 안드레 셰러Andreas Scherer와 구이도 팔라초Guido Palazzo가 만든 개념으로, "대기업이 세계적 규모의 사회적 문제를 해결하는 정치적 과정에 개입하면서 기업의 사회적 책임이 나타나는 것"을 의미한다.[43] 기업의 사회적 책임 프로젝트에서 기업은 정부, 시민단체 그리고 국제기구와 협력한다. 이로 인해 국가의 목표와 기업의 목표를 구분 짓던 역사적인 경계가 점점 무너지고 있다.

기업의 사회적 책임은 다음의 방식으로 거대 조직을 '정치화'한다.

비판적인 NGO와 협업하여 기업의 행동강령을 개발하고, 기업의 사회적 책임 활동을 제3자에게 공개하고, 기업의 의사결정을 시민사회담론과 연결하고, 이해 관계자의 강요를 넘어선 사회적 문제에 기업의 관심과 자금을 투입하는 등의 기업의 사회적 책임 활동은 기업의 정치화를 보여준다.[44]

윤리학자 글렌 웰랜Glen Whelan은 기업들이 정치에 개입하는 이유로 두 가지를 들었다.[45] 첫 번째는 기업들이 활동하는 대부분의 국내시장과 국제시장에는 소위 선진국의 자유민주주의가 공통적으로 지닌 사회정치적 구조가 없다는 것이다. 두 번째는 거대 글로벌 기업들이 기준을 마련하고 공익을 제공하면서 이미 준정부 활동에 참여하고 있다는 점이다. 이것은 많은 대형 조직들이 기업의 사회적 책임을 통해 전통적으로 정부의 영역이었던 활동에 개입하고 있음을 의미한다. 안드레 셰러와 구이도 팔라초가 주장했듯이, 기업의 활동과 국가의 활동 구분은 세계화 추세 속에서 모호해졌다.[46] 기업의 사회적 책임이란 명목으로 기업들은 공중보건, 교육, 인권, 에이즈와 영양실조 같은 사회문제 해결에 관심을 가지고 평화와 사회 안정 증진 등의 활동에 참여한다.

정치적 기업의 사회적 책임이 발전하는 것을 비즈니스 관행으로 이해하는 경우, 그것의 정치적인 그리고 역사적인 배경을 기억해야 한다. 기업의 사회적 책임이 성장함과 동시에 정치경제적 중심축이 신자유주의 경제체제로 이동했다. 신자유주의 경제체제에서 역사적으로 영웅으로 칭송받는 CEO들이 기업의 권력을 확대시켜나간다.

CEO들은 그중에서도 정부가 소유했던 산업의 민영화, 세계적 차원의 무역 자유화와 시장 규제 완화를 통해서 기업의 권력을 확대시켰다. 최근 들어 정치적 기업의 사회적 책임이 더욱 강조되면서, 대형 조직이 세계적인 규모로 경제적, 정치적 권력을 가질 수 있게 되었다. 이것은 우려스러운 상황이다. 게다가 이것은 거대 기업의 행동과 그런 행동을 규제하는 방법이 사회적으로 지대한 영향을 준다는 의미다. 우려하던 일이 2000년에 일어났다. 당시 미국 정책연구소Institute for Policy Studies는 기업의 수익을 국내총생산gross domestic product, GDP과 비교하면 세계에서 거대 경제 집단의 51%는 기업이고 나머지 49%가 국가라는 보고서를 발표했다. 최대 경제 집단에는 제너럴 모터스General Motors, 월마트, 엑슨 모빌, 포드가 있다. 각 기업은 폴란드, 노르웨이 그리고 사우디아라비아보다 경제 규모가 크다.[47] CEO는 이제 유사 정치인이다. 세계경제포럼의 권위가 갈수록 높아지는 것을 생각해보자. 매년 CEO들과 정치인들은 '세상을 더 살기 좋은 곳으로 만들겠다'는 목표를 가지고 스위스 다보스에서 열리는 세계경제포럼에 모인다. 이것은 CEO의 세계적 권한과 행위주체성을 상징하는 유서 깊은 의식이 되었다.[48]

CEO는 자신, 자신이 대변하는 기업과 정치경제 시스템이 전 세계를 보다 살기 좋은 곳으로 만드는 숭고한 목적에 집중하고 있음을 보여주기 위해서 사회적 책임을 이용하는지도 모른다. 그러나 사회적 책임의 증가는 다른 결론으로 이어진다. UN의 피터 우팅Peter Utting은 기업의 사회적 책임의 발전이 선행을 위한 기업의 자발적인 이니셔티브의 결과는 아니지만, 비정부기구, 압력단체와 노동조합이 사회적 활동을 통해 정치적, 사회적 목소리는 내는 것에 대한 대응이었다고 주장한다.[49] 그러나 비정부기구, 압력단체와 노동조합은 주로 대기업을 통제하지 못하는 정부에 자신들의 목소리를 들려주기 위해서 사회적 활동을 벌였다. 세상을 떠들썩하게 한 산업재해와 스캔들은 강화된 자기 규제를 위해 조직에 압박을 가한다. 경영학 교수 제임스 포스트James Post는 다음과 같이 설명한다.

> 1984년 인도 보팔의 유니언 카바이드Union Carbide 화학공장에서 폭발사고가 발생했다. 이 사고로 약 25,000명의 사람들이 목숨을 잃었다. 이 사고는 전 세계 기업의 사회적 책임 사례에서 역사적인 사건이 되었다. 보팔 화학공장 폭발사고 이후 글로벌 화학기업들은 산업의 안전 기준에 대하여 대중의 신뢰를 얻지 못하며 라이선스를 얻는 것이 거의 불가능함을 인지했다. 화학제조업협회Chemical Manufacturer's Association, CMA는 행동강령을 채택했고 제품관리, 공표 그리고 지역사회 참여활동에 대한 새로운 기준을 세웠다. 시간이 흘러, CMA의 노력은 전 세계적으로 대기업의 산업활동에 대한 기대치를 높였다.[50]

예상했던 대로 자극제는 자선에 대한 기업의 책임이 아니라 기업의 사익추구였다. 특히 산업체와 기업은 세계적으로 "평판과 이미지의 중요성이 점점 커지고 있음을 인식하기 시작했다."[51] 이런 추세를 강화하는 많은 산업재해가 있었다. 1989년 엑슨 발데즈Exxon Valdez의 오일탱크에서 수십만 배럴의 원유가 알래스카 연안으로 유출되었다. 그리고 2010년 BP의 딥워터 호라이즌 석유시추 시설이 미국 멕시코 만에서 폭발하는 사고도 있었다.

2001년 의류기업 갭Gap과 나이키Nike가 아동 노동 착취 스캔들에 휘말렸다. 이 스캔들은 2000년 10월 영국 BBC 방송의 시사 고발 프로그램인 파노라마Panorama의 다큐멘터리가 방송된 이후 터졌다. 다큐멘터리의 제목은 '갭과 나이키: 노동착취공장은 없다?Gap and Nike: No Sweat?'였다.[52] 제품을 생산하기 위해서 노동착취공장을 이용하지 않는다는 갭과 나이키의 주장은 사실이 아님이 드러났다. 갭과 나이키 의류를 생산하는 캄보디아의 공장에서 열두 살밖에 되지 않은 어린아이들이 일주일에 7일을 쉬지 않고 일하는 사실이 밝혀졌다. 그들은 야근을 강요받고 관리직에게 신체적, 정신적 학대를 당하고 있었다. 대중은 공분했다. 갭과 나이키 같은 대기업은 기업의 관행이 인간과 사회에 미치는 부정적인 영향에 대해서 더 책임을 지라는 요구가 잇따랐다.

특히 의류기업과 석유화학기업이 일으킨 논란은, 전체 기업의 사회적 책임에 상당한 영향을 줬다. 다양한 사업과 조직도 사회적 책임에 깊이 관여하기 때문이다. 본래 기업의 사회적 책임은 기업의 사익추구의 부정적인 영향을 상쇄시키는 도구로서 만들어졌다. 그러나 지금 기업의 사회적 책임은 표면적으로는 타인의 이익을 위해서 하는 일이라고 주장하면서 기업의 사익추구를 강화하기 위한 수단으로 변질됐다. 기업이 스캔들에 휘말릴 위험이 생기면, 기업은 기업의 사회적 책임을 이용해 기업의 평판을 높이고 정부 규제의 위협을 완화시킨다. 여기서 우리는 기업이 어떻게 책임감 있어 보이는 관행을 만들어왔는지 알 수 있다. 자신의 정치적 영향력을 높이고 기업 운영에 대한 정부의 영향력을 줄이기 위해서 활동하다 보니 그렇게 된 것이다. 이렇게 CEO는 기업의 사회적 책임을 이용해서 기업의 형편없는 관행이 대중에게 공개되는 것을 피한다. 그리고 기업이 활동하는 세계화된 시장경제체제를 위해 자신의 도덕적인 이미지를 유지한다.

기업은 평판을 쌓거나 스스로를 옹호하기 위해서 기업의 사회적 책임을 이용한다. 이 때문에 기업의 사회적 책임은 윤리적으로 비판받는다. 이 비판의 핵심은 기업이 '선해지기 위해서'가 아니라 '선하게 보이기 위해서' 기업의 사회적 책임을 이용한다는 것이다. 어느 쪽이든 기업의 윤리적 태도나 정치적 태도에 대해서는 이의를 제기하지 않는다. 엔론Enron은 사회적 책임을 적극 지지하는 기업으로 알려져 있었다. 그러나 2001년 금융사기에 연루돼 도산했다. 기업 통치 전문가 존 로버츠John Roberts는 "책임과 윤리적으로 보이고 싶은 욕구는 다르다. 윤리적인 기업으로 평가받고 싶은 욕구가 바로 기업이 사회적 책임을 내세우는 이유"라고 지적한다.[53] 존 로버츠는 조직에 대한 사회적, 경제적 압박을 높이면 기업은 표면적으로 타인의 이익에 관심이 있는 척하고, 그 결과 윤리적 민감성과 도덕적 책임이 "폐색"된다고 주장한다.[54] 이 폐색에 대한 무책임은 사익추구에서 시작된다. 다시 말해 "윤리적 행위가 그 결과로 판단된다면 [기업의 사회적 책임의] 일차적인 수혜자는 기업인 것이다."[55] 사회적 책임을 다하겠다는 기업의 선언은 실제로는 책임으로부터 도주하려는, 경건한 체하는 소망의 무의미한 표현에 불과하다."[56]

관용의 모델로서 CEO

CEO는 사회 이익을 위해서 행동하는 척한다. 그들의 표면적인 선행은 미래 억만장자의 모범이 된다. 극심한 부의 불평등이 자선활동을 통해 완화될 것이란 보장은 없다. 워런 버핏은 '기부서약'의 가치와 중요성에 대해 이야기하면서 이 운동에 동참한 젊은 이들을 다음과 같이 칭찬했다.

> 그들은 모두 저보다 10배나 가치 있는 사람입니다. 왜냐하면 이런 시대에 젊은 사람들은 아주 일찍 부자가 될 것이고 그들은 마크 저커버그나 브라이언 체스키Brian Chesky 같은 자신들의 영웅을 우러러보고 닮고자 할 것이기 때문입니다.[57]

CEO는 매우 너그러운 인물이다. 적어도 그렇게 여겨지고 있다. 실제로 개인적인 차원에서 막대한 재산을 자선사업에 기부하는 부자들이나 사회적 책임 활동을 지지하는 기업을 비난하기는 어렵다. 그러나 이 개인적인 차원을 넘어서면 상황은 좀 달라진다. 기업의 사회적 책임과 자선자본주의는 극심한 부의 불평등을 해소하는 대신 부의 불평등을 사회적으로 정당화시킨다. 자선자본주의가 기부의 확산을 약속하는 것처럼 보인다. 그러나 아이러니하게도 소위 자선활동의 황금시대는 극심한 불평등의 시대이기도 하다.

이는 옥스팜Oxfam이 2017년 발표한 보고서 「99%의 경제An Economy for the 99%」에 자세히 설명되어 있다.[58] 이 보고서는 점점 심해지는 불평등으로 고통받는 세계의 부당함과 지속불가능성을 강조한다. 1990년대 초반 이후 세계 상위 1%의 부자들이 하위 50%보다 더 많은 소득을 벌어들였다. 이런 현상이 나타나는 원인은 무엇일까? 옥스팜은 기업과 세계시장경제 체제를 원인으로 지목한다. 통계수치는 걱정스러울 정도다. 세계 10대 기업은 최빈국 180개의 수익 총합보다 더 많은 수익을 올리고 있었다. 기업의 사회적 책임이 실제로 그 어떤 차이를 만들어내지 못하고 있는 것이다. 다음은 보고서를 발췌한 것이다.

> 기업은 갈수록 부자들을 위해 일한다. 이런 경우, 경제 성장의 혜택은 그 혜택이 가장 필요한 사람들에게 돌아가지 않는다. 부자들에게 높은 수익을 안겨주기 위해서 기업은 마른 걸레 쥐어짜듯 노동자와 생산자를 쥐어짜고 모두에게, 특히 극빈층에게 혜택이 돌아갈 세금을 내지 않으려고 한다.[59]

실제로 슈퍼리치의 자선활동이나 기업의 사회적 책임 활동은 이런 사회적 문제를 해결하는 데 거의 도움이 되지 않는다. 마크 저커버그가 무려 300만 달러를 기부했지만, 샌프란시스코의 주택난 해결에는 거의 도움이 되지 않았다. 슈퍼리치들은 막대한 유산을 상속받거나 사업에 크게 성공해서 억만장자가 되었을 것이다. 아니면 범죄를 저질러서 엄청난 부를 축적했을지도 모른다. 그들이 어떻게 막대한 부를 가질 수 있었느냐는 중요하지 않다. 중요한 것은 이 소수의 사람들이 가지고 있는 부가 가난한 사람들의 희생을 통해 계속 증가하고 있다는 것이다. 결국, 자선자본주의의 핵심은 자본주의이고, 기업의 사회적 책임의 핵심은 기업이다. 좋은 의도로 시작한 자선활동은 부유한 사람들에게 유리하게 시스템을 왜곡하고 정당화한다. 사회학자 린제이 맥고이Linsey McGoey는 비즈니스의 목적과 자선활동의 충돌이 이것들을 가능하게 한다고 말한다.[60] 여기서 핵심은 부자의 자선활동에 대한 지지가 아니라 "사익추구를 정당화하기 위해서 공익과 사익의 경계를 의도적으로 무너뜨리는 개방성"이다.[61] 그래서 누군가는 뚜렷한 주장이나 비꼬는 기색 없이 "기업의 자선활동이 기업의 가치를 높이느냐?"고 질문할지도 모른다. 여기에 '아니다'라고 대답하면 논란에 휘말릴 것만 같다.[62] 폴 갓프리Paul Godfrey처럼 기업의 자선활동의 상업적 이익을 옹호하는 사람들은 거침없이 다음과 같은 근거를 댄다.

1. 기업의 자선활동은 지역사회와 이해관계자들에게 긍정적인 도덕자본moral capital을 만들어낼 수 있다.
2. 도덕 자본은 관계에 기반을 둔 기업의 무형의 자산을 보험처럼 보호한다. 그리고
3. 이 보호는 주주의 재산을 늘리는 데 기여한다.[63]

CEO사회에서 기업이 말하는 '도덕자본'과 같은 논리는, 관대하고 사회적으로 책임 있다고 여겨지는 기업의 모든 활동에는 결국 보상이 따른다는 것을 말한다. 친절, 호혜 그리고 사익의 윤리성에 대하여 논쟁이 있었다. 그러나 그런 논쟁은 더 이상 CEO사회에는 존재하지 않는다.[64] 부를 창출하는 과정에서 생겨난 불평등을 바로잡을 수 있는 방법은 부자들에게 있고, 그들은 자신을

위하여 이 불평등을 해결하려고 노력한다. CEO사회에서는 신자유주의적 자본주의가 이미 도를 넘어섰다. 도를 넘어선 신자유주의적 자본주의의 대변자이자 최대 수혜자인 CEO의 행동이 이것을 도덕적으로 정당화한다. 부의 재분배는 부자들에게 맡겨지고, 사회적 책임은 개인의 이익을 위해서 사회를 착취해온 사람들의 몫이 되었다.

그동안 불평등은 확대되었고 기업과 부자는 우리 모두가 내는 세금을 피할 방법을 찾았다. 우리는 자선이란 이름으로 기업 통치의 새로운 형태를 목격했다. 바로 모든 인간의 활동이 기업의 이익에 도움이 되도록 바꾸는 것이다. 이런 사회에서 CEO는 사업을 하는 것에 만족하지 않고 공익까지 통제해야만 한다. 앞으로 '기부서약'의 웹사이트에는 의기양양한 CEO의 웃는 얼굴을 찍은 사진이 점점 더 많이 게시될 것이다. 그러나 이 세상은 매년 심각해지는 불평등으로 고통받을 것이다.

7

CEO 구원에 대한 그릇된 신념

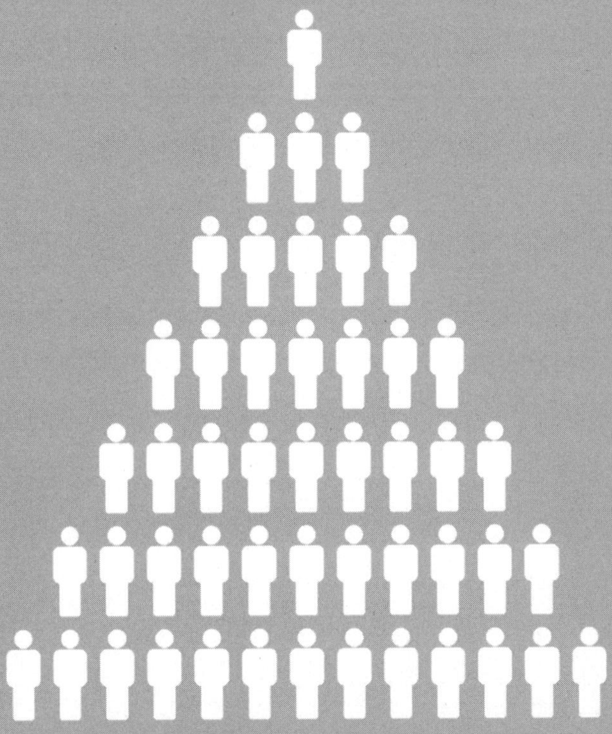

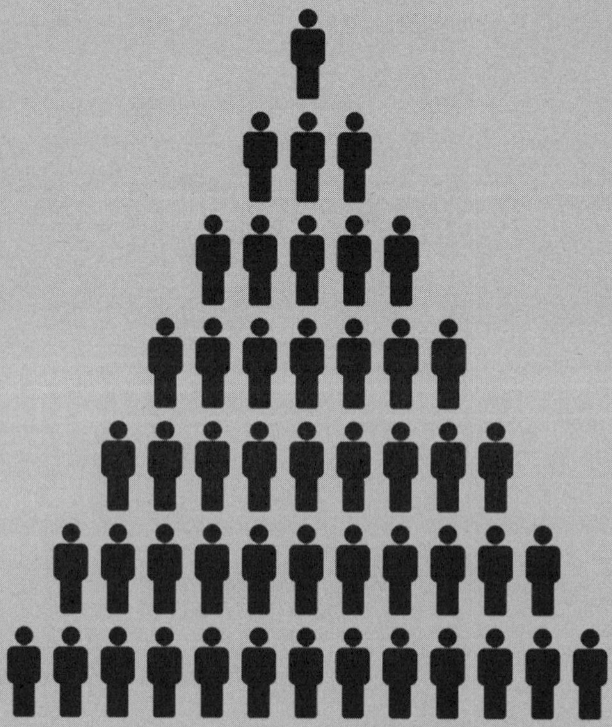

7

CEO 구원에 대한 그릇된 신념

수차례 경제적, 정치적 위기를 겪었음에도 불구하고 CEO사회는 뻔뻔할 정도로 계속 발전하고 있다. 심지어 세계 시민들에게 했던 자유시장의 약속이 무의미하다는 사실이 밝혀지고 있지만, CEO의 우상화는 여전히 계속된다. CEO사회에서 경제 성장, 정치 발전 그리고 개인 성취라는 눈부신 꿈이 희망을 널리 퍼뜨린다. 누군가의 실패는 충분히 노력하지 않은 개인의 잘못이라는 생각이 이 희망에 불을 지피고, CEO는 이런 희망에 기대 계속 우상화된다. 21세기 사회에서는 결단력 있고 유능하고 혁신적이며 필요할 때에는 무자비해야 성공할 수 있다. 적어도 CEO사회의 지배 논리는 그렇다.

이러한 CEO사회의 특징은 관념적인 해석에 기대지 않는 것이다. CEO사회의 권위자들과 수혜자들이 공개적으로 CEO사회의 특징을 인정했다. 에릭 트럼프Eric Trump의 발언을 예로 들겠다. 그는 소득신고서 공개를 거부하는 자신의 아버지를 옹호했다. 2016년 도널드 트럼프가 선거운동을 하는 동안 소득신고서 공개 논쟁이 계속되었다. 미국 대통령들은 역사적으로 자신이 성실한 납세자임을 증명하기 위해서 소득신고서를 대중에 공개해왔다. 소득신고서를 공개하지 않은 마지막 대통령은 리차드 닉슨이었다. 그로부터 40년 동안 소득신고서 공개는 일종의 관행으로 받아들여졌다. 이것은 정치인들이 자신은 재정적으로 투명하고 정직하다는 것을 대중에게 보여주는 방법이었다. 선거운동을 하는 동안 도널드 트럼프는 거듭 소득신고서를 공개하겠다고 약속했지만, 진행 중인 세무감사를 이유로 그 시기를 계속 미뤘다. 2016년 5월 초, 도널드 트럼프는 세무감사가 진행 중이기 때문에 선거가 끝날 때까지 소득신고서를 제출할 수 있다고 주장했다. 그해 9월, 그는 한 번 더 말을 바꿨다. 민주당 대선후보인 힐러리 클린턴이 소득신고서를 공개한다면 자신도 공개하겠다는 것이었다. 2017년 1월 대통령 집무실에서 그는 다음과 같은 질문을 받았다. "사람들이 당신이 소득신고서를 공개하기를 원한다고 생각하지 않느냐." 이에 도널드 트럼프는 "내가 대선에서 이겼다. 그러니까 내가 대통령이다. 국민들이 소득신고서의 공개를 원한다고 생각하지 않는다. 그들은 나의 소득신고서에 전혀 관심이 없다"라고 답했다.[1]

몇 달을 거슬러 2017년 4월로 되돌아가 보자. 여전히 도널드 트럼프는 수그러들 줄 모르는 대중의 압박에도 불구하고 소득신고서를 제출하지 않고 있었다. 대신 그는 트위터에 "나는 공화당원을 위해서 거의 불가능하다고 여겨지는 일을 해냈다. 선거인단의 투표에서 쉽게 승리했다! 그런데 이제 와서 또 소득신고서를 들먹이냐?"라는 메시지를 올렸다. 그의 논리는 단순하다. 도널드 트럼프는 스스로를 최후의 '승리자'라고 봤기 때문에 대중이 자신의 위대함 말고 다른 것을 문제 삼으며 거기에 책임을 지라고 할 이유가 없다는 것이다. 같은 달 에릭 트럼프는 플로리다 올랜도 라디오 방송국에서 인터뷰를 하면서 여기에 살을 붙였다. 자신의 아버지처럼 에릭 트럼프는 아버지의 소득신고서 공개는 "상관없는 일"이라고 단언했다. 그 이유는? 다음과 같다.

> 세금 시스템은 참 이상하다. 그것은 게으르고 길에서 구걸하는 사람들에게선 아무것도 가져가지 않으면서 사회에서 가장 열심히 일하고 생산적인 사람들에게 일종의 벌을 내린다. 이건 정말 불공평하다. 세금 시스템은 사회발전에 기여하고 이 사회를 더 살기 좋은 곳으로 만들려고 노력하는 사람들을 죽어라 벌하면서 무거운 짐밖에 되지 않는 사람들에게는 보상을 준다. 그중에서 최악이 뭔지 아나? 새삼스러울 것도 없지만, 세금 시스템이 이 나라가 수립된 이후 변함없이 유지되고 있다는 것이다. 그가 대통령인 것과 상관없이, 나의 아버지는 성공할 정도로 유능하지만 동시에 세금 시스템의 공격을 받는 수백만 명 중 한 명일 뿐이다. 이는 아주 끔찍한 일이다.[2]

이것은 파크 애버뉴에서 입에 금수저를 물고 태어난 부잣집 도련님이 라디오에 출연해 청취자들에게 근면성실의 가치에 대해, 어떻게 부가 개인의 노력을 보상하는지에 대해 강연하는 것이나 다름없었다. 여기서 에릭 트럼프는 CEO사회에서 정의가 무엇을 의미하는지를 구체적으로 까발린다. CEO사회의 정의에 따르면 부자들은 부자가 될 자격이 있기 때문에 부유하고, 가난하고 궁핍한 사람들은 게으른 낙오자라서 그렇게 살 수밖에 없다. 이런 논리에 따르면 부자들에게 세금을 부과하는 것은 사회에서 최고의 사람들, 즉 스스로의 힘으로 세계의 부를 축적해낸 사람들을 학대하는 처벌에 가깝다. 이것이 충분하지 않았던지 에릭 트럼프는 자신의 아버지가 "미국에서 굉장히 생산적인 사람들"에게 세금을 부과하지 않는 행정 명령을 발표할 계획이라고 말했다. 도널드 트럼프 자신에게 이득이 되기 때문에 이런 결정을 내린 것일까? 에릭 트럼프는 이득 때문은 '당연히 아니고' 마땅히 자격이 있는 사람들에게 보여주는 선의의 표시라고 말했다.

> 아버지가 지금까지 자신들의 의무에 충실히 임해온 기업가, 사업가 그리고 열심히 일하는 미국인에게 할 수 있는 일종의 '감사 표시'다. 미국의 경제가 자리에서 박차고 일어나 일하러 나가는 사람들의 편에 서면 그 외 나머지 사람들은 공짜 음식을 얻을 다른 방법을 찾아야 할 것이다. 더 이상의 무임승차자는 사양한다. 이것이 우리가 지향하는 바다. 튼튼한 두 다리와 최소한의 생각할 능력이 있는 머리가 있다면 자립할 수 있다. 아마 당신도 머지않아 이렇게 해야만 할 것이다.[3]

에릭 트럼프는 아무 생각 없이 앵무새처럼 CEO사회의 핵심을 말했다. 그것은 바로 극심한 불평등이 자연스럽고 도덕적으로 정당하다는 것이다. 이것이 이 시대의 특징이다. 불평등은 열심히 일하고 적극적으로 사는 사람들이 노력한 결과일 뿐이다. 게다가 여태껏 들어본 적 없는 막대한 부와 권력을 누리는 도널드 트럼프와 같은 '승리자들'은 나머지 사람들보다 높은 지위에 있기 때문에 그들에게 적용되는 규칙이 적용되어서는 안 된다.[4] 그들처럼 억만장자도 아니면서 이 말을 곧이곧대로 믿는 사람들은 아마도 줏대 없고 수동적인 사람일 것이다. CEO사회는 기회를 도난당하거나 노동력을 착취당하거나 차별을 받아서 사람들이 가난한 것이 아니라고 말한다. 그들은 부자가 될 만큼 충분히 노력하지 않고, 똑똑하지 않기 때문에 가난한 것이다!

도널드 트럼프가 공화당 대선후보로 선거운동을 하던 해는 '파나마 페이퍼스Panama papers'로 알려진 문건이 유출되었던 해였다. 파나마의 최대 로펌 모색 폰세카Mossack Fonseca에서 수백만 장의 내부 문건이 외부로 유출됐다. 이 문건에는 기업들과 고액순자산 보유자들high net worth individuals이 가능한 한 세금을 적게 내기 위해서 어떻게 복잡하고 비밀스러운 금융 거래를 이용하는지가 낱낱이 기록되어 있었다. 이것은 부잣집 도련님 에릭 트럼프의 설교와는 완전히 다른 이야기를 하고 있었다. 그들은 열심히 일해서 부자가 된 것이 아니라 교활하고 법적으로 의심스러운 금융 거래를 통해 부를 유지하고 있었다. 그 사실은 유출 문건에 낱낱이 기록되어 있다. 그리고 2016년은 법인세 회피가 국제적으로 공론화되던 해였다. 그 해 유럽연합은 애플 아일랜드 지사에 135억 유로의 세금을 추징했다. 아일랜드 정부가 애플에게 일자리 창출과 막대한 투자를 대가로 불법적으로 조세혜택을 제공한 것이 드러났기 때문이다.[5]

조세 회피에 대한 논란과 그에 대한 해명을 보면, CEO사회와 그것의 의심쩍은 도덕성이 어떻게 평가되고 있는지 알 수 있다. 현대 정치 경제의 궁극의 모순 하나가 드러난다. 신자유주의는 확대되는 불평등, 심각해지는 경제적 박탈 또는 지속적인 저개발 등 사회에 미친 폐해로 인해 대중들에게 맹공격을 받아왔다. 사람들은 이 세상에 존재하는 모든 것이 경제 착취의 대상이 되는 디스토피아 같은 미래를 그린다. 그러나 이 디스토피아에는 내재적으로 치유제가 존재한다. 바로 CEO의 모습을 한 구원자다. 현대의 극단적인 자본주의가 처한 이념적 위험이 심해질수록 자본주의를 지배하는 인물의 매력은 더 강해진다. 실제로 시장이 고전할 때 CEO는 승승장구한다. 이것이 사실상 에릭 트럼프가 거듭 주장했던 바다. 에릭 트럼프는 아버지가 세금 문제에 대해서 떳떳하게 나서지 않는다고 그가 무언가를 숨기고 있다는 의미는 아니라고 말한다. 오히려 이것은 실제로 자신의 아버지가 최고의 승리자임을 보여주는 증거이고 그렇기 때문에 그를 세금 논란으로 괴롭혀서는 안 된다고 말한다. 요지는 '승자가 모든 것을 가져가는 것'이 당연하다는 것이다. 결국 자본주의의 수장인 CEO의 우상화는 사회적으로 광범위하고 심오한 결과를 낳았다. 이것은 근본적으로 결함이 있고 불공평한 사회경제 시스템임이 드러났음에도 불구하고 시장과 경제적 착취를 정체성의 근본이념과 근간으로 만드는 일종의 삐뚤어진 영웅 숭배에 대한 경고다. 나아가 CEO의 우상화는 정치적 그리고 경제적 상상력을 사회 규제나 법에 구속받지 않는 자유시장의 편협하고 낡은 해결책으로 제한한다. 아마도 현대 사회의 최고의 모순 중 하나는 오직 자본가들만이 자본주의를 구할 수 있고 구해야만 한다는 '사실'일 것이다. 이처럼 CEO를 둘러싼 그릇되고 고집스러운 믿음은 단기적으로는 우리에게 고통을 안겨주겠지만 장기적으로는 모든 것을 파괴할 것이다.

CEO 자유의 위협

자유시장은 개인의 욕구와 행복을 추구할 권리를 약속한다. 이 약속이 자유시장의 핵심이다. 개인적인 배경에 상관없이, 마음만 먹으면 무엇이든 할 수 있다는 믿음이 이 약속을 더욱 매력적으로 만든다. 열심히 노력하고 재능이 있다면 우리 모두 꿈을 이룰 수 있다. 이것은 자유시장의 문화적 환상이다. 아이러니하게도 자유시장의 현실이 이런 이상에 못 미치는 것은 대중을 사로잡는 능력이 거의 손상되지 않았기 때문이다. 자유시장은 단지 누구나 자유롭게 자신의 노동을 팔거나 사업을 시작하거나 제품을 시장에 팔 수 있다는 것을 의미하지 않는다. 자유시장에서는 누구나 원하면 뭐든지 할 수 있다. CEO, 스타 운동선수나 유명 배우가 자유시장의 이런 감질나는 환상을 강화한다.[6]

아이러니하게도 사람들이 벗어나려고 노력하는 시장의 불평등한 요소가 이런 자유의 약속을 뒷받침한다. 시장으로부터 그리고 시장을 통해 자유로워지고자 하는 욕구는 신자유주의로 인해 더욱 깊어졌다. 경제적 불안과 격차가 심해지면 자신의 힘으로 경제적 안정을 얻으려는 욕구가 간절해진다. 그래서 이 시대에 자기 힘으로 성공한 사람들의 이야기가 인기가 있는 것이다.[7]

CEO의 우상화는 이런 역설적인 환상을 보여준다. CEO는 시장의 변덕에 좌우되는 임금의 노예가 아니라 시장을 통제하고자 하는 열망의 화신이다. CEO는 갈수록 공급이 부족한 시대에 개인이 행위주체성을 지닐 수 있음을 보여주는 전형적인 예다. 사회정치학자 에르제베트 부코디Erzsebet Bukodi는 "이동성의 방향에 분명한 변화가 생겼다. 지난 40년 동안 계층 간 상향 이동이 줄어들고 하향 이동이 갈수록 빈번해졌다"고 말한다.[8] 이런 맥락에서 CEO가 되어 자유시장으로부터 자유로워지고자 하는 열망은 망상일 뿐만 아니라 위험한 것이다. 사회학자 프랭크 도빈Frank Dobbin과 정지욱Jiwook Jung은 20세기 후반 극단적인 자본주의자의 파괴적인 역할을 연구했다. 그들은 오직 수익 창출에만 몰두하는 CEO들이 이 세계를 완전한 금융 시스템 붕괴의 벼랑 끝까지 몰고 갔다는 사실을 발견했다.[9]

아마도 훨씬 더 위험한 것은 CEO가 전 세계를 금융위기로 몰아넣은 지 오랜 시간이 지난 지금도 여전히 이런 CEO의 행위주체성이 없어지지 않고 존재한다는 것이다. 이것은 오직 시장 '승리자'에게만 자유를 허락한다. CEO의 행위주체성은 경제적 정의와 환경적 지속가능성의 가치를 짓밟으면서 책임자가 될 수 있는 것처럼 보이게 만든다.

CEO의 사회 장악

경제성장을 이룩하고 부를 창출해나가는 여정에서 무능한 낙오자는 있을 수 없다. 이것이 바로 CEO사회의 도덕성이다. '패배자'는 패배하도록 내버려두고 소수의 승리자들이 승리의 전리품을 챙긴다. 무엇과 누구를 보전하고 청산하느냐에 대한 이 '어려운 결정'을 무자비하게 내릴 수 있는 사람은 오직 상상 속의 CEO

뿐이다. 브루스 스프링스틴Bruce Springsteen이 1983년 발표한 노래 '애틀랜틱시티Atlantic City'에는 "여기 아래에 승리자와 패배자가 있어. 줄을 잘못 서서 영영 벗어나지 못하는 일이 없도록 조심해"라는 가사가 나온다. 그러나 CEO사회의 자본주의 도박장에서는 점점 더 많은 사람들이 패배자 줄로 밀려나고 있다. 그들은 급격하게 불평등해지는 세상으로 떠밀린다.

이러한 불평등에도 불구하고 CEO 사고방식은 이사회 회의실 문을 박차고 나와 보다 넓은 세상을 장악하기 시작했다. 무엇보다도 세계화의 확대가 전 세계적으로 기업의 부와 권력을 확대시켰다.[10] 그 일환으로 금융은 현대 정계의 왕좌 뒤에 존재하는 누구나 다 아는 권력이 되었다. 그리고 정부의 책임과 역할을 결정하는 조건과 기준을 만들었다.[11] 사회적 이슈와 환경적 문제를 해결하는 것보다 시장 합리성과 부에 대한 집착을 우선시하는 CEO 사고방식이 기업의 세계 통치의 핵심 요인이다. CEO 사고방식은 세계 경제 무대를 넘어 훨씬 깊은 영역에까지 영향을 미치고 있다. 기업과 CEO가 구현하는 가치가 적대적으로 사회를 장악하려 했고 그 시도는 놀랄 정도로 성공적이었다. 나아가 CEO 사고방식은 현대사회 정신의 근간을 뒤흔들고 개조하려고 한다. 조직과 기관을 식민지화하고 우리가 누구이고 누가 되고 싶은지를 결정하는 기준마저 만들었다. 우리가 무엇을 원하든지 간에, 타인을 희생시켜 가차 없이 이윤을 극대화하고 손해를 최소화하는 비용 편익 분석을 통해서만 우리의 꿈이 실현된다는 사고방식이 강화되었다.[12] 이제 우리는 삶을 주식회사로 여기고 그 주식회사의 CEO가 되어야 한다!

CEO사회는 CEO 라이프스타일이라는 새로운 라이프스타일을 인정한다. 그에 못지않게 현대인의 사고방식을 엄격히 제한한다. 많은 CEO들이 도덕적으로 비난받을 만하거나 사회적으로 무책임한 행동을 하더라도 그리고 경제에서 그들의 역할이 의심스럽더라도, CEO사회는 사람들에게 CEO가 상징하는 가치를 받아들이라고 계속 강요한다. CEO사회에서는 그 무엇도 CEO의 자본주의적 사고와 라이스프타일의 이념적 한계를 넘어설 수 없다. CEO는 자신들만의 기이한 '지혜'로 현재를 이끌고 미래의 가능성을 결정하고자 한다. 인류 발전의 상당부분에 생기를 불어넣은 것은 CEO 정신이다. 이런 이유로 진보는 금전적 이득을 얻을 수 있는 일련의 기회일 뿐이다. CEO라는 인물은 현대 자본주의의 특히 심각한 문제를 보여준다. 한편으로 CEO는 부도덕과 탐욕으로 가득한 현재 상황의 전형으로 현재 시스템의 모든 문제점을 상징적으로 보여준다. 다른 한편으로 CEO는 이 모든 문제를 해결할 최후의 해결사이자 모든 사회악을 치유할 수 있는 경제의 선지자로 여겨진다. 이와 같은 맥락에서 조직 이론가 에드워드 워레이-블리스Edward Wray-Bliss는 "현대 기업문화에서 특히 미국의 기업문화에서, 선과 악은 CEO라는 인물로 의인화되었다"라고 분명히 밝혔다.[13] 그의 논리에 따르면 자본주의가 야기한 문제를 해결할 임무를 부여받은 자는 여전히 자본가다.

CEO가 사회를 장악할 수 있었던 배경에는 자유시장이 경제 문제를 해소할 해결책에서 극심한 사회문제로 바뀌는 역사적인 사건이 있었다. 특히 1970년대와 1980년대 신자유주의는 후기 전후시대의 경기 침체와 문화적 병폐를 타개할 수 있는 매력적인 이념이었다. 신자유주의는 “개인이 관료주의의 형식적인 제약에서 해방되어 유기적이고 유동적으로 움직이는” 역동적 탈관료주의 세계의 비전을 제시했다.[14] 베를린 장벽이 무너지고 그와 함께 사회주의에 대한 공포가 사라지면서 1980년대는 시장 주도 낙관주의로 가득한 용감하고 새로운 세계의 가능성을 제시했다. 마가렛 대처가 즐겨 말했듯, 다른 대안이 없었다. 전직 공화당 하원의원이자 현직 언론 평론가인 조 스카보로Joe Scarborough는 미국이라는 사회적 맥락에서 로널드 레이건의 “낙관주의와 상식의 유산”에 관해 이야기하면서 『타임』에 다음과 같은 글을 썼다.

> 필라델피아에 모인 그들은 앞으로 미국이 나아갈 방향을 결정했다. 그들이 정한 방향에 따라 미국호는 노예해방전쟁, 남북전쟁, 경제대공황과 두 번의 세계전쟁으로 인해 격렬하게 흔들렸다. 그러나 미국은 국민의 정신력과 불굴의 낙관주의로 버텼다. 로널드 레이건과 같은 사람들은 미국이 더 밝은 미래를 향해 나아가고 있다고 믿었다. 그러나 그들은 1960년대와 1970년대에 격동의 시기를 맞게 된다.[15]

그러나 그 의혹은 잦아들었고 로널드 레이건이 겨우 되살린 새로운 희망의 불씨는 합리적인 생각이나 행동보다 훨씬 더 매력적이었다. 로널드 레이건은 사람들이 다시 공동의 발전과 개인의 번영을 이룰 수 있다는 꿈을 꾸게 했다. 이 꿈은 사람들의 희망과 두려움을 동시에 자극했다. 사람들은 자유시장에서 이 꿈이 현실이 될 수 있다고 믿었다.

CEO의 인기와 유명세는 점점 많은 대중들이 자유시장을 신퇴하고 있다는 징후다. CEO는 혼자 힘으로 경기를 호전시키고 수익과 일자리를 창출할 수 있는 용감한 리더로 칭찬받았다. 이런 맥락에서, 오늘날의 CEO는 제2차 세계대전 이후 수십 년 동안 각국 정부에 이와 유사한 역할을 하고 있다. 미국과 서유럽 등 많은 자유민주주의 국가는 공평하고 관대한 사회를 만들고 있었다. 이처럼 20세기 후반 이들 국가의 실권을 장악하고 있는 기업과 금융계의 거물들은 모두가 부자가 될 수 있는 역동적이고 능력을 중요하게 생각하는 현대 경제체제를 만들겠다고 약속했다.

그러나 2008년 금융위기로 인해 이러한 신자유주의의 약속에 커다란 구멍이 생겼다. 그리고 금융위기는 현재를 위협하는 만큼 미래도 위협했다. 서민들이 잃어버린 것은 단지 집뿐만이 아니었다. 더 밝은 내일에 대한 전망도 사라져버렸다. 당시 미국 대통령이었던 버락 오바마의 2009년 대국민 연설에서 이런 공포와 희망이 잘 드러난다.

> 우리가 직면한 문제의 해답은 우리의 손이 닿는 곳에 있습니다. 해답은 실험실과 대학교, 현장과 공장 그리고 기업가의 상상력 속에 존재합니다. 이 나라를 위해 지금 우리가 해야 할 일은 함께 힘을 모아서 우리가 마주한 도전에 맞서 다시 한 번 미래에 대하여 책임을 지는 것입니다.[16]

그러나 무한한 경제성장 대신 피할 수 없는 경기침체와 환경파괴가 다가오고 있었다. 인류학자 제임스 퍼거슨James Ferguson이 당시 관측했던 대로, 신자유주의는 사회경제적 번영의 조짐이 아닌 "자본가의 배를 불리는 공공정책의 또 다른 이름"이 되었다. 번영이 왔냐고? 아니다. "불평등은 심각해졌고 불안정은 확산됐으며 공공서비스는 사라졌고 빈곤 계층과 노동자 계층의 삶의 질은 악화됐다."[17] 한때 의기양양하게 '역사의 종말'[18]이라 선언했던 것은 달리 대안이 없어 보이는 과두정치체제와 경제적 절망이라는 악몽 같은 현실이 되었다.

깊은 불안감 속에서 CEO 중심 경제회복에 대한 새로운 위기설이 등장했다. 앞서 언급했듯이, 위기는 미화된 과거 안정기에 대한 모순된 향수를 불러일으켰다. 도널드 트럼프의 선거 슬로건인 '미국을 다시 위대하게Make America great again'는 시의적절했다. 그의 선거 슬로건은 안정과 무한한 진보가 보장되었던 이상적인 시기로 함께 되돌아가고 싶은 욕구를 자극했다.[19] 신자유주의가 여전히 정치와 경제의 지배적인 이념이었기 때문에 혁명적인 해결방안이 나오기는 어려웠다. 자유시장은 선택받은 소수의 정치와 경제 엘리트층의 배를 불렸지만, 남은 세계의 빈민층에게는 대안으로 선택할 이념이 부족했다. 이런 상황에서 CEO의 권력과 가능성에 대한 대규모 재투자가 이뤄졌다. 대기업의 리더들은 금융위기에 대한 기소만 피한 것이 아니었다. 그들은 병든 시장 시스템을 치유할 수 있는 유일한 존재로 돌아왔다. 경제가 완전히 붕괴될 뻔한 위기를 경험한 뒤, CEO란 인물은 죽어가는 자본주의 질서를 구할 존재로 부활했다.

브랜드 CEO

신자유주의적 자본주의로부터 배운 것이 있다면, 성공적인 브랜딩이 기업과 CEO의 성공에 주요했다는 것이다.[20] 매도와 매수가 끊임없이 이뤄지는 치열한 주식시장에서는 평판이 현실을 이기는 경우가 자주 발생한다. 당신이 누구냐보다 사람들이 당신의 무엇을 가치 있게 생각하느냐가 중요하다. 2008년 금융위기 이후, CEO들은 자신들의 브랜드를 대대적으로 개편해야 했다. 무자비한 이익 추구자 혹은 냉혹한 이사회 운영자의 이미지는 더 이상 정치적으로나 문화적으로 수용될 수 없었다. 그들에게는 사회적 의식과 도덕적 책임감이 있는 인물이라는 새로운 이미지가 필요했다.

리브랜딩은 효과적이었다! 『가디언』은 "7년 전, 월스트리트는 악당이었다. 그러나 지금, 그들이 다시 이 구역을 다시 접수했다"라며 개탄했다.[21] 그러나 CEO 리부팅은 그리 간단하지 않았다. 무엇보다 과거와 현재의 CEO들이 저지른 악행을 무시하기 어려웠다. 심지어 2015년 개봉한 영화 〈빅쇼트The Big Short〉을 통해 사람들은 기업의 탐욕이 걷잡을 수 없는 지경에 이르러 결국 금융위기를 야기하는 과정을 다시 확인했다.[22] 매주 기업의 탈세나 임원의 부정행위에 관한 기사가 쏟아졌다. CEO에게 세계경제를 붕괴 직전까지 몰고 간 책임을 질 것을 요구하는 목소리가 널리 퍼졌다. 미국이 눈에 띄는 사례다. 『뉴욕 타임스』는 퓰리처상을 수상한 금융 전문기자 제시 아이싱어Jesse Eisinger의 말을 아래와 같이 길게 인용했다.

미국 금융의 역사는 일반적으로 '호황-거품붕괴-단속'을 반복했다. 1929년 위기 이후 대중의 분노가 페코라 청문회Pecora Herarings로 이어졌고 뉴욕증권거래소 회장은 수감됐다. 1980년대 저축대부조합 위기 이후 1,100명이 기소됐고 이 중에는 파산한 대형 은행의 최고경영자도 포함되어 있었다. 1990년대와 2000년대 초반, 나스닥 거품의 붕괴로 기업의 만연한 분식회계가 드러나면서, 월드컴, 엔론, 퀘스트Qwest와 타이코Tyco의 최고경영자들이 수감됐다. 2008년 신용위기는 이런 거품붕괴사태와는 비교도 안 될 정도로 큰 사건이었고, 모두들 이전과 유사한 기업 단속이 있을 것이라고 예상했다.[23]

이것은 기업의 정의로움이란 후광으로 은폐할 수 있는 간단한 문제가 아님을 보여줬다. 그것은 세계적으로 선진국과 개도국에 똑같은 원칙을 적용해서 해결할 수 있는 문제도 아니었다. 그 어느 때보다 심각하게 기업이 정말 주주와 공공의 이익을 동시에 섬길 수 있느냐는 질문이 제기됐다.

CEO의 리브랜딩 시도에는 당장 눈에 보이지 않을지 몰라도 보다 근본적인 모순이 있었다. 과연 시장에 근거한 해결책이 시장이 야기한 문제를 얼마나 효과적으로 해결할 수 있을까? '병든 환자'는 자본주의인데, 자본가가 이 환자를 치료할 유일한 희망일까? 합리적인 사람이라면 '아니다'라고 답할지도 모르겠다. 그러나 금융위기 직후인 2009년 버락 오바마가 미국 대통령이었던 세계로 다시 되돌아가면 생각이 좀 달라질 수 있다. 당시 버락 오바마 대통령은 "나는 맞는 약을 처방했다고 생각한다. 덕분에 환자가 안정되었다고 믿는다. 물론 치유해야 할 상처가 아직 남아 있고 응급상황이 발생할 수도 있다. 그러나 지금까지 꽤 좋은 보살핌을 받고 있다"라고 말했다.[24] 모두가 여기에 동의하지는 않는다.

미국과 유럽에서 널리 실행된 '긴축'이란 이름의 자유시장정책은 경제회복의 속도를 높이기보다는 오히려 경제회복에 방해가 되는 것 같았다.[25] CEO와 엘리트 동료들은 이런 정책으로부터 보상을 받아서 아주 행복한 듯 보였지만 나머지 사회 구성원들은 계속 고통받았다. 유명 작가이자 운동가인 나오미 클레인Naomi Klein은 이런 상황에 대해서 아래와 같이 조심스럽게 의견을 밝혔다.

> 여기 분명히 짚고 넘어갈 사실이 있다. 정말 많은 사람들이 여전히 고통받고 있다. 규제완화, 민영화, 긴축정책과 기업거래의 신자유주의 정책 하에서 그들의 삶의 수준이 급격하게 하락했다. 그들은 직업을 잃었고 연금을 잃었다. 그들은 과거 이런 손실의 충격을 완화했던 많은 안전망도 잃어버렸다. 이런 사람들은 자녀의 미래가 자신들의 위태로운 현재보다 더 나쁠 것이라 생각한다. 이런 와중에 다보스 계급은 부상하고 있다. 다보스 계급은 금융 분야와 기술 분야의 억만장자, 이익을 누리며 안락한 생활을 하는 선출직 정치인 그리고 모든 것이 엄청나게 화려한 할리우드 유명인으로 구성된 촘촘하게 얽힌 네트워크다. 성공은 다보스 계급이 아닌 사람들은 초대받지 못한 파티다. 그리고 그들은 다보스 계급의 부와 권력이 커지는 것이 자신들의 부채가 커지고 무력함이 악화되는 것과 직접적으로 연결되어 있다는 것을 알고 있다.[26]

이것은 21세기의 가장 심각한 긴장감을 보여줬다. 가진 것이라고는 자본주의적 도구밖에 없는데, 정책 입안자들과 시민들은 어떻게 자유시장 이념에서 벗어난 사회를 재건할 수 있었을까?

근본적인 문제는 CEO가 계속해서 세계 경제를 좌지우지했던 것이 아니라, 그들의 힘이 문제의 해결책으로 유일하게 알려진 그리고 이용할 수 있는 것이었다는 점이었다. 현대사회에 영향을 준 이 CEO에 관한 난제는 스스로를 보전하고 자유로워지기 위해서 통치자의 지혜에 기댈 것을 강요하는 것이었다. CEO는 역사적인 이념전투에서 싸우지도 않고 승리했다. 이념전투에서 벌어진 자유시장의 승전보가 우리의 암울한 미래로 불안하게 다가온다.

CEO는 많은 결함을 지닌 존재이다. 그러나 그들은 개인의 성공과 공공의 발전을 이뤄낼 수 있는 영원한 지혜를 지니고 있는 것 같다. 바로 이 부분에서 CEO의 매력이 나온다. CEO가 목표를 실현하는 최고의 방법을 지닌 서구 문화권에서 대대로 내려오는 지혜를 상징하는 전설적인 인물로 여겨질 때, CEO에 관한 환상과 현실이 서로 충돌한다. 이상화된 CEO는 우리에게 운명을 통제하고 자신의 의지대로 운명을 만들어나갈 수 있다는 가능성을 제시한다. 사회적 차원으로 확대해서 생각하면, 이것은 '진보'라는 피할 수 있는 힘이 공동체의 운명을 결정하도록 내버려두지 않고 공동체의 구성원들이 공동체의 미래를 결정하고 만들어나갈 힘을 지니고 있다는 믿음을 퍼뜨린다. 대부분의 사람들이 주체적으로 생각하고 행동하지 못하는 이 시대에 CEO는 스스로 생각하고 행동할 수 있는 유일한 존재다. 그래서 많은 사람들이 CEO를 신적인 존재로 생각하는지도 모른다.

조슈아 로스먼Joshua Rothman은 미국 주간지 『뉴요커New Yorker』에 "오늘날 우리가 마주한 도전들은 리더십만의 문제라고 하기에는 너무나 복잡하다. 그러나 우리는 현재의 문제를 위기와 리더의 관점에서 살펴보는 경향이 있다"라고 썼다.[27] CEO라고 사회가 안고 있는 모든 문제를 단숨에 해결할 수는 없다. 그러나 적어도 지금까지는 CEO의 뒤를 따르면 현 시대의 불안감을 해소할 수 있을 것 같다. 이런 이유로 조슈아 로스먼은 웨스트포인트West Point의 영어 교수 엘리자베스 사멧Elizabeth Samet의 다음 이야기를 인용한다.

> 21세기 초 리더십은 위기에 봉착했다. 이후 우리는 위기 속에서 살고 있다. 그리고 위기를 낭만적으로 그리는 세상에서 살고 있다. 이것은 24시간 뉴스매체, 다양한 정보 스트림 그리고 끊임없는 자극에 대한 중독을 심화시킨다.[28]

엘리자베스 사멧은 정확하게 위기에 대한 이러한 병적인 헌신 때문에 사람들이 "거짓 선지자, 겉만 번지르르한 수완가, 폭력배 그리고 선동가"를 구세주로 받아들이게 되었다고 주장한다. CEO는 이런 수상한 인물 중에서도 으뜸이다.

이런 맥락에서 CEO는 취직도 하늘의 별따기만큼 힘든 이 세상에서 신화 속 영웅이다. 그러나 CEO에게도 '현실'에서는 인간적인 약점이 있고 그들도 실패한다. 그럼에도 CEO사회는 CEO가 나머지 사회 구성원들을 지배할 신성한 권리를 가지고 있다는 사실을 인정하라고 강요한다. 기업은 조직과 리더를 미화하여 스스로를 보전한다.[29] CEO가 되면 설령 부분적이라 할지라도 이런 초월적인 힘을 직접 경험할 수 있다. 이것이 CEO의 매력이다. 이념적 또는 제도적 대안이 없는 상황에서 이런 CEO의 매력 때문에 CEO가 되거나 그들을 따르면 어떤 권한을 부여받은 것 같은 느낌이 든다. CEO는 모든 것을 정복할 수 있는 능력을 지닌 인물로 이상화된다. CEO사회는 CEO를 낭만적으로 묘사하여 그들의 이상화된 이미지를 우리의 힘겨운 일상에 밀어 넣는다. 확실한 것은 부패하고 양심이 없는 CEO가 있다는 것이다. 엔론의 제프 스킬링Jeff Skilling, 월드컴의 버나드 에버스Bernard Ebbers 그리고 타이코의 데니스 코즐로브스키Dennis Kozlowski처럼 일부 CEO들은 상당한 기간 동안 수감생활을 했다. 그러나 이런 사람들이 CEO의 신적인 이미지를 훼손하지는 못했다. 일부 성직자처럼 CEO도 죄인일 수 있다. 그러나 이것은 종교나 다름없는 CEO에 대한 믿음에 의혹을 불러일으키는 대신 한 인간의 나약함으로 받아들여졌다. 실제로 많은 CEO가 스캔들에 휘말렸지만, 이상화된 CEO의 시장 주도형 기술과 관행이 우리가 도덕적으로 그리고 물질적으로 나아질 수 있는 유일한 길이라는 굳건한 믿음만은 건재하다.

CEO사회는 이런 초자연적인 구원에 대한 믿음 위에 세워졌다. 신봉자들은 이런 불가능한 믿음에 맞춰 스스로를 단련하면서 힘을 얻는다. 시장은 사악한 유혹으로 가득한 불확실한 세상의 복음이다. 기독교인들이 전통적으로 신념을 굳게 지키고 7대 죄악을 피하듯이, CEO사회에서 우리도 무능력하고 비생산적이며 수익을 못 내는 시장의 무거운 죄를 피해야만 한다. CEO 정설에서의 이탈은 따로 증명할 필요가 없는 CEO의 진실과 권력을 부정하는 신성모독이다. 실제로 기업의 최고경영자들은 '구원자'와 새로운 세상의 '선지자'로 묘사되곤 한다. 이것은 기업과 CEO를 미화하는 '시장 근본주의'를 강화한다.[30] 노벨 경제학상을 수상한 경제학자 조셉 스티글리츠Joseph Stiglitz의 말을 빌리면 다음과 같다.

역사적으로 서구세계는 지난 25년 동안 시장 근본주의라는 종교의 지배를 받았다. 내가 시장 근본주의를 종교라고 부른 까닭은 이 사상이 경제학이나 역사학에 기반을 두고 있지 않기 때문이다. 영국의 마가렛 대처와 미국의 로널드 레이건은 시장 근본주의의 열렬한 신봉자였다. 이 사상은 사익과 이윤 극대화를 추구하는 기업의 활동이 시장의 보이지 않는 손에 의해 사회 전체 웰빙으로 이어진다는 아담 스미스의 보이지 않는 손에 관한 주장처럼 오래된 경제 이론에 대해 언급하기도 한다.[31]

이처럼 변치 않는 시장 근본주의는 구원자로서의 CEO의 힘을 강화했다. 그 결과 CEO는 속세로 내려온 구원자로 자리매김했다. CEO는 기업의 기적뿐만 아니라 사회의 기적도 행하러 왔다. 훌륭한 CEO는 기업을 죽음에서 되살리고 절뚝거리는 경제를 다시 걷게 만들 수 있다. 이처럼 CEO가 검증한 길을 따르면 모두가 구원받을 수 있다.

자본주의와 CEO에 대한 믿음은 상식처럼 쉽게 접근할 수 있다. 심지어 자유시장을 믿지 않는 사람도 마찬가지다. 기독교의 선한 가치를 받아들이려고 독실한 기독교인이 될 필요는 없다. 이처럼 말 그대로 처녀에게서 태어난 신성한 아이라는 그리스도의 믿기 어려운 성경 이야기를 믿지 않는다고 해서 행동의 기본원리로 기독교의 도덕적 가르침을 포기해야 하는 것은 아니다. 이와 유사하게 CEO처럼 유능하고 생산적이고 혁신적인 존재가 지니는 가치는 윤리적 비판이나 정치적 비판과는 상관없이 분명하다. 이런 맥락에서 구원이 절실한 사람들에게 구원자 CEO의 가르침을 퍼트리는 것은 중요하다. 무엇보다 현재 우리는 자기 구원의 시대에 살고 있다.[32] 기독교의 특정 교파에 따르면 신은 스스로 돕는 자를 돕는다. 이처럼 CEO사회에서 우리는 최대한 자기 자신을 도와야 한다. 문화적 인물로서 CEO에게는 자신의 정당한 라이프스타일을 사람들에게 소개하고 충실하게 따를 수 있도록 도울 의무가 있다. CEO의 가르침을 실천하지 못하는 이는 CEO 신의 분노와 그의 독실한 신봉자의 비난을 받게 될 것이다.

그릇된 신념

다른 모든 결함에도 불구하고, CEO의 사고방식은 사람들에게 자유를 주고, 복잡하고 위태롭고 무력한 삶을 관리할 지식을 제공한다는 이유로 널리 찬양받는다. 실제로 CEO가 현재의 병폐인 소외감의 주요 원인이지만, CEO의 지혜는 개인을 의기소침하게 만드는 운명에서 벗어날 수 있게 하는 특효약으로 받아들여진다. CEO의 지혜는 패배자가 아니라 승리자가 되는 방법을 알려주는 성스러운 지혜다. 그리고 사람들에게 성공과 번영으로 가는 길을 보여주고 속세의 성공을 여는 천상의 열쇠를 준다.

CEO사회를 받아들이면 자유로워질 수 있다. 여기에는 현대인들이 스스로가 행위주체성이 부족하다는 사실을 인정한다는 전제가 깔려 있다. 이로 인해 CEO사회와 CEO의 라이프스타일을 우리에게 주어진 유일한 선택으로 잘못 받아들일 위험이 생긴다. 게다가 이런 오인으로 인해 사회적으로 부당하고 개인적으로 심신을 약화시키는 시스템에 이념적으로 구속될 수 있다. 그러므로 우리는 CEO사회에 저항해야 한다. 그렇지 않으면 자유시장에 패배할 뿐만 아니라 현재 주어진 극도로 제한된 자유만이 전부라고 믿으며 살아가게 된다. 조지 오웰George Orwell이 예상했듯이, 이런 자유에 만족하는 것은 노예가 되는 것과 다름없다.[33] 그러나 오늘날 정부와 기업은 이렇게 극도로 제한된 자유만을 제공한다.

CEO사회의 조건은 프랑스 실존주의 철학자 장 폴 사르트르Jean-Paul Sartre가 처음 소개한 '그릇된 신념bad faith'의 개념을 그대로 반영한다. 그릇된 신념은 기존의 지배적인 정체성에 과도하게 애착을 느껴 급진적인 자유를 실현하고 추구하기를 꺼리는 것을 말한다. 여기서 말하는 기존의 지배적인 정체성은 다음을 말한다.

> 나는 반드시 '이 사람'이 되어야 하지만, 나는 '이 사람'이 아니다. 그렇다고 내가 '이 사람'이 되기를 원하지 않는다거나 '이 사람'이 다른 사람이기를 원한다는 의미는 아니다. 단지 '이 사람'과 나 사이에 공약수가 존재하지 않을 뿐이다. 이 공약수는 타인과 나 자신을 대변한다. 그래서 나는 표면적으로만 '이 사람'이 될 수 있다.[34]

지금까지 정체성은 다른 누군가와의 동질감에 입각한 존재로 스스로를 이해하는 행위였다. 이런 정체성은 역설적으로 미리 결정된 편협한 자아에 스스로 갇히는 '자유가 없는 자유'를 대변한다. 이와 같이 끊임없이 변모할 수 있는 현상現狀의 영속성에 대한 맹목적인 헌신은 결국 스스로를 가둬버린다.

CEO사회의 근간인 자유시장 중심의 자유민주주의에 대한 신자유주의적 찬양은 현대의 그릇된 신념의 좋은 사례다. 그것은 영웅 같은 CEO로 가득한 번창하는 자유시장의 비전으로 우리를 현혹할 수 있다. 그리고 사회적 가능성을 자본주의와 기업 지배의 편협한 이념으로 제한할 수 있다. 소비에트연방과 동유럽권 공산주의의 몰락이 우리가 자유를 시장의 손아귀에 완전히 넘겨준 기폭제가 됐다. 자유시장은 신자유주의가 우리에게 남은 유일한 경제적, 정치적, 그리고 사회적 선택지라고 믿게 만들었다. 2008년 금융위기 이후 이와 유사한 그릇된 신념의 사례가 나타났다. CEO가 문화적 영웅으로 부활한 것이다. CEO는 개인적인 차원에서 확실히 악마 취급을 받았다. 실제로 CEO 무리는 탐욕과 실책으로 널리 비난받았다. 그러나 그 이후 CEO란 인물과 그들의 능력, 사고방식이 다시 영웅으로 대접받게 된다.

현대인들은 CEO처럼 되고 싶어 안달이다. 이것은 비극적인 상황이다. 사람들은 자유선택을 탐구하기를 거부하고, 사람들의 자유선택을 막는 장애가 존재한다. 이런 그릇된 신념의 숨길 수 없는 징후는 이 지배적인 정체성과 이념의 이상화된 이미지를 완전히 구현하려는 시도다. 장 폴 사르트르는 이상적인 웨이터가 되려고 애쓰는 웨이터의 모습을 관찰하면서 다음과 같은 글을 썼다.

> 한 웨이터가 카페에서 서빙을 한다. 그는 빨리 그리고 한 발 앞서 움직인다. 그의 움직임은 조금 지나칠 정도로 정확하고 빠르다. 그는 조금 빠른 걸음으로 고객에게 다가가서 조금 지나칠 정도로 허리를 숙여 인사한다. 그리고 고객의 주문이 매우 궁금하다는 듯한 눈빛과 목소리로 조금 지나칠 정도로 고객을 세심하게 배려한다. 마침내 그

가 고객이 주문한 음식이 담긴 쟁반을 들고 고객에게 돌아온다. 그의 걸음은 마치 로봇처럼 경직되고 뻣뻣하다. 그는 팔과 손을 가볍게 움직이며 쟁반이 손에서 떨어지지 않도록 균형을 잡으려고 애쓴다. 그런 그의 모습에서 줄타기 곡예사의 무모함이 느껴진다.[35]

이와 마찬가지로 CEO사회의 자기단련 기능이 적어도 자기 인생에서만큼은 완벽한 CEO가 되려는 노력에서 적지 않게 발견된다. 여기에는 CEO의 사고방식을 받아들이지 않으면 성공할 수 없다는 생각이 기저에 존재한다. 극도로 경쟁적인 현실에서 우리가 할 수 있는 유일한 선택은 자기 방식으로 이상화된 재계 거물들의 무자비하고 계산적인 사고방식을 받아들이는 것이다. CEO사회에서 무자비하고 계산적인 CEO의 사고방식을 받아들이지 않는 것은 자신의 목표와 꿈을 실현할 가능성을 포기한다는 의미다.

결론적으로 CEO사회는 사람들에게서 선택과 자유를 빼앗으려고 한다. 이 시도가 성공한다면, CEO사회는 우리에게서 민주주의의 약속을 통째로 앗아갈 것이다. CEO사회는 CEO의 가치와 사고방식을 널리 퍼뜨리고 직업, 정치, 공동체, 가족, 자선, 교육에 이르기까지 개인의 삶에 지대한 영향을 미치고 있다. 여기서 끝이 아니다. 장 폴 사르트르는 "그들은 그릇된 신념에 빠져 있고 두려움에 떨고 있다. 그들은 두려워한다. 두려움과 그릇된 신념은 신들의 구미를 당기는 향기를 가지고 있다. 그렇다. 신들은 그런 향기를 좋아한다. 바로 측은한 영혼의 향기!"라고 예언이라도 하듯 선언한 바 있다.[36] 실제로 CEO 신은 인간의 욕구와 윤리의식을 편협한 경영자주의와 세계주의에 가두고 우리에게서 CEO사회의 대안을 찾는 능력을 앗아가려고 한다. 그리고 우리가 돈을 벌고 싶든지 아니면 환경을 보호하고 싶든지 간에, 우리를 CEO의 가치와 기준에 따라 행동하도록 회유한다.

실존주의적 자유는 '아닌 것'을 구현하거나 얻으려고 노력하는 능력에서 나온다. 단, 이 실존주의적 자유가 CEO사회에 존재한다면 말이다. 보다 정확하게 이야기하면, 이것은 현재와는 다른 무언가를 상상하고 그렇게 되려고 노력하는 능력이다. 새천년의 인간이 오로지 원하는 것은 CEO처럼 되는 것이라 생각하기 쉽다. '아닌 것'은 없다. CEO의 이상에 부응하지 못하면 실망감만 남는다. 그것은 가끔은 편안하지만 결국 심신을 쇠약하게 만드는 자유의 포기를 낳는다. 이것은 강한 CEO가 사회와 자기 자신을 구할 힘을 가지고 있다고 주장하는 그릇된 신념이다. 그러나 CEO를 아무리 낭만적으로 묘사하더라도, CEO를 이상화하는 것은 다다를 수 없는 곳을 향해 달려가는 것과 다름없다. CEO사회는 CEO 구원이라는 그릇된 신념을 우리에게 강요한다. 이 구원자들과 그들의 추종자들로부터 우리 자신을 구하는 것은 모두의 생존과 번영을 위해 절대적으로 필요하다.

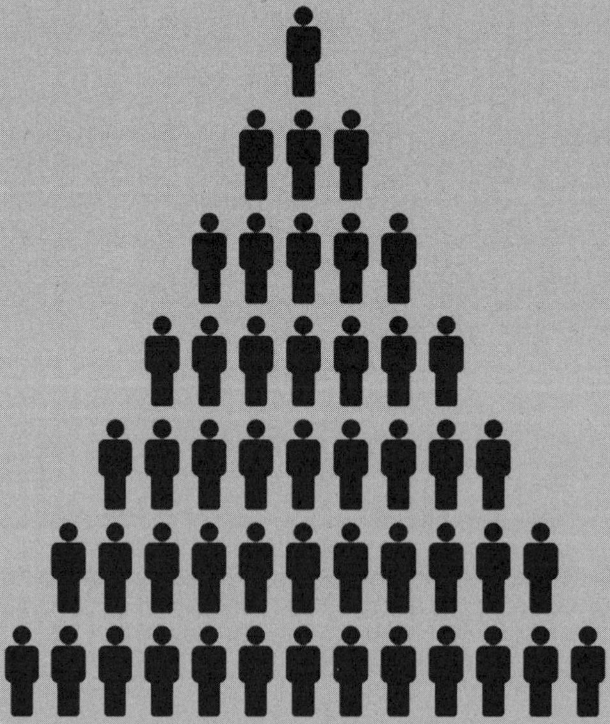

맺음말

CEO사회의 고비용

CEO사회는 다방면에 걸쳐 거침없이 발전했다. 동시에 CEO사회에 대한 저항 또한 다방면에 걸쳐 거침없이 일어나고 있다. 도널드 트럼프의 집권 후 몇 달 동안 발생한 참사들로 인해 많은 사람들이 과연 국가를 기업처럼 경영하는 것이 옳은 생각인지 의구심을 갖기 시작했다.[1] 여성 행진Women's Marches 등과 같은 단체들의 세계적인 저항의 움직임은 CEO들이 이끄는 우파 성향의 포퓰리즘적 움직임과 이런 움직임에 영감이 된 CEO 가치에 대한 반발이었다.

이런 저항에도 불구하고 CEO사회는 우리가 마주한 현실이며, 이들의 위협은 거세기만 하다. 기업가들과 재계 거물들이 경제적, 정치적 그리고 사회적 진보로 가는 길을 우리에게 보여줄 수 있다는 믿음 역시 여전히 존재한다. 심지어 실제 CEO들은 도덕적으로 흠이 있고 부패했다는 사실이 드러나도 이런 믿음에는 흔들림이 없다. 개인적 차원에서 CEO가 불명예스러운 일로 추락을 하더라도 삶의 모든 부분에서 우주의 주인이 되려는 욕구는 존속된다. 기업의 리더십에 대한 집착은 우리의 세계와 스스로를 극적으로 변화시켰다. 이것은 우리 모두를 개인적인 이익을 위해 계산적이고 가치에 집착하는 유능한 CEO의 정형화된 모습으로 만들었다. CEO는 정치, 경제 그리고 인생에서 수익을 창출해내는 신비한 능력을 가지고 있다. 지금까지 많은 사람들이 이런 신비한 능력에 기대며 살았고, 이런 분위기는 지극히 자연스러운 것으로 받아들여졌다.

이 책에서 강조했듯이 CEO는 현대인들의 넋을 나가게 해서 자신들에게 믿음을 가지게 만드는 마력이 있는 존재다. 그들의 지식과 관행이 우리 모두를 구원으로 이끌 것이란 믿음이 CEO사회에 존재한다. 심지어 자유시장의 신조가 크게 훼손되었지만, 영웅으로 칭송받는 CEO에 대한 존경은 변함이 없다. 새로운 진보 운동이 전 세계적으로 일어나고 있고, 사람들이 기업의 세계지배와 신자유주의 정치 하수인인 CEO들에게 반기를 들고 있지만, CEO는 여전히 진보의 우상으로 잘못 그려지고 있다. 이는 아주 우려스러운 상황이다. CEO사회는 후기 자본주의의 가장 당혹스럽고 근본적인 모순을 보여준다.

여기에는 아주 역설적인 사회경제적 역학관계가 작동한다. 문화적 관점에서 시장의 가치가 평가절하되는 순간에도, 사람들은 보다 강한 CEO에게 매달렸고 그가 자신들을 구원해주리라 믿었다. 스티브 잡스가 애플을 구했듯, 많은 사람들이 도널드 트럼프가 미국을 구할 것이라 기대한다. 결국 사람들은 아무 대가 없이 CEO에게 자신들의 현재와 미래를 넘겨줬다. 그리고 복잡한 현대의 전 세계적인 문제에 맞서기 위해서 기업인들이 입에 달고 사는 온갖 미사여구의 허황된 희망을 아무 의심 없이 받아들였다. 이런 현상의 이면에는 단기적 이익만을 추구하는 최고경영자의 근시안적인 사고방식이 존재한다. 사람들은 현재의 제약으로부터 자유로워질 수 있는 창의적인 해결책의 가능성을 무시한다. 이로 인해 우리의 경제와 생태계의 생존이 중대한 위험에 처했다. CEO에 관한 신화의 부상은 세계 민주주의 사회의 집단적인 몰락을 야기하고 자유시장에 정당성을 부여한다. 이것은 역사적으로 꼴찌가 되기 위한 경쟁일 뿐이다. 이런 사회에서는 승리자라고 불리는 사람들도 결국 패배할 수밖에 없다. 그들에게는 겉만 금으로 입힌 피상적인 승리만 있을 뿐이다. 설령 승리했다 하더라도 그들이 사회적으로 할 수 있는 일은 매우 한정된다. 그리고 이런 승리가 제공하는 가치 또한 매우 제한적이다. 이런 존재의 방식을 유지하려면 불평등과 권위주의가 증가하는 자유(가 없는) 시장이 영원히 지속되고, 억압적인 자본주의 논리의 압제가 모든 생각과 행동을 속박하는 등 그에 상응하는 대가를 지불해야 한다. 이것은 억지로 견뎌야 하는 CEO사회의 터무니없이 높은 비용이다.

이 책은 CEO 근본주의에 대한 용감한 도발이고 그에 대한 저항의 촉구다. CEO를 맹신하는 일은 기업과 시장에서만 하라는 간청이다. 나아가 CEO와 그들이 상징하는 모든 것을 숭배하는 세계적인 현상에 날리는 직격탄이다. 이 책은 민주적이고 지속가능하며 공정한 현재와 미래를 만들 기회를 파괴하는 CEO사회에 대한 경고다. 그리고 CEO가 어떻게 이 세상뿐만 아니라 우리를 식민으로 만들고 있는지 비판적인 시각에서 정확하게 이해하라는 외침이다. 마지막으로 CEO를 현재의 위치에서 끌어내릴 방법을 찾아, 보다 진보적이고 자유로우며 민주적인 경제와 사회를 만들어나갈 수 있기를 희망한다.

주

머리말: CEO는 구원자인가?

1 Alex Malley, *The Naked CEO: The Truth You Need to Build a Big Life* (Milton: Wiley, 2015), back cover.

2 Liz Hobday, "Allegations of Bullying Levelled against CPA Boss", in 7.30 (Australian Broadcasting Corporation, 2017).

3 Linsey McGoey, "Philanthrocapitalism and Its Critics", *Poetics* 40, no. 2 (2012).

4 Nina Atwood, *Date Like a CEO: Leadership in Life and Love for Men* (Dallas: Atwood, 2015).

5 Miranda P. Charles, *The Unmasked CEO* (Captured by Love #7) (Sydney: MPC Romance Publishing, 2017).

6 Anna DePalo, *Second Chance with the CEO* (Fort Erie: Harlequin, 2016).

1. CEO사회에 오신 것을 환영합니다

1 Stanley Weiser and Oliver Stone, *Wall Street: Original Screenplay* (Glendale: Oaxatal Productions, 1987).

2 Timothy Shenk, "Booked #3: What Exactly Is Neoliberalism?", *Dissent*, 2 April 2015. https://www.dissentmagazine.org/blog/ booked-3-what-exactly-is-neoliberalism-wendy-brown-undoing-the-demos.

3 Thomas Klikauer, "What Is Managerialism?", *Critical Sociology* 41, no. 7–8 (2015): 1107.

4 Larry Julian, *God Is My CEO: Following God's Principles in a Bottom-Line World*, 2nd ed. (Avon: Adams, 2014).

5 Ibid., 300.

6 Ma Chi, "CEO Courses for 3-Year-Old Kids: Grooming Future Elites or Glorified Babysitting?", *China Daily*, 19 August 2016, n.p. http://www.chinadaily.com.cn/china/2016-08/19/content_ 26533865.htm.

7 Michael A. Peters, *Poststructuralism, Marxism, and Neoliberalism: Between Theory and Politics* (Lanham, MD: Rowman & Littlefield,

2001).

8 Adam Smith, *The Wealth of Nations* (Middletown: Shine, 2014; repr., 1776), 10.

9 Michel Foucault, *The Birth of Biopolitics: Lectures at the Collège* De France, 1978–1979 (Houndmills: Springer, 2008), 130.

10 Donald Trump, "Transcript: Donald Trump's Victory Speech", *New York Times*, 9 November 2016, n.p. http://www.nytimes.com/2016/11/10/us/politics/trump-speech-transcript.html.

11 Carl Rhodes and Peter Bloom, "Both Trump and Clinton Would See the US Run Like a Corporation", *The Conversation*, 3 November 2016. https://theconversation.com/both-trump-andclinton-would-see-the-us-run-like-a-corporation-68059.

12 Klikauer, "What Is Managerialism?", 1107.

13 David A. Fahrenthold, "Trump Recorded Having Extremely Lewd Conversation About Women in 2005", *The Washington Post*, 8 October 2016, n.p. https://www.washingtonpost.com/ politics/trump-recorded-having-extremely-lewd-conversationabout-women-in-2005/2016/10/07/3b9ce776-8cb4-11e6-bf8a-3d26847eeed4_story.html.

14 Peter Bloom and Carl Rhodes, "Corporate Authoritarianism and the New American Anti-Democracy", *Common Dreams*, 23 October 2016. https://www.commondreams.org/views/2016/10/ 23/corporate-authoritarianism-and-new-american-anti-democracy.

15 Peter Bloom and Carl Rhodes, "Trump and the Dangerous Rise of Executive Salvation", *The Sociological Review Blog*, 22 November 2016. https://www.thesociologicalreview.com/blog/ trump-and-the-dangerous-rise-of-executive-salvation.html.

16 Abby Phillip, "Clinton Slams Trump's Hypocrisy in Using Undocumented Labor to Build D.C. Hotel", *The Washington Post*, 26 October 2016, n.p. https://www.washingtonpost.com/news/ post-politics/wp/2016/10/26/clinton-slams-trump-for-usingundocumented-labor-to-build-d-c-hotel/.

17 Merriam-Webster, "CEO", in *Merriam-Webster's Collegiate Dictionary 11th Edition* (Springfield, MA: Merriam-Webster, 2004), 201.

18 James D. Richardson, comp., *A Compilation of the Messages and Papers of the Presidents*, 1789–1897, vol. 7 (New York: Bureau of National Literature and Art, 1901), 399.

19 Herman Melville, *White-Jacket; or, the World in a Man-of-War* (London: Bentley, 1850), 35.

20 Alexander L. Peterman, *Elements of Civil Goverment* (New York etc.: American Book Company, 1891), 40.

21 Martin Kornberger, Carl Rhodes and Renéten Bos, "The Others of Hierarchy: Rhizomatics of Organising", in *Deleuze and the Social* (Edinburgh: Edinburgh University Press, 2006).

22 Klaus P. Hansen, "The Mentality of Management: Self-Images of American Top Executives", in *The Politics of Management Knowledge*, ed. Stewart R. Clegg and Gill Palmer (London: Sage, 1996), 36.

23 Jo Littler, "Celebrity CEOs and the Cultural Economy of Tabloid Intimacy", in *Stardom and Celebrity*: A Reader, ed. Su Holmes and Sean Redmond (London: SAGE Publications Ltd, 2006).

24 Robert van Krieken, *Celebrity Society* (London: Routledge, 2012), 124.

25 Jack Welch and John A. Byrne, *Jack: Straight from the Gut* (New York: Warner, 2003).

26 Louis V. Gerstner, *Who Says Elephants Can't Dance? How I Turned around IBM* (New York: Harper Business, 2003).

27 Phil Knight, *Shoe Dog: A Memoir by the Creator of Nike* (London: Simon and Schuster, 2016).

28 Donald J. Trump's Hair, *The Autobiography of Donald Trump's Hair* (Seattle: Createspace, 2016).

29 Sloan Wilson, *The Man in the Grey Flannel Suit* (New York: Cardinal, 1955).

30 William H. Whyte, *The Organization Man* (New York: Simon and

Schuster, 1956).

31 Ibid., 17.

32 Gideon Haigh, "Bad Company: The Cult of the CEO", *Quarterly Essay* 10 (2003). https://www.quarterlyessay.com.au/essay/2003/ 06/bad-company#.

33 Marcus Buckingham and Curt Coffman, *First, Break All the Rules, What the World's Greatest Managers Do Differently* (New York:Simon and Schuster, 1999).

34 AFL-CIO, "Executive Pay Watch", accessed 9 November, 2015. http://www.aflcio.org/Corporate-Watch/Paywatch-2016.

35 Gretchen Gavett, "CEOs Get Paid Too Much, According to Pretty Much Everyone in the World", *Harvard Business Review* (2014). https://hbr.org/2014/09/ceos-get-paid-too-much-according-topretty-much-everyone-in-the-world.

36 Mathew L. A. Hayward, Violina P. Rindova and Timothy G. Pollock, "Believing One's Own Press: The Causes and Consequences of CEO Celebrity", *Strategic Management Journal* 25, no. 7 (2004).

37 Paresha N. Sinha, Kerr Inkson and James R. Barker, "Committed to a Failing Strategy: Celebrity CEO, Intermediaries, Media and Stakeholders in a Co-Created Drama", *Organization Studies* 33, no. 2 (2012): 224.

38 Littler, "Celebrity CEOs".

39 Jenni Dean, *Be the CEO of Your Own Body* (Port Melbourne: Dean, 2011).

40 Atwood, back cover.

41 Ellen Ernst Kossek and Brenda A. Lautsch, *CEO of Me: Creating a Life That Works in the Flexible Job Age* (Upper Saddle River: Prentice Hall, 2007).

42 Wendy Brown, *Undoing the Demos: Neoliberalism's Stealth Revolution* (Brooklyn: Zone, 2015).

43 Gérard Duménil and Dominique Lévy, *The Crisis of Neoliberalism*

(Cambridge, MA: Harvard University Press, 2011).

44 Thomas Picketty, *Capital in the Twenty-First Century* (Cambridge, MA: Harvard University Press, 2014).

45 Brown, *Undoing the Demos*, 22.

46 Kerry A. Dolan, "Forbes 2017 Billionaires List: Meet the Richest People on the Planet", *Forbes*, 20 March 2017. https://www.forbes.com/sites/kerryadolan/2017/03/20/forbes-2017-billionaireslist-meet-the-richest-people-on-the-planet/.

47 Maurizio Lazzarato, "Neoliberalism in Action: Inequality, Insecurity and the Reconstitution of the Social", *Theory, Culture & Society 26, no. 6* (2009).

48 Angela M. Eikenberry and Jodie Drapal Kluver, "The Marketization of the Nonprofit Sector: Civil Society at Risk?", *Public Administration Review* 64, no. 2 (2004): 132. Also see Norman Fairclough, "Critical Discourse Analysis and the Marketization of Public Discourse: The Universities", *Discourse & Society* 4, no. 2 (1993); Daniel J. Lair, Katie Sullivan and George Cheney, "Marketization and the Recasting of the Professional Self", *Management Communication Quarterly* 18, no. 3 (2005); Lester M. Salamon, "The Marketization of Welfare: Changing Nonprofit and for-Profit Roles in the American Welfare State", *Social Service Review* 67, no. 1 (1993).

49 See Emanuel S. Savas, Privatization: *The Key to Better Government, Public Administration and Public Policy* (London: Chatham House, 1987); John Vickers and George K. Yarrow, *Privatization: An Economic Analysis* (Cambridge, MA: MIT Press, 1988).

50 William L. Megginson and Jeffry M. Netter, "From State to Market: A Survey of Empirical Studies on Privatization", *Journal of Economic Literature* 39, no. 2 (2001): 321.

51 Thomas I. Palley, "Macroeconomics and Monetary Policy: Competing Theoretical Frameworks", *Journal of Post Keynesian Economics*

30, no. 1 (2007): 1.

52 Colin Crouch, *The Strange Non-Death of Neo-Liberalism* (Oxford: Wiley, 2013); Aihwa Ong, *Neoliberalism as Exception: Mutations in Citizenship and Sovereignty* (Durham, NC: Duke University Press, 2006); Henk Overbeek and Bastiaan van Apeldoorn, *Neoliberalism in Crisis* (London: Palgrave Macmillan, 2012).

53 John Dewey, "Democracy and Educational Administration", *School and Society* 45 (1937).

54 Ibid., 457.

2. CEO의 우상화

1 Mark Whitehouse, "Crisis Compels Economists to Reach for New Paradigm", *The Wall Street Journal*, 4 November 2009, n.p. https://www.wsj.com/articles/SB125720159912223873.

2 Tom Wolfe, *Bonfire of the Vanities* (New York: Farrar Straus Giroux, 1987).

3 Paul A. Dillon, "Why Doing the Right Thing Can Bring You Success in the Global Marketplace", *The CEO Magazine*, 25 July 2017. http://media.the-ceo-magazine.com/guest/why-doing-rightthing-can-bring-you-success-global-marketplace.

4 Reuters, "U.S. Drugmaker Turing to Roll Back 5,000 Percent Price Hike", Reuters, 23 September 2015, n.p. http://www.reuters.com/ article/us-usa-healthcare-turing/u-s-drugmaker-turing-to-rollback-5000-percent-price-hike-idUSKCN0RM2RU20150922.

5 HBR, "Measuring the Return on Character", *Harvard Business Review*, April 2015, n.p. https://hbr.org/2015/04/measuring-the-return-on-character.

6 See Picketty, *Capital in the Twenty-First Century*.

7 Peter Vanham, *Before I Was CEO: Life Stories and Lessons from Leaders before They Reached the Top* (Hoboken: Wiley, 2016).

8 G. William Domhoff, *Who Rules America? The Triumph of the Corporate Rich* (New York: McGraw-Hill, 2014).

9 Rakesh Khurana, "The Curse of the Superstar CEO", *Harvard Business Review* 80, no. 9 (2002); Rakesh Khurana, *Searching for a Corporate Savior: The Irrational Quest for Charismatic CEOs* (Princeton, NJ: Princeton University Press, 2002).

10 Khurana, "The Curse of the Superstar CEO", 60.

11 Khurana, *Searching for a Corporate Savior.*

12 Edwin S. Hunt and James Murray, *A History of Business in Medieval Europe*, 1200–1550 (Cambridge: Cambridge University Press, 1999), 132.

13 *Smith, The Wealth of Nations.*

14 P. McNulty, "A Note on the History of Perfect Competition", *Journal of Political Economy* 75, no. 4, Part 1 (1967): 396.

15 John Stuart Mill, *Principles of Political Economy*, vol. 1 (Boston: Little and Brown, 1848), 286.

16 William H. Young, *Ordering America: Fulfilling the Ideals of Western Civilization* (Bloomington: Xlibris, 2010), 376.

17 See for instance John Micklethwait and Adrian Wooldridge, *The Company: A Short History of a Revolutionary Idea* (London: Phoenix, 2005).

18 Sean D. Cashman, *America in the Gilded Age*, 2nd ed. (New York: NYU Press, 1993); Rebecca Edwards, *New Spirits: Americans in the Gilded Age*, 1865–1905 (New York: Oxford University Press, 2006); Alan Trachtenberg, *The Incorporation of America: Culture and Society in the Gilded Age*(New York: Hill and Wang, 2007).

19 See David M. Boje and Robert D. Winsor, "The Resurrection of Taylorism: Total Quality Management's Hidden Agenda", *Journal of Organizational Change Management* 6, no. 4 (1993); Craig R.Littler, "Understanding Taylorism", *The British Journal of Sociology* 29, no. 2

(1978); Charles S. Maier, "Between Taylorism and Technocracy: European Ideologies and the Vision of Industrial Productivity in the 1920s", *Journal of Contemporary History* 5, no. 2 (1970); Stephen P. Waring, *Taylorism Transformed: Scientific Management Theory since* 1945 (Chapel Hill: University of North Carolina Press, 1994).

20 Hindy Lauer Schachter, "The Role Played by Frederick Taylor in the Rise of the Academic Management Fields", *Journal of Management History* 16, no. 4 (2010): 442–43.

21 Karl Marx, *Capital: A Critique of Political Economy* (London: Penguin Harmondsworth, 1976; first published 1885), 342.

22 Ibid., 339.

23 Jill Lepore, "Not So Fast", *New Yorker*, 12 October 2009. https:// www.newyorker.com/magazine/2009/10/12/not-so-fast.

24 Jerry Useem, "Tyrants, Statesmen, and Destroyers (a Brief History of the CEO) Today's Disgraced Chieftains Are the Product of 100 Years of Evolution", *Fortune*, 18 November 2002. http://archive.fortune.com/magazines/fortune/fortune_ archive/2002/11/18/332249/index.htm.

25 Joseph A. Schumpeter, *Capitalism, Socialism, and Democracy* (London: Routledge, 1994; first published 1943).

26 Ibid., 83.

27 David Harvey, *A Brief History of Neoliberalism* (Oxford: Oxford University Press, 2005), 3.

28 See Werner Bonefeld, "Social Constitution and the Form of the Capitalist State", in *Open Marxism Volume 1: Dialectics and History*, ed. Werner Bonefeld, Richard Gunn and Kosmas Psychopedis (London: Pluto Press, 1992); Peter Burnham, "Open Marxism and Vulgar International Political Economy", *Review of International Political Economy* 1, no. 2 (1994).

29 John A. Byrne, *Chainsaw: The Notorious Career of Al Dunlap in the Era of Profit-at-Any-Price* (Darby: Diane, 2005).

30 See Ian Maitland, "Virtuous Markets: The Market as School of the

Virtues", *Business Ethics Quarterly* 7, no. 1 (2015); Antonella Picchio, *Social Reproduction: The Political Economy of the Labour Market* (Cambridge: Cambridge University Press, 1994).

31 Marion Fourcade and Kieran Healy, "Moral Views of Market Society", *Annual Review of Sociology* 33, no. 1 (2007).

32 Ibid., 287.

33 Max Weber, *The Protestant Ethic and the Spirit of Capitalism* (New York: Allen and Unwin, 1930).

34 See David Brion Davis, *The Problem of Slavery in the Age of Revolution*, 1770–1823 (Ithaca, NY: Cornell University Press, 1975); Eric Eustace Williams, *Capitalism and Slavery* (Chapel Hill: University of North Carolina Press, 1944).

35 Kenan Malik, *The Meaning of Race: Race, History and Culture in Western Society* (New York: New York University Press, 1996), 225.

36 In Tom Ward, "Jeff Bezos: 'It's Time for America to Go Back to the Moon, This Time to Stay'", *Futurism*, 24 July 2017. https:// futurism.com/jeff-bezos-its-time-for-america-to-go-back-to-themoon-this-time-to-stay/.

37 Walter Isaacson, "The Genius of Jobs", *New York Times*, 29 October 2011. http://www.nytimes.com/2011/10/30/opinion/ sunday/steve-jobss-genius.html.

38 Joseph E. Stiglitz, *Globalization and Its Discontents* (New York: Norton, 2002).

39 Khurana, *Searching for a Corporate Savior*.

40 William Davies, "Elite Power under Advanced Neoliberalism", *Theory, Culture & Society* 34, no. 5–6 (2017): 227.

41 Valentina Zarya, "Employers Are Quietly Using Big Data to Track Employee Pregnancies", *Fortune*, 17 February 2016. http:// fortune.com/2016/02/17/castlight-pregnancy-data/.

42 Gil Press, "6 Predictions for the $203 Billion Big Data Analytics Market", *Forbes*, 20 January 2017. https://www.forbes.com/sites/

gilpress/2017/01/20/6-predictions-for-the-203-billion-big-dataanalytics-market/.

43 Peter Bloom, "Cutting Off the King's Head: The Self-Disciplining Fantasy of Neoliberal Sovereignty", *New Formations* 88 (2016).

44 Wolfe, *Bonfire of the Vanities.*

45 Ibid., 78.

46 See Warwick Tie, "The Psychic Life of Governmentality", *Culture, Theory and Critique* 45, no. 2 (2004).

47 Nell Merlino, "On Being Your Own CEO", *Huffpost*, 8 July 2012. http://www.huffingtonpost.com/nell-merlino/woman-ceo_b_ 1497682.html.

48 Matthew Jussim, "Fit at 50: CEO and Entrepreneur Eric Schiffer's Tips for Staying in Shape and Building Confidence", *Men's Health*, 13 July 2017. http://www.mensfitness.com/weight-loss/ success-stories/fit-50-ceo-and-entrepreneur-eric-schiffers-tipsstaying-shape-success.

49 Sheryl O'Loughlin, "I'm a CEO Who's Been Married to an Entrepreneur for 19 Years – Here's How We Make It Work", *CNBC*, 20 December 2016. https://www.cnbc.com/2016/12/20/im-a-ceowhos-been-married-to-an-entrepreneur-for-20-years-heres-howwe-make-it-work.html.

50 Jeremy Gilbert, "What Kind of Thing Is 'Neoliberalism'?", *New Formations: A Journal of Culture/Theory/Politics* 80, no. 80 (2013): 9.

51 Allan Cox, *The CEO in You, rev.* 3rd ed. (Chicago: Harrier Press, 2015), xii.

52 Dennis Green, "Under Armour CEO: Trump Is 'a Real Asset for the Country'", *Business Insider*, 8 February 2017, n.p. https://www.businessinsider.com/under-armour-ceo-praises-trump-2017-2.

53 Joanna Latimer and Rolland Munro, "Driving the Social", *The Sociological Review* 54 (2006): 40.

54 See also Peter P. Bloom and Paul J. White, "The Moral Work of Subversion", *Human Relations* 69, no. 1 (2016).

3. CEO경제에서의 경쟁

1 Richard Feloni, "33 War Strategies That Will Help You Win in Business", *Business Insider*, 15 August 2014, n.p. https://www.businessinsider.com.au/war-strategies-to-win-in-business-2014-8.

2 Trent Dalton, "Queen's Birthday Honours 2017: Alan Joyce's Immigrant Song, Fair-Go Ethos", *The Australian*, 12 June 2017, n.p. http://www.theaustralian.com.au/in-depth/queens-birthday - honou r s / q u e e n s - bi r t hd ay- honou r s -2 017- a l a n - joyc e s -immigrant-song-fairgo-ethos/news-story/980c06a7022c31c1b2 70279076025d29.

3 Ed Michaels, Helen Handfield-Jones and Beth Axelrod, *The War for Talent* (Boston: Harvard Business School Press, 1997).

4 James R. Faulconbridge et al., "The 'War for Talent': The Gatekeeper Role of Executive Search Firms in Elite Labour Markets", *Geoforum* 40, no. 5 (2009).

5 Martin Gilens and Benjamin I. Page, "Testing Theories of American Politics: Elites, Interest Groups, and Average Citizens", *Perspectives on Politics* 12, no. 3 (2014): 577.

6 E.g. Haigh, Bad Company, 10; Khurana, "The Curse of the Superstar CEO"; Khurana, *Searching for a Corporate Savior.*

7 Gerald F. Davis, Mina Yoo and Wayne E. Baker, "The Small World of the American Corporate Elite, 1982–2001", *Strategic Organization* 1, no. 3 (2003).

8 Tom Farley, "Nyse President: I Owe Every Job I've Ever Had to Networking", *Fortune*, 7 July 2015, n.p. http://fortune.com/ 2015/07/07/tom-farley-networking-tips/.

9 Benjamin Barber, *Jihad Vs. Mcworld* (New York: Times Books, 1995), 23.

10 Joshua Barkan, *Corporate Sovereignty: Law and Government under Capitalism* (Minneapolis: University of Minnesota Press, 2013).

11 In Henry A. Giroux, *Politics after Hope: Barack Obama and the Crisis of Youth, Race, and Democracy* (New York: Routledge, 2015), 7.

12 Maurizio Lazzarato, *Signs and Machines: Capitalism and the Production of Subjectivity*, trans. Joshua David Jordan (Los Angeles: Semiotext(e), 2014), 25.

13 Hilary Osborne, "Amazon Accused of 'Intolerable Conditions' at Scottish Warehouse", *The Guardian*, 12 December 2016, n.p. https://w w w.theguardian.com/technology/2016/dec/11/amazonaccused-of-intolerable-conditions-at-scottish-warehouse.

14 Davies, "Elite Power under Advanced Neoliberalism", 19.

15 Morten Bøås and Desmond McNeill, *Multilateral Institutions* (London: Pluto Press, 2003), 1.

16 Barkan, *Corporate Sovereignty*; Carl Rhodes, "Democratic Business Ethics: Volkswagen's Emissions Scandal and the Disruption of Corporate Sovereignty", *Organization Studies* 37, no. 10 (2016).

17 Jolle Demmers, Alex E. Fernández Jilberto and Barbara Hogenboom, *Good Governance in the Era of Global Neoliberalism* (London: Routledge, 2004), 2.

18 See Gareth Porter, "Trade Competition and Pollution Standards: 'Race to the Bottom' or 'Stuck at the Bottom'", *The Journal of Environment & Development* 8, no. 2 (1999); Nita Rudra, *Globalization and the Race to the Bottom in Developing Countries: Who Really Gets Hurt?* (Cambridge: Cambridge University Press, 2008); William K. Tabb, "Race to the Bottom?", in *Implicating Empire: Globalization & Resistance in the 21st Century World Order*, ed. Stanley Aronowitz and Heather Gautney (New York: Basic Books, 2003).

19 United Nations Global Compact, "Global Financial Crisis: Why Corporate Sustainability Is More Important Than Ever", *Corporate Social Responsibility Newswire*, 17 October 2008. http://www.csrwire.com/press_releases/21649-GlobalFinancial-Crisis-Why-Corporate-Sustainability-Is-More-I mportant-Than-Ever-.

20 Christopher Harress, "The Sad End of Blockbuster Video: The Onetime

$5 Billion Company is Being Liquidated as Competition from Online Giants Netflix and Hulu Prove All Too Much for the Iconic Brand", *International Business Times*, 5 December 2013. http://www.ibtimes.com/sad-end-blockbuster-video-onetime-5-billion-company-being-liquidated-competition-1496962.

21 Leslie Kwoh, "When the CEO Burns Out: Job Fatigue Catches up to Some Executives Amid Mounting Expectations; No More Forced Smiles", *Wall Street Journal*, 7 May 2013, n.p. https://www.wsj.com/articles/SB10001424127887323687604578469124008524696.

22 Harry Levinson, "When Executives Burn Out", *Harvard Business Review*, July–August 1996, n.p. https://hbr.org/1996/07/when-executives-burn-out.

23 Matthew J. Hoffarth, "Executive Burnout", *Business History Review* 90, no. 4 (2017).

24 Caroline O'Donovan and Priya Anand, "How Uber's HardCharging Corporate Culture Left Employees Drained", *Buzzfeed*, 18 July 2017, n.p. https://www.buzzfeed.com/carolineodonovan/ how-ubers-hard-charging-corporate-culture-left-employees.

25 Marx, *Capital*, 367. Also see Mark Neocleous, "The Political Economy of the Dead Marx's Vampires", *History of Political Thought* 24, no. 4 (2003); Chris Rasmussen, "Ugly and Monstrous: Marxist Aesthetics", *James A. Rawley Graduate Conference in the Humanities* 7 (2006).

26 André Spicer and Peter Fleming, "Intervening in the Inevitable: Contesting Globalization in a Public Sector Organization", *Organization* 14, no. 4 (2007): 533.

27 James Arnt Aune, *Selling the Free Market: The Rhetoric of Economic Correctness* (New York: Guilford, 2002).

28 Khurana, *Searching for a Corporate Savior.*

29 In Yoni Appelbaum, "'I Alone Can Fix It'", *The Atlantic*, 21 July 2016, n.p. https://www.theatlantic.com/politics/archive/2016/07/ trump-rnc-

speech-alone-fix-it/492557/.

30 Megan McArdle, "The Cult of the CEO", *The Atlantic*, 28 February 2008. https://www.theatlantic.com/business/archive/2008/02/ the-cult-of-the-ceo/2849/.

31 Ruth Sunderland, "Superheroes and Supervillains – Why the Cult of the CEO Blinds Us to Reality", *The Guardian*, 13 June 2010, n.p. https://www.theguardian.com/business/2010/jun/13/tony-hayward-terry-leahy-corporate-governance.

32 Peter Bloom and Carl Cederström, "'The Sky's the Limit': Fantasy in the Age of Market Rationality", *Journal of Organizational Change Management* 22, no. 2 (2009).

33 Ibid., 172.

34 In Dawn Kent Azok, "First 'Apprentice' Winner Spotlights Entrepreneurs, Talks Trump During Alabama Visit", 21 September 2015, n.p. http://www.al.com/business/index.ssf/2015/09/first_ apprentice_winner_spotli.html.

35 David Prosser, "The Cult of the CEO", *Independent*, 14 June 2010, n.p. http://www.independent.co.uk/news/business/analysis-and-features/the-cult-of-the-ceo-2000460.html.

36 Carl Rhodes and Peter Bloom, "The Cultural Fantasy of Hierarchy: Sovereignty and the Desire for Spiritual Purity", in *Reinventing Hierarchy and Bureaucracy – from the Bureau to Network Organizations*, ed. Thomas Diefenbach and Rune Todnem (Bingley: Emerald, 2012).

37 Rowena Mason and Jill Treanor, "David Cameron: Inquiry into Co-Op Bank May Be Needed", *The Guardian*, 21 November 2013, n.p. https://www.theguardian.com/business/2013/nov/20/ david-cameron-inquiry-co-op-bank-paul-flowers.

38 Alessia Contu, Christopher Grey and Anders örtenblad, "Against Learning", *Human Relations* 56, no. 8 (2003): 935.

39 Carl Rhodes and Oriana Milani Price, "The Post-Bureaucratic Parasite:

Contrasting Narratives of Organizational Change in Local Government", *Management Learning* 42, no. 3 (2011).

40 Christian Maravelias, "Post-Bureaucracy – Control through Professional Freedom", *Journal of Organizational Change Management* 16, no. 5 (2003): 547.

41 Quoted in Janet Lowe, *Jack Welch Speaks: Wit and Wisdom from the World's Greatest Business Leader* (Hoboken, NJ: Wiley, 2008), 219.

42 Sherry B. Ortner, "Resistance and the Problem of Ethnographic Refusal", *Comparative Studies in Society and History* 37, no. 1 (1995): 196.

43 Carl Rhodes and Alison Pullen, "Editorial: Neophilia and Organization", *Culture and Organization* 16, no. 1 (2010).

44 Donald J. Trump and Tony Schwartz, *Trump: The Art of Deal* (New York: Random House, 1987).

45 Picketty, *Capital in the Twenty-First Century*.

46 Bernard Gazier, "Employability – the Complexity of a Policy Notion", in *Employability: From Theory to Practice*, ed. Patricia Weinert (Somerset: Transaction Publishers, 2001), 23.

47 Glenn Kessler, "Trump's False Claim He Built His Empire with a 'Small Loan' from His Father", *Washington Post*, 3 March 2016. https ://www.washingtonpost.com/news/fact-checker/wp/ 2016/03/03/trumps-false-claim-he-built-his-empire-with-asmall-loan-from-his-father/.

48 Jessica Chasmar, "Donald Trump: I Consult Myself on Foreign Policy, 'Because I Have a Very Good Brain'", *The Washington Times*, 17 March 2016, n.p. http://www.washingtontimes.com/ news/2016/mar/17/donald-trump-i-consult-myself-on-foreignpolicy-be/.

49 Nigel Thrift, "Performing Cultures in the New Economy", in *Cultural Economy: Cultural Analysis and Commercial Life*, ed. Paul du Gay and Michael Pryke (London: Sage, 2002).

50 Noel M. Tichy and Stratford Sherman, *Control Your Destiny or Someone Else Will* (New York: Collins, 2005).

51 Ronald W. McQuaid and Colin Lindsay, "The Concept of Employability", *Urban Studies* 42, no. 2 (2005); Colin Cremin, "Living and Really Living: The Gap Year and the Commodification of the Contingent", *Ephemera* 7, no. 4 (2007).

52 Zig Ziglar and Tom Ziglar, *Born to Win: Find Your Success* (Issaquah, WA: Made for Success Publishing, 2017).

53 See Carl Rhodes and Alison Pullen, "Critical Business Ethics: From Corporate Self-Interest to the Glorification of the Sovereign Pater", *International Journal of Management Reviews* (2017).

54 See Kornberger, Rhodes and Bos, "The Others of Heirarchy"; Rhodes and Bloom, "The Cultural Fantasy of Hierarchy".

55 In Jessica Shambora, "Amex CEO Ken Chenault: Define Reality and Give Hope", *Fortune*, 12 May 2009. http://fortune.com/2009/05/12/amex-ceo-ken-chenault-define-reality-andgive-hope/.

4. CEO 정치인

1 M. J. Lee, "Carly Fiorina Announces Presidential Bid", CNN, 5 May 2015, n.p. http://edition.cnn.com/2015/05/04/politics/ carly-fiorina-presidential-announcement/index.html.

2 Rory Carroll and Rupert Neate, "Carly Fiorina Will Run for President as a Successful Tech CEO. Silicon Valley Says That's a Fantasy", *The Guardian*, 4 May 2015, n.p. https://www.theguardian.com/us-news/2015/may/03/carly-fiorina-run-forpresident-hewlett-packard.

3 David Corn, "Can a CEO Who Laid Off Thousands, Botched a Merger, and Left with $21 Million Become President?", *Mother Jones*, 4 May 2015, n.p. http://www.motherjones.com/politics/ 2015/05/carly-fiorina-hewlett-packard-2016-gop/.

4 Brown, *Undoing the Demos*.

5 Andreas Georg Scherer and Guido Palazzo, "The New Political Role of Business in a Globalized World: A Review of a New Perspective on CSR

and Its Implications for the Firm, Governance, and Democracy", *Journal of Management Studies* 48, no. 4 (2011).

6 Carl Rhodes, "Volkswagen Outrage Shows Limits of Corporate Power", *The Conversation*, 30 September 2015, n.p. https:// theconversation.com/ volkswagen-outrage-shows-limits-ofcorporate-power-48302.

7 Mark Lyons and Bronwen Dalton, "Australia: A Continuing Love Affair with the New Public Management", in *Governance and Regulation in the Third Sector: International Perspectives*, ed. Susan Phillips and Steven Rathgeb Smith (London: Taylor & Francis, 2011); Adam Dahl and Joe Soss, "Neoliberalism for the Common Good? Public Value Governance and the Downsizing of Democracy", *Public Administration Review* 74, no. 4 (2014).

8 Max Weber, *The Theory of Social and Economic Organization* (New York: Oxford University Press, 1947), 358.

9 Ann Ruth Willner, *The Spellbinders: Charismatic Political Leadership* (London: Yale University Press, 1985).

10 Torben Iversen, "Political Leadership and Representation in West European Democracies: A Test of Three Models of Voting", *American Journal of Political Science* (1994).

11 See for instance Barbara Kellerman, ed., *Political Leadership: A Source Book* (Pittsburgh, PA: University of Pittsburgh Press, 1986).

12 Mike McArdle, "The Era of Bill Clinton is Over", *Democratic Underground*, 11 November 2002. https://www.democratic underground.com/articles/02/11/11_clinton.html.

13 Anthony Giddens, *The Third Way: The Renewal of Social Democracy* (Cambridge: Polity Press, 1998).

14 Fred I. Greenstein, *The Presidential Difference: Leadership Style from FDR to Clinton* (New York: Free Press, 2000), 7.

15 Vidyadhar Date, "Is the CEO Model of Political Leadership the Answer?", *Economic and Political Weekly* 44, no. 8 (2009).

16 In Ben Schiller, "The Rise of MBA Politicians", *Financial Times*, 17 January 2011, n.p. https://www.ft.com/content/96d634f0-1ffd-11e0-a6fb-00144feab49a.

17 Haigh, *Bad Company*, 10.

18 Brown, *Undoing the Demos*, 17.

19 Haigh, *Bad Company*, 10.

20 Lou Cannon and Carl M. Cannon, *Reagan's Disciple: George W.Bush's Troubled Quest for a Presidential Legacy* (New York: PublicAffairs, 2007), 219.

21 Quoted in Mike Allen, "Management Style Shows Weaknesses: Delegation of Responsibility, Trust in Subordinates May Have Hurt Bush", *The Washington Post*, 2 June 2004, n.p. http://www.washingtonpost.com/wp-dyn/articles/A7869-2004Jun1.html.

22 Haigh, *Bad Company*, 10.

23 Donald F. Kettl, *Team Bush: Leadership Lessons from the Bush White House* (New York: McGraw-Hill, 2003), 31.

24 Ronald Kessler, *A Matter of Character: Inside the White House of George W. Bush* (New York: Sentinel, 2004).

25 Quoted in Schiller, "The Rise of MBA Politicians", n.p.

26 Steve Strauss, "Ask an Expert: A Look at Leadership Traits", *USA Today*, 18 February 2013, n.p. https://www.usatoday.com/story/ money/columnist/2013/02/18/steve-strauss-leader-entrepreneur/1927581/.

27 Pasuk Phongpaichit and Chris Baker, *Thaksin: The Business of Politics in Thailand* (Copenhagen: Nordic Institute of Asian Studies, 2004), 101.

28 Ibid.

29 Duncan McCargo, "Network Monarchy and Legitimacy Crises in Thailand", *The Pacific Review* 18, no. 4 (2005): 512.

30 Bill Briggs, "10 Business Leaders with Politics in Their Blood", *NBC News* (2013), http://www.nbcnews.com/id/39800329/ns/ business-us_business/t/business-leaders-politics-their-blood/.

31 Quoted in ibid.

32 Carl Rhodes, "Breaking Democracy's Promise in Tony Abbott's Team Australia", *New Matilda*, 19 January 2015. https://new matilda.com/2015/01/19/breaking-democracys-promise-tonyabbotts-team-australia/.

33 Wenlei Ma, "If Tony Abbott Was CEO, Would He Be Sacked for His Performance?", *Daily Telegraph*, 3 February 2015, n.p. http://www.news.com.au/finance/economy/if-tony-abbottwas-ceo-would-he-be-sacked-for-his-performance/news-story/ 5bee751697ed87b7e718c08887d8f04a.

34 Jonathan Chew, "5 Things You Should Know About Australia's New PM Malcolm Turnbull", *Fortune Magazine*, 14 September 2015. http://fortune.com/2015/09/14/malcolm-turnbull-australia-prime-minister/.

35 Matthew Knott, "Don't Expect a 'Fistful of Dollars' Election Campaign: Malcolm Turnbull", *Sydney Morning Herald*, 29 January 2016, n.p. http://www.smh.com.au/federal-politics/ pol itica l-news / dont- expec t-a-f istf u l- of- dol la rs- elec tioncampaign-malcolm-turnbull-20160128-gmgkeq.html.

36 Ibid.

37 Kim Stephens, "Shorten in Election Mode as Queensland Labor Kicks Off 2016 Campaign", *Sydney Morning Herald*, 30 January. http://www.smh.com.au/federal-politics/political-news/shorten-a-man-in-election-mode-as-queensland-labor-kicks-off-2016-campaign-20160130-gmho9l.html.

38 Mark Kenny, "The Tricky Politics of Sunday Penalty Rates for Malcolm Turnbull", *Sydney Morning Herald*, 21 December 2015. http://www.smh.com.au/federal-politics/political-opinion/ the-tricky-politics-of-sunday-penalty-rates-for-malcolm-turnbull-20151221-glshu4.html.

39 Brown, *Undoing the Demos*.

40 Ibid., 25.

41 Ibid.

42 Ibid.

43 Ibid., 26–27.

44 Gilbert, 9.

45 Brown, *Undoing the Demos*, 80.

46 Mark Blyth, *Austerity: The History of a Dangerous Idea* (Oxford: Oxford University Press, 2013).

47 Mark Blyth, "The Austerity Delusion: Why a Bad Idea Won over the West", *Foreign Affairs* 92, no. 3 (2013).

48 Alasdair Roberts, *The Logic of Discipline: Global Capitalism and the Architecture of Government* (Oxford: Oxford University Press, 2010).

49 Paul Posner and Jón Blöndal, "Democracies and Deficits: Prospects for Fiscal Responsibility in Democratic Nations", *Governance* 25, no. 1 (2012): 28.

50 See Joseph J. Thorndike, "A Lost Age of Fiscal Heroes? Not So Much", *Huffpost*, 10 July 2013. https://www.huffingtonpost.com/ joseph-j-thorndike/a-lost-age-of-fiscal-hero_b_3249676.html.

51 Anne M. Tucker, "The Citizen Shareholder: Modernizing the Agency Paradigm to Reflect How and Why a Majority of Americans Invest in the Market", *Seattle University Law Review* 35 (2012): 1299.

52 Lynne Phillips and Suzan Ilcan, "Capacity-Building: The Neoliberal Governance of Development", *Canadian Journal of Development Studies / Revue canadienne d'études du développement* 25, no. 3 (2004): 397.

53 In Tom Lutey, "Trump: 'We're Going to Win So Much, You're Going to Be So Sick and Tired of Winning'", *Billings Gazette*, 26 May 2016, n.p. http://billingsgazette.com/news/government-a nd-politics/trump-we-re-going-to-win-so-much-you-re/article_ 2f346f38-37e7-5711-ae07-d1fd000f4c38.html.

54 Leonard D. White, *The City Manager* (Chicago: University of Chicago Press, 1926).

55 Eugene Lewis, "The Political Leader as Entrepreneur", *in Political*

Leadership: A Source Book, ed. Barbara Kellerman (Pittsburgh, PA: University of Pittsburgh Press, 1986), 250.

56 Ibid., 252.

57 Inger Boyett, "New Leader, New Culture, 'Old' University", *Leadership & Organization Development Journal* 17, no. 5 (1996).

58 Brown, *Undoing the Demos*, 27.

59 Neil Brenner, "Global, Fragmented, Hierarchical: Henri Lefebvre's Geographies of Globalization", *Public Culture* 10, no. 1 (1997).

60 Matt Broomfield, "Women's March against Donald Trump is the Largest Day of Protests in US History, Say Political Scientists", *The Independent*, 23 January 2017. http://www.independent.co.uk/ news/world/americas/ womens-march-anti-donald-trump-womens-rights-largest-protest-demonstration-us-history-political-a7541081.html.

61 Tim Wallace and Alicia Parlapiano, "Crowd Scientists Say Women's March in Washington Had 3 Times as Many People as Trump's Inauguration", *New York Times*, 22 January 2017. https:// www.nytimes.com/interactive/2017/01/22/us/politics/womensmarch-trump-crowd-estimates.html.

62 Momentum, "About Momentum", accessed 21 August 2017. http://www.peoplesmomentum.com/about.

63 Our Revolution, "About Our Revolution", accessed 21 August 2017. https://ourrevolution.com/about/.

5. 라이프스타일 모델로서의 CEO

1 Edward J. O'Boyle, "Requiem for Homo Economicus", *Journal of Markets & Morality* 10, no. 2 (2017).

2 Jason Read, "A Genealogy of Homo-Economicus: Neoliberalism and the Production of Subjectivity", *Foucault Studies* 6 (2009); Peter Fleming, *The Death of Homo Economicus: Work, Debt and the Myth of Endless Accumulation* (London: Pluto Press, 2017).

3 Carl Cederström and André Spicer, *The Wellness Syndrome* (Cambridge: Polity Press, 2015).

4 Ankita Rathore, "11 Famous Entrepreneurs and CEOs with Unusual Hobbies You Won't Believe", *The Hacker Street*, 24 July 2016. https://thehackerstreet.com/11-famous-entrepreneurs-unusual-hobbies/.

5 Jacob Morgan, "Is Happiness the New ROI?", *Forbes*, 12 September 2015. https://www.forbes.com/sites/jacobmorgan/2015/09/12/ is-happiness-the-new-roi/.

6 David Clarke, "Are Today's CEOs Tomorrow's Early Adopters?", LinkedIn, 2 May 2017, https://www.linkedin.com/pulse/ todays-ceos-tomorrows-early-adopters-david-clarke/.

7 In William Heinecke, *The Entrepreneur: 25 Golden Rules for the Global Business Manager* (Singapore: Wiley, 2012).

8 Craig Glenday, *Guinness World Records 2015* (Vancouver: Jim Pattison Group, 2015), 9.

9 Jayanthi Sunder, Shyam V. Sunder and Jingjing Zhang, "Pilot CEOs and Corporate Innovation", *Journal of Financial Economics* 123, no. 1 (2017).

10 Josh Lipton, "Meet Gopro's Thrill-Seeking Founder Nick Woodman", *CNBC*, 26 June 2014, n.p. https://www.cnbc.com/2014/ 06/26/meet-gopros-thrill-seeking-founder-nickwoodman.html.

11 Donald C. Hambrick and Phyllis A. Mason, "Upper Echelons: The Organization as a Reflection of Its Top Managers", *Academy of Management Review* 9, no. 2 (1984).

12 Shrinivas Pandit, *Exemplary CEOs: Insights on Organisational Transformation* (New Delhi: Tata McGraw-Hill, 2005).

13 Rose Cathy Handy, *Going from Homeless to CEO* (Toronto: Burnham Books, 2012).

14 Ibid., back cover.

15 Robin S. Sharma, *The Saint, the Surfer, and the CEO: A Remarkable*

Story About Living Your Heart's Desires (Carlsbad, CA: Hay House, 2006).

16 Paul Krugman, "Why We're in a New Gilded Age", *New York Review of Books*, 8 May 2014. http://www.nybooks.com/articles/2014/05/08/thomas-piketty-new-gilded-age/.

17 Aaron Sorkin, *Steve Jobs: Screenplay* (Hollywood: Universal Pictures, 2015).

18 John Schwatrz, "Contrite over Misstep, Auto Chiefs Take to Road", *New York Times*, 2 December 2008, n.p. http://www.nytimes.com/2008/12/03/business/03jets.html.

19 Quoted in William D. Cohan, "Wall Street Executives from the Financial Crisis of 2008: Where Are They Now?", *Vanity Fair*, April 2015, n.p. https://www.vanityfair.com/news/2015/03/ wall-street-executives-2008-jamie-dimon-cancer.

20 Quoted in ibid.

21 Melanie Haiken, "More Than 10,000 Suicides Tied to Economic Crisis, Study Says", *Forbes*, 12 June 2014. https://www.forbes.com/sites/melaniehaiken/2014/06/12/more-than-10000-suicides-tied-to-economic-crisis-study-says/.

22 Andrew Farlow, *Crash and Beyond: Causes and Consequences of the Global Financial Crisis* (Oxford: Oxford University Press, 2013), 344.

23 Carl Rhodes, Alison Pullen and Stewart R. Clegg, "'If I Should Fall from Grace…': Stories of Change and Organizational Ethics", *Journal of Business Ethics* 91, no. 4 (2009); Peter Bloom, "Back to the Capitalist Future: Fantasy and the Paradox of Crisis", Culture and Organization 22, no. 2 (2016).

24 Barack Obama, "Address before a Joint Session of the Congress", *The American Presidency Project*, 24 February 2009, n.p. http:// www.presidency.ucsb.edu/ws/?pid=85753.

25 Sachs in Georg Simmel, *The Philosophy of Money*, trans. Tom

Bottomore and David Frisby (London: Routledge, 2011; first published 1900), 256.

26 David Beer, LSE Blogs, 24 May, 2016, http://blogs.lse.ac.uk/politicsandpolicy/55395-2/.

27 AFL-CIO, "Executive Pay Watch".

28 Lucinda Shen, "Ousted Ford CEO Mark Fields Is Being Paid a Lot of Money to Leave the Company", *Fortune*, 25 May 2017. http://fortune.com/2017/05/25/ford-ceo-mark-fields-severancepackage/.

29 Colin Cremin, "Never Employable Enough: The (Im)Possibility of Satisfying the Boss's Desire", *Organization* 17, no. 2 (2010): 137.

30 Weber, *The Protestant Ethic and the Spirit of Capitalism.*

31 Neely Steinberg, *Skin in the Game: Unleashing Your Inner Entrepreneur to Find Love* (Boston: Love Trep, 2014).

32 Ibid., 20.

33 Catherine Clifford, "13 Inspiring Quotes on Leadership and Success from Starbucks CEO Howard Schultz", *CNBC*, 2 December 2016, n.p. https://www.cnbc.com/2016/12/02/13-inspiring-quotes-on-leadership-and-success-from-starbucks-ceohoward-schultz.html.

34 Cederström and Spicer, The Wellness Syndrome; Peter Bloom, "Work as the Contemporary Limit of Life: Capitalism, the Death Drive, and the Lethal Fantasy of 'Work–Life Balance'", *Organization* 23, no. 4 (2016).

35 Elizabeth Dukes, iOFFICE (blog), 28 October 2015, https:// www.iofficecorp.com/blog/4-ways-executives-are-killing-theirwork-life-balance.

36 Rachel Feintzeig, "Male CEOs Tell Us Their Work–Life Rules", *Wall Street Journal*, 14 June 2016. https://www.wsj.com/articles/ male-ceos-tell-us-their-work-life-rules-1465896602.

37 Kossek and Lautsch, *CEO of Me.*

38 Ibid., 5.

39 Allan Cox, *Your Inner CEO: Unleash the Executive Within* (Franklin Lakes, NJ: Career Press, 2007), 40.

40 Keiko Krahnke, Robert A. Giacalone and Carole L. Jurkiewicz, "Point–Counterpoint: Measuring Workplace Spirituality", *Journal of Organizational Change Management* 16, no. 4 (2003): 397.

41 Bloom, "Back to the Capitalist Future", 3.

42 Sheryl Sandberg and Nell Scovell, *Lean In: Women, Work, and the Will to Lead* (New York: Random House, 2013).

43 Laura Stampler, "CEO Dads Open up About Balancing Fatherhood and Work", *Time*, 15 September 2014. http://time.com/3342431/work-life-balance-fatherhood-ceos/.

44 Gary A. Cohen, "How You Can Become the CEO of Your Life", *Washington Post*, 7 October 2016, n.p. https://www.washingtonpost.com/news/capital-business/wp/2016/10/07/how-you-canbecome-the-ceo-of-your-life/.

45 Suzanne Bates, *Discover Your CEO Brand: Secrets to Embracing and Maximizing Your Unique Value as a Leader* (New York: McGraw Hill, 2011).

46 Sean Kelly, "5 Surefire Ways to Maximize Your Life, Starting This Morning", *Entrepreneur*, 31 July 2014, n.p. https://www.entrepreneur.com/article/236024.

47 Sandberg and Scovell, *Lean In*.

48 Ronen Shamir, "The Age of Responsibilization: On Market-Embedded Morality", *Economy and Society* 37, no. 1 (2008): 7.

49 Maurizio Lazzarato, *The Making of the Indebted Man: An Essay on the Neoliberal Condition*, trans. Joshua David Jordan (Cambridge: Semiotext(e), 2012).

50 Ibid., 8–9.

51 See Jana Costas and Christopher Grey, "The Temporality of Power and the Power of Temporality: Imaginary Future Selves in Professional Service Firms", *Organization Studies* 35, no. 6 (2014).

52 See Albert Hyunbae Cho, "Politics, Values and *Social Entrepreneurship*: A

Critical Appraisal", in Social Entrepreneurship, ed. Johanna Mair, Jeffrey Robinson and Kai Hockerts (London: Palgrave Macmillan UK, 2006); Ana María Peredo and Murdith McLean, "Social Entrepreneurship: A Critical Review of the Concept", *Journal of World Business* 41, no. 1 (2006); Christian Seelos and Johanna Mair, "Social Entrepreneurship: Creating New Business Models to Serve the Poor", *Business Horizons* 48, no.3 (2005).

53 Richard Smith, "Green Capitalism: The God That Failed", *Real World Economics Review*, no. 56 (2011); Kyla Tienhaara, "Varieties of Green Capitalism: Economy and Environment in the Wake of the Global Financial Crisis", *Environmental Politics* 23, no. 2 (2014); Michael Watts, "Preface: Green Capitalism, Green Governmentality", *American Behavioral Scientist* 45, no. 9 (2002).

54 Andrew Barry, "Ethical Capitalism", in *Global Governmentality: Governing International Spaces*, ed. Wendy Larner and William Walters (London: Routledge, 2004).

55 Shamir, "The Age of Responsibilization".

56 John Mackey and Raj Sisodia, *Conscious Capitalism, with a New Preface by the Authors: Liberating the Heroic Spirit of Business*(Cambridge, MA: Harvard Business Review Press, 2013).

57 See Gregor Campbell, "Microfinancing the Developing World: How Small Loans Empower Local Economies and Catalyse Neoliberalism's Endgame", *Third World Quarterly* 31, no. 7 (2010).

58 Shahid Khandker, The World Bank (blog), 21 March 2011. http://blogs.worldbank.org/developmenttalk/microcredit-deserves-support-to-benefit-the-poor.

59 See Wendy Parkins and Geoffrey Craig, *Slow Living* (Oxford: Berg, 2006).

6. CEO는 관대한가?

1 Richard Scheinin, "Chan Zuckerberg Initiative Gives $3.6 Million to Fight Housing Crisis", *Mercury News*, 6 February 2017, n.p. http://www.mercurynews.com/2017/02/06/chan-zuckerberginitiative-gives-3-6-million-to-fight-housing-crisis/.

2 Mark Zuckerberg, "A Letter to Our Daughter", *Facebook*, 2 December 2015, n.p. https://www.facebook.com/notes/markzuckerberg/a-letter-to-our-daughter/10153375081581634.

3 Zillow, "Menlo Park Home Prices & Values", accessed 28 February 2017. https://www.zillow.com/menlo-park-ca/home-values/.

4 Maria L. La Ganga, "Ordinary People Can't Afford a Home in San Francisco. How Did It Come to This?", *The Guardian*, 5 August 2016, n.p. https://www.theguardian.com/business/2016/aug/05/ high-house-prices-san-francisco-tech-boom-inequality.

5 Jesse Eisinger, "How Mark Zuckerberg's Altruism Helps Himself", *ProPublica*, 3 December 2015. https://www.propublica.org/article/how-mark-zuckerbergs-altruism-helps-himself.

6 Ibid.

7 Robert W. Wood, "The Surprising Math in Mark Zuckerberg's $45 Billion Facebook Donation", Forbes, 2 December 2015, n.p. https://www.forbes.com/sites/robertwood/2015/12/02/the-surprising-math-in-mark-zuckerbergs-45-billion-facebook-donation/.

8 "About | Chan Zuckerberg Initiative", accessed 28 February 2017.http://www.chanzuckerberg.com/about.

9 Natalie Sabadish and Lawrence Mishel, *CEO Pay and the Top 1%: How Executive Compensation and Financial-Sector Pay Have Fueled Income Inequality*, vol. 331, Issue Brief (Washington, DC:Economic Policy Institute, 2012).

10 Tanya J. Hall, "The Triple Bottom Line: What Is It and How Does It Work?", *Indiana Business Review* 86, no. 1 (2011).

11 William Lazonick, "Profits without Prosperity", *Harvard Business Review* 92, no. 9 (2014): 46.

12 George Emmanuel Iatridis, "Corporate Philanthropy in the US Stock Market: Evidence on Corporate Governance, Value Relevance and Earnings Manipulation", *International Review of Financial Analysis* 39, no. Supplement C (2015).

13 Archie Carroll, "The Pyramid of Corporate Social Responsibility: Toward the Moral Management of Organizational Stakeholders", *Business Horizons* 34, no. 4 (1991).

14 Howard R. Bowen, *Social Responsibilities of the Businessman* (New York: Harper & Brothers, 1953), xi.

15 Ibid., 6.

16 Milton Friedman, "The Social Responsibility of Business Is to Increase Its Profits", *New York Times*, 13 September 1970, 32. http://www.nytimes.com/1970/09/13/archives/article-15-notitle.html.

17 Ibid.

18 Milton Friedman, *Capitalism and Freedom* (Chicago: University of Chicago Press, 1982), 133.

19 Friedman, "The Social Responsibility of Business", 32.

20 Timothy M. Devinney, "Is the Socially Responsible Corporation a Myth? The Good, the Bad, and the Ugly of Corporate Social Responsibility", *Academy of Management Perspectives* 23, no. 2 (2009): 44.

21 The Giving Pledge, "The Giving Pledge: Frequently Asked Questions", accessed 1 March 2017. https://givingpledge.org/faq.aspx.

22 Iain Hay and Samantha Muller, "Questioning Generosity in the Golden Age of Philanthropy", *Progress in Human Geography* 38, no. 5 (2014).

23 Ibid., 647.

24 Ibid., 649.

25 Mikkel Thorup, "Pro Bono? On Philanthrocapitalism as Ideological Answer to Inequality", *Ephemera* 13, no. 3 (2013): 556.

26 Delacey Tedesco, "American Foundations in the Great Bear Rainforest: Philanthrocapitalism, Governmentality, and Democracy", Geoforum 65, no. Supplement C (2015).

27 Garry W. Jenkins, "Who's Afraid of Philanthrocapitalism?", *Case Western Reserve Law Review* 61, no. 3 (2011).

28 Ibid., 1.

29 Ibid., 5.

30 Quoted in Kristien Vermoesen and Raf Weverbergh, "Should Your CEO Be the Face of Your Company? And If So: How, When and Why?", FINN, 2013, accessed 1 March 2016. http://www.finn.be/blogs/should-your-ceo-be-face-your-company-and-if-sohow-when-and-why.

31 Tara Weiss and Hannah Clark, "'Venture Philanthropy' Is New Buzz in Business", *Forbes*, 26 June 2006. http://www.nbcnews.com/id/13556127/ns/business-forbes_com/t/venture-philanthropy-new-buzz-business/.

32 Gates Foundation, "Who We Are", accessed 2 May 2017. https:// www.gatesfoundation.org/Who-We-Are.

33 In Anthony Cuthbertson, "Apple, Samsung and Microsoft Accused of 'Worst Forms' of Child Labor Abuse", *Newsweek*, 19 January 2016, n.p. http://www.newsweek.com/apple-samsungand-microsoft-linked-child-labor-abuse-claims-417313.

34 See for instance Nick Mathiason, "Microsoft in Human Rights Row", *The Guardian*, 1 February 2004. https://www.theguardian.com/technology/2004/feb/01/business.microsoft.

35 Gates Foundation, "Financial Services for the Poor", accessed 2 May 2017. http://www.gatesfoundation.org/What-We-Do/Global-Development/Financial-Services-for-the-Poor.

36 See Bloom, "Cutting Off the King's Head".

37 Quoted in Rosalind S. Helderman, "Hacked Emails Show Extent of Foreign Government Donations to Clinton Foundation", *The Washington Post*, 16 October 2016, n.p. https://www.washingtonpost.com/politics/

hacked-emails-show-extent-of-foreigngovernment-donations-to-clinton-foundation/2016/10/16/ ce871a82-9319-11e6-a6a3-d50061aa9fae_story.html.

38 Ibid.

39 Rosamond Hutt, "5 Things to Know About Rwanda's Economy", *World Economic Forum*, 7 April 2016, n.p. https://www.weforum.org/agenda / 2016 / 0 4 / 5 -th i ngs-to -k now-about-r wa nda-seconomy/.

40 Jeffrey Gettleman, "The Global Elite's Favorite Strongman", *The New York Times*, 4 September 2013, n.p. http://www.nytimes.com/2013/09/08/magazine/paul-kagame-rwanda.html.

41 Kevin Sack and Sheri Fink, "Rwanda Aid Shows Reach and Limits of Clinton Foundation", *New York Times*, 18 October 2015, n.p. https://www.nytimes.com/2015/10/19/us/politics/rwanda-bill-hillary-clinton-foundation.html.

42 Quote in David Smith, "Paul Kagame's Rwanda: African Success Story or Authoritarian State?", *The Guardian*, 11 October 2012, n.p. https://www.theguardian.com/world/2012/oct/10/paul-kagame-rwanda-success-authoritarian.

43 Andreas Georg Scherer and Guido Palazzo, "Toward a Political Conception of Corporate Responsibility: Business and Society Seen from a Habermasian Perspective", *The Academy of Management Review* 32, no. 4 (2007): 1111.

44 Ibid., 1115.

45 Glen Whelan, "The Political Perspective of Corporate Social Responsibility: A Critical Research Agenda", *Business Ethics Quarterly* 22, no. 4 (2015).

46 Scherer and Palazzo, "The New Political Role of Business in a Globalized World".

47 John Cavanagh and Sarah Anderson, "Top 200: The Rise of Corporate Global Power" (Washington, DC: Institute for Policy Studies, 2000).

48 Christina Garsten and Adrienne Sörbom, "Magical Formulae for Market Futures: Tales from the World Economic Forum Meeting in Davos", *Anthropology Today* 32, no. 6 (2016).

49 Peter Utting, "Corporate Responsibility and the Movement of Business", *Development in Practice* 15, no. 3–4 (2005).

50 James E. Post, "The United Nations Global Compact", *Business & Society* 52, no. 1 (2013): 59.

51 Ibid.

52 Paul Kenyon, "Gap and Nike: No Sweat?", *Panorama* (London: BBC, 2000).

53 John Roberts, "The Manufacture of Corporate Social Responsibility: Constructing Corporate Sensibility", *Organization* 10, no.2 (2003): 251.

54 Ibid., 255.

55 Ibid., 257.

56 Ibid., 263.

57 Richard Feloni, "Warren Buffett Says These Billionaires' Letters Might Be More Valuable Than Their Money", *Business Insider*, 22 September 2016, n.p. https://www.businessinsider.com.au/ warren-buffett-says-giving-pledge-letters-are-more-valuablethan-money-2016-9.

58 Deborah Hardoon, An Economy for the 99%: *It's Time to Build a Human Economy That Benefits Everyone, Not Just the Privileged Few* (Oxford: Oxfam, 2017).

59 Ibid., 3.

60 McGoey, "Philanthrocapitalism and Its Critics".

61 Ibid., 187.

62 Weichieh Su and Steve Sauerwald, "Does Corporate Philanthropy Increase Firm Value? The Moderating Role of Corporate Governance", *Business & Society* (2015).

63 Paul C. Godfrey, "The Relationship between Corporate Philanthropy and Shareholder Wealth: A Risk Management Perspective", *Academy of*

Management Review 30, no. 4 (2005): 777.

64 Carl Rhodes and Robert Westwood, "The Limits of Generosity: Lessons on Ethics, Economy, and Reciprocity in Kafka's *The Metamorphosis*", *Journal of Business Ethics* 133, no. 2 (2016).

7. CEO 구원에 대한 그릇된 신념

1 Donald Trump, "Transcript of President-Elect Trump's News Conference", *CNBC*, 11 January 2017, n.p. https://www.cnbc.com/2017/01/11/transcript-of-president-elect-donald-j-trumpsnews-conference.html.

2 Alex Stevan, "Eric Trump: 'My Father's Tax Return Is Irrelevant Because We're Going to Cancel Taxes for "Extra Productive People" Anyway'", *Newslo*, 16 April 2017, n.p. http://politicalo.com/eric-trump-fathers-tax-return-irrelevant-going-cancel-taxes-extra-productive-people-anyway/.

3 Ibid.

4 Rhodes, "Democratic Business Ethics".

5 Carl Rhodes and Peter Bloom, "Apple and Ireland Are Betting on 'Nation Inc' and a World of Shareholder Citizens", *The Conversation*, 6 September 2016. https://theconversation.com/ apple-and-ireland-are-betting-on-nation-inc-and-a-world-ofshareholder-citizens-64956.

6 Bloom and Cederström, "'The Sky's the Limit'".

7 See Tie, "The Psychic Life of Governmentality".

8 Erzsébet Bukodi cited in Martin Thomas, "Social Mobility Increases. Downwards", Worker's Liberty: Reason in Revolt, accessed 3 December 2014. http://www.workersliberty.org/ story/2017-07-26/social-mobility-increases-downwards.

9 Frank Dobbin and Jiwook Jung, "The Misapplication of Mr. Michael Jensen: How Agency Theory Brought Down the Economy and Why It Might Again", Markets on Trial: *The Economic Sociology of the U.S. Financial Crisis: Part B* (2010).

10 See Bélen Balanya, Ann Doherty and Olivier Hoedeman, *Europe Inc.:*

Regional and Global Restructuring and the Rise of Corporate Power (London: Pluto Press, 2015); William K. Carroll, *The Making of a Transnational Capitalist Class: Corporate Power in the 21st Century* (London: Zed, 2010); Jeffrey S. Juris, *Networking Futures: The Movements against Corporate Globalization* (North Carolina: Duke University Press, 2008).

11 Peter Bloom, *Authoritarian Capitalism in the Age of Globalization* (Cheltenham: Edward Elgar, 2016); David Craig and Doug Porter, *Development Beyond Neoliberalism? Governance, Poverty Reduction and Political Economy* (London: Routledge, 2006); Harvey, *A Brief History of Neoliberalism*.

12 Peredo and McLean, "Social Entrepreneurship.

13 Edward Wray-Bliss, "Leadership and the Deified/Demonic: A Cultural Examination of CEO Sanctification", *Business Ethics: A European Review* 21, no. 4 (2012): 434.

14 Maravelias, "Post-Bureaucracy", 547.

15 Joe Scarborough, "Reagan: A Legacy of Optimism and Common Sense", *Time*, 4 June 2014, n.p. http://time.com/2815630/reagana-legacy-of-optimism-and-common-sense/.

16 Obama, "Address before a Joint Session of the Congress".

17 James Ferguson, "The Uses of Neoliberalism", *Antipode* 41 (2010): 170.

18 Francis Fukuyama, *The End of History and the Last Man* (New York: Free Press, 1992).

19 See Bloom, "Back to the Capitalist Future".

20 See Mary Jo Hatch and Majken Schultz, "Bringing the Corporation into Corporate Branding", *European Journal of Marketing* 37, no. 7/8 (2003).

21 Joel Kotkin, "Seven Years Ago, Wall Street Was the Villain. Now It Gets to Call the Shots", The Guardian, 4 January 2015, n.p. https://www.theguardian.com/commentisfree/2015/jan/04/obamawall-street-democrats-big-finance.

22 Adam McKay, *The Big Short* (Hollywood: Paramount, 2015).

23 Jesse Eisinger, "Why Only One Top Banker Went to Jail for the Financial Crisis". *The New York Times*, 30 April 2014. https:// www.nytimes.com/2014/05/04/magazine/only-one-top-banker-jail-financial-crisis.html.

24 Office of the Federal Register, "Public Papers of the Presidents of the United States: Barack Obama, 2009" (Washington, DC: National Archives and Record Administration, 2011), 404.

25 Blyth, "The Austerity Delusion"; Blyth, Austerity.

26 Naomi Klein, "It Was the Democrats' Embrace of Neoliberalism That Won It for Trump", *The Guardian*, 10 November 2016, n.p. https://www.theguardian.com/commentisfree/2016/nov/09/ rise-of-the-davos-class-sealed-americas-fate.

27 Joshua Rothman, "Shut up and Sit Down: Why the Leadership Industry Rules", *New Yorker*, 29 February 2016, n.p. https://www.newyorker.com/magazine/2016/02/29/our-dangerous-leadership-obsession.

28 Elizabeth D. Samet, ed., *Leadership: Essential Writings by Our Greatest Thinkers* (New York: Norton, 2015), xxvi.

29 Rhodes and Pullen, "Critical Business Ethics".

30 Ibid.

31 D. Joseph Stiglitz, "Moving Beyond Market Fundamentalism to a More Balanced Economy", *Annals of Public and Cooperative Economics* 80, no. 3 (2009): 346.

32 See Tie, "The Psychic Life of Governmentality".

33 George Orwell, *1984: A Novel* (London: Secker and Warburg, 1949).

34 Jean-Paul Sartre, *Being and Nothingness* (New York: Philosophical Library, 1956), 102.

35 Ibid., 101.

36 Jean-Paul Sartre, *No Exit and the Flies* (Adelaide: Adelaide University Press, 1943), 44.

맺음말: CEO사회의 고비용

1 See Clare Foran, "Can Trump Fix Government by Running It Like a Business?", *The Atlantic*, 29 March 2017. https://www.theatlantic.com/politics/archive/2017/03/trump-kushner-government-business-innovation/521064/; Henry Mintzberg, "The U.S. Cannot Be Run Like a Business", *Harvard Business Review*, 31 March 2017. https://hbr.org/2017/03/the-u-s-cannot-be-runlike-a-business.

이 책은 ZED출판사의 책을 번역하였습니다.

ZED

ZED는 전 세계적으로 소외된 사람들이 자신의 목소리를 낼 수 있는 플랫폼이다.
ZED는 세계 최대 출판 공동체이고 위계질서가 존재하지 않는 대안적인 비즈니스 실천방안이다.
ZED에는 CEO, MD 그리고 보스가 없다. 그리고 똑같은 임금을 받으며 일하는 직원들이 소유하고 관리한다.
ZED는 가능한 다양한 언어로 콘텐츠를 만든다.
ZED는 억압적인 권력구조와 체제를 비판하는 콘텐츠를 제작한다.
ZED는 독자의 생각을 바꾸는 콘텐츠를 제작한다.
ZED는 다른 출판사는 제작 안 할 콘텐츠를 제작하고, 기득권 세력이 위협적이라 느낄 콘텐츠를 제작한다.
ZED는 지속적으로 국가와 기업의 검열 대상이 되고 있다.
ZED는 모든 형태의 검열에 맞선다.
ZED는 재정적으로 그리고 이념적으로 모든 정당, 기업, 국가나 개인으로부터 자유롭다.
ZED의 책은 전 세계적으로 공유된다.